21世纪经济管理新形态教材·公共管理系列

管理定量分析

黄斌 ◎ 编著

清华大学出版社
北京

本书封面贴有清华大学出版社防伪标签，无标签者不得销售。
版权所有，侵权必究。举报：010-62782989，beiqinquan@tup.tsinghua.edu.cn。

图书在版编目（CIP）数据

管理定量分析/黄斌编著. —北京：清华大学出版社，2021.1（2025.1重印）
21世纪经济管理新形态教材. 公共管理系列
ISBN 978-7-302-56619-9

Ⅰ. ①管… Ⅱ. ①黄… Ⅲ. ①管理学－定量分析－高等学校－教材 Ⅳ. ①C93-03

中国版本图书馆 CIP 数据核字(2020)第 192703 号

责任编辑：吴　雷
封面设计：汉风唐韵
责任校对：宋玉莲
责任印制：杨　艳

出版发行：清华大学出版社
网　　址：https://www.tup.com.cn，https://www.wqxuetang.com
地　　址：北京清华大学学研大厦 A 座　　邮　编：100084
社 总 机：010-83470000　　邮　购：010-62786544
投稿与读者服务：010-62776969，c-service@tup.tsinghua.edu.cn
质量反馈：010-62772015，zhiliang@tup.tsinghua.edu.cn

印 装 者：天津鑫丰华印务有限公司
经　　销：全国新华书店
开　　本：185mm×260mm　　印　张：14.25　　字　数：341 千字
版　　次：2021 年 1 月第 1 版　　印　次：2025 年 1 月第 5 次印刷
定　　价：49.00 元

产品编号：089157-01

前言

管理定量分析是管理类专业的一门基础课程,同时也是一门实践性和应用性很强的学科。该课程为学生介绍管理活动和管理研究中所涉及的定量分析方法,通过对数据的科学定量处理和分析,从中发现数据背后所蕴含的规律,不断加深对问题的理解,从而促进问题的解决。

全书共 9 章,可根据学生学习能力适当安排教学课时。

第 1 章介绍了管理定量分析的含义、管理定量分析的目的与步骤、管理定量分析的实践与应用。

第 2 章介绍了数据类型与来源、数据分布特征和数据分布形态,案例注重手工计算与电子表格(Excel 和 Et)相结合。

第 3 章介绍了参数估计概述、总体均值估计、总体方差估计、样本容量确定。

第 4 章介绍了假设检验的原理、单个总体均值假设检验、两个总体均值差假设检验。

第 5 章介绍了相关分析概述、双变量相关分析和偏相关分析,案例侧重于 SPSS 软件的操作求解。

第 6 章介绍了回归分析概述和一元线性回归方程的建立、检验及诊断,通过案例描述了 SPSS 软件的详细操作步骤。

第 7 章介绍了决策的概念与特征、影响因素与原则、过程与类型和决策的定量方法,讲解了 QM 软件进行线性规划求最值的详细操作步骤。

第 8 章介绍了综合评价概述、综合评价指标体系构建、综合评价指标权重和综合评价方法,在案例中运用了 SPSS、电子表格(Excel 和 Et)、VBA 语言和 R 语言进行求解。

第 9 章介绍了博弈论的基本概念、完全信息静态博弈和完全信息动态博弈。

本书各章均有适量习题,便于学生巩固所学知识。欢迎索取本书配套教学资源并交流:171179629@qq.com。

在本书编写过程中,得到了贵州民族大学各级领导和同事的支持和帮助,参阅和借鉴了许多专家学者的研究成果,在此一并表示衷心感谢。

由于理论水平有限,以及对于管理定量分析实践的认识不够深刻,书中疏漏与谬误在所难免,敬请读者批评指正。

编 者

2020 年 8 月

CONTENTS 目 录

第 1 章　绪论 ·· 1
  1.1　管理定量分析的含义 ··· 1
    1.1.1　管理 ·· 1
    1.1.2　定量分析 ··· 3
  1.2　管理定量分析的目的与步骤 ·· 4
    1.2.1　管理定量分析的目的 ·· 4
    1.2.2　管理定量分析的步骤 ·· 5
  1.3　管理定量分析的实践与应用 ·· 5
    1.3.1　管理定量分析的实践 ·· 5
    1.3.2　管理定量分析的应用 ·· 7
  本章小结 ·· 8
  习题 ··· 8

第 2 章　数据分布特征与形态 ··· 9
  2.1　数据类型与来源 ··· 9
    2.1.1　数据类型 ··· 9
    2.1.2　数据来源 ··· 11
  2.2　数据分布特征 ·· 12
    2.2.1　数据的集中趋势 ·· 12
    2.2.2　数据的离散趋势 ·· 22
  2.3　数据分布形态 ·· 25
    2.3.1　偏度 ·· 26
    2.3.2　峰度 ·· 26
  本章小结 ·· 29
  习题 ··· 29

第 3 章　参数估计 ·· 32
  3.1　参数估计概述 ·· 32
    3.1.1　基本概念 ··· 32
    3.1.2　参数估计的分类 ·· 35
    3.1.3　参数估计的评价标准 ·· 35

3.2 总体均值估计 ··· 36
　　3.2.1 单个总体方差已知估计($n<30$) ····································· 36
　　3.2.2 单个总体方差已知估计($n\geqslant 30$) ···································· 37
　　3.2.3 单个总体方差未知估计($n<30$) ····································· 38
　　3.2.4 单个总体方差未知估计($n\geqslant 30$) ···································· 39
　　3.2.5 两个总体均值之差估计 ··· 41
3.3 总体方差估计 ··· 46
　　3.3.1 单个总体方差估计 ··· 46
　　3.3.2 两个总体方差比估计 ··· 48
　　3.3.3 单个总体比例区间估计 ··· 49
3.4 样本容量确定 ··· 50
　　3.4.1 总体均值区间估计时样本容量的确定 ································· 50
　　3.4.2 总体比例区间估计时样本容量的确定 ································· 52
本章小结 ·· 53
习题 ·· 53

第 4 章 假设检验 ·· 56

4.1 假设检验原理 ··· 56
　　4.1.1 假设检验思路 ··· 56
　　4.1.2 假设检验步骤 ··· 57
　　4.1.3 总体均值假设检验基本形式 ··· 60
4.2 单个总体均值假设检验 ··· 61
4.3 两个总体均值差假设检验 ··· 64
本章小结 ·· 72
习题 ·· 72

第 5 章 相关分析 ·· 74

5.1 相关分析概述 ··· 74
　　5.1.1 相关关系的内涵 ··· 74
　　5.1.2 描述相关关系的方法 ··· 75
　　5.1.3 相关系数假设检验 ··· 77
　　5.1.4 相关分析的步骤 ··· 77
5.2 双变量相关分析 ··· 78
5.3 偏相关分析 ··· 88
本章小结 ·· 91
习题 ·· 91

第 6 章 一元线性回归分析 ·· 93

6.1 回归分析概述 ··· 93

6.2 一元线性回归方程的建立 … 94
6.3 一元回归方程的检验 … 99
6.4 一元回归方程的诊断 … 101
本章小结 … 110
习题 … 110

第7章 一般决策理论 … 112

7.1 决策的概念与特征 … 112
7.2 决策的影响因素与原则 … 113
7.3 决策的过程与类型 … 115
7.4 决策的定量方法 … 118
本章小结 … 127
习题 … 127

第8章 综合评价理论与方法 … 129

8.1 综合评价概述 … 129
    8.1.1 综合评价的概念 … 129
    8.1.2 综合评价问题的描述 … 130
    8.1.3 综合评价的步骤 … 131
    8.1.4 综合评价的特点 … 131
8.2 综合评价指标体系构建 … 132
    8.2.1 综合评价指标体系确定的原则 … 132
    8.2.2 综合评价指标体系的确定方法 … 133
    8.2.3 建立综合评价指标体系的注意点 … 134
8.3 综合评价指标权重 … 135
    8.3.1 确定指标权重的重要性 … 135
    8.3.2 定性指标的数量化 … 135
    8.3.3 逆向指标与适度指标的正向化 … 136
    8.3.4 定量指标的无量纲化 … 137
    8.3.5 确定指标权重的方法 … 139
    8.3.6 指标权重确定后的评价 … 153
8.4 综合评价方法 … 155
    8.4.1 灰色关联法 … 155
    8.4.2 TOPSIS法 … 160
    8.4.3 集对分析法 … 162
    8.4.4 主成分分析法 … 166
本章小结 … 178
习题 … 178

第 9 章　博弈论 …… 184

9.1　博弈论的基本概念 …… 184
9.2　完全信息静态博弈 …… 186
9.3　完全信息动态博弈 …… 194
　　9.3.1　动态博弈的扩展式表述 …… 194
　　9.3.2　动态博弈的纳什均衡 …… 199
　　9.3.3　重复博弈 …… 205
本章小结 …… 211
习题 …… 211
附录 …… 213

参考文献 …… 214

第 1 章

绪 论

内容提要

管理定量分析通过定量方法分析、理解和解决管理问题,运用数据和模型科学地对管理问题进行解剖,从而使管理分析和决策更为客观。本章介绍管理定量分析的含义、管理定量分析的目的与步骤、管理定量分析的实践与应用等内容。

学习要点

- 掌握管理定量分析的含义。
- 了解管理定量分析的目的与步骤。
- 了解管理定量分析的实践与应用。

1.1 管理定量分析的含义

管理定量分析包含管理与定量分析两方面的内涵。

1.1.1 管理

管理起源于人类的共同劳动,发展于社会分工的细致化和协作的普遍性。在汉语词典中,管理的基本释义为:①主持或负责某项工作;②经管或料理;③约束或照管。管理既可以是动词,也可以做名词,例如,"万历中,兵部言,武库司专设主事一员管理武学,近者裁去,请复专设"①,其中管理为动词;"东南有平海守御千户所,洪武二十七年九月置。又有内外管理,又有碧甲二巡检司"②,其中管理为名词,表示官职。在英语词典中,管理既可以是manage(动词),也可以是management(名词)。management除了表示管理(理解为一种功能或工作)之外,还可以表示管理者、管理层或管理团队。

尽管管理活动自古就有,但形成一门独立的学科是在19世纪末至20世纪初。关于管理的定义,至今未形成统一的定论。随着管理学的产生和发展,不同学者对管理进行了不同的诠释。不同的管理定义都是从不同的角度反映管理的特性。表1-1列出了一些学者对管

---

① 资料来源:许嘉璐,章培恒,喻遂生.二十四史全译(明史)第2册[M].上海:汉语大词典出版社,2004.
② 资料来源:同上。

理的定义。管理定义的多样化,既反映了学者研究立场、方法和视角的不同,也反映了管理学正处于不断发展完善的过程中。

表1-1 学者对管理的定义

学　者	定　义
弗雷德里克·泰罗	管理就是确切地知道你要别人干什么,并使他用最好的方法去干
赫伯特·西蒙	管理就是决策
彼得·德鲁克	管理是一种工作,它有自己的技巧、工具和方法;管理是一种器官,是赋予组织以生命的、能动的、动态的器官;管理是一门科学,是一种系统化的并到处适用的知识,同时管理也是一种文化
亨利·法约尔	管理是所有的人类组织都有的一种活动,这种活动由五项要素组成:计划、组织、指挥、协调和控制
哈罗德·孔茨和海因茨·伟里克	管理是设计并保持一种良好环境,使人在群体里高效率地完成既定目标的过程
斯蒂芬·P. 罗宾斯玛丽·库尔特	管理是协调和监管其他人的工作活动,从而使他们有效率、有效果地完成工作
曾仕强	中国式管理是指以中国管理哲学来妥善运用西方现代管理科学,并充分考虑中国人的文化传统以及心理行为特性,以达成更为良好的管理效果
周三多	管理是管理者为了有效地实现组织目标、个人发展和社会责任,运用管理职能进行协调的过程
芮明杰	管理是对组织的资源进行有效整合以达成组织既定目标与责任的动态创造性活动

综合管理的各种定义,本书将管理定义为:管理者在一定的环境条件下,对所拥有的资源进行优化配置和整合,为有效地实现预定目标的过程。

管理的内涵通常包含以下六个方面:

(1)管理是一个过程。管理是为实现预定目标服务的,是一个有意识、有目的的活动过程。管理工作的过程是由一系列相互关联和连续进行的活动所构成。

(2)管理工作是在一定的环境条件下开展的。环境既提供了机会,也构成了威胁。环境是组织生存的土壤,它既为组织活动提供条件,也必然对组织的活动起制约作用。组织所面临的环境会影响管理行为和方式的选择,管理的有效性依赖于管理者对环境的洞察和了解,以及发现机会和规避威胁。管理的方法和技巧必须因环境的变化而变化。

(3)管理主体是管理者。管理者是管理行为过程的主体,管理者一般由拥有相应的权力和责任,决定管理方向和进程的有关组织和人员组成。管理者及其管理技能在管理活动中起决定性作用。

(4)管理客体又称管理对象,是指管理过程中管理者所作用的对象。管理客体的要素包括人、物、财等要素,并形成了组织所拥有的资源。其中,人是管理客体系统中最重要的要素;物是指在组织中能被管理者所利用、操作和改造的物质实体;财是组织经济活动正常运行的基本要素,也是管理客体系统中一个基本要素。

(5)管理者为了对所拥有的资源进行优化配置和整合,就需要行使各项管理职能,其中包括计划、组织、领导、控制和创新等。各项管理职能在逻辑上存在先后顺序,在实践中相互关联、重叠或交融。

(6) 管理目的是有效地实现预定目标。所有的管理行动都必须紧紧围绕目标而有序进行，并且追求高效地实现目标。效率是管理中极其重要的组成部分，但仅仅有效率是不够的，管理还必须使活动实现其预定目标，即追求活动的效果。

1.1.2 定量分析

定量分析是指对社会现象的数量特征、数量关系与数量变化的分析，其功能在于揭示和描述社会现象的相互作用和发展趋势。定量分析既可以分析一个被研究对象所包含成分的数量关系或所具备性质间的数量关系，也可以分析多个对象的某些性质、特征和相互关系，并且其研究结果通常用"数量"加以描述。

定量分析在管理中的作用如下：

(1) 定量分析能使相关的知识条理化、系统化，能清楚比较一些变量随时间的变化状况，并可将这些变量和其他特殊的变量加以比较。定量化可以使用各种现代分析工具，包括计算机、仿真、数学分析和相关分析软件等，从而使分析结果更加科学、可信。

(2) 定量分析能使所面临的复杂而又不确定的问题表述得更容易理解，为规定系统的输出提供了判断标准。通过定量分析，可以将发生的事件记录下来，以便复查、评估、比较，还可用特殊的方法加以检验；利用定量分析报告、定量表达的关系式以及随时间变动的数量关系，可以设计出反馈机制来帮助控制和决策；定量分析使仿真模拟成为可能，因为它具备结构化的、合理的、可重复的处理手段，能够通过调整数量表示的自变量对不同的输出结果进行分析；通过数学和统计学推导出来的相关函数，能够识别各种有用的关系。

(3) 定量分析具有客观性、准确性和严密性。定量分析能够直观、具体、明确地反映或展示研究对象的运动变化及所处的状态，因而有助于更好地界定问题，确定目标，设计、比较和选择方案。

根据不同的分类标准，定量分析可分为不同的类型。

(1) 按照分析目的的不同，定量分析可以分为探索性分析、描述性分析和解释性分析。探索性分析是因对所分析的社会现象不大熟悉、了解或者现有成果也缺乏对这一方面的研究，需要分析者进行初步了解，以获得初步印象和感性认识，为今后更深入、更周密的研究提供基础和方向的一种分析类型。描述性分析是收集资料，获得某些群体、组织或社会现象在某些特征上分布状况的信息的一种分析类型。解释性分析是探讨社会现象背后的原因、预测发展趋势及后果的一种分析类型。

(2) 按照分析性质的不同，定量分析可以分为理论性（基础性）分析和应用性分析。理论性分析指的是那些侧重于发展有关社会世界的基础知识，特别是侧重于建立和检验理论假设的经验研究。应用性分析是指侧重于现实社会问题、有针对性地提供特定社会对策的经验研究。

(3) 按照分析时间维度的不同，定量分析可以分为截面分析和历时分析。截面分析是指在某一时点上，对分析对象的不同类型的特征进行分析，也称为横剖分析。历时分析是在不同时点或较长的时期内观察和收集资料，以描述和分析事物发展趋势的分析方法，也称为纵贯分析。

历时分析具体又可分为三种，即趋势分析、同期群分析和同组分析。趋势分析是对研究总体随时间推移而发生变化的分析，以揭示社会现象的变化趋势与规律。同期群分析是对同一特征的分析对象随时间变化而发生变化的分析,又称为世代分析。同组分析是对同一批分析对象随时间而发生行为、态度变化的分析,并研究影响这种变化的各种因素,也称为追踪分析。

(4) 按照调查对象范围和选择方式的不同,定量分析可以分为普查、重点调查、抽样调查、典型调查和个案调查。

此外,按照分析问题的确定性差异,定量分析可分为确定性定量分析与不确定性定量分析;按照分析问题的范围属性,定量分析可分为一般性定量分析与专题性定量分析。一般性定量分析包括:成本效益分析、对比分析、统计分析、系统分析等;专题性定量分析针对公共管理领域的特点,主要论述决策分析、对策分析、制度分析以及其他政治模型方法。

然而,任何事物都是质与量的统一体。在探索事物客观规律,认识事物本质时,定量分析是通过对事物量的规定性的分析来把握事物的质的规定性,以此解释和描述社会现象的相互作用和发展趋势。而定性分析是根据社会现象或事物所具有的属性和在运动中的矛盾变化,从事物的内在规定性来分析事物,即从"质"的方面分析事物。在实践中,定性分析是定量分析的基础,但只有同时运用定量分析,才能在精确定量的根据下准确地定性。不能主观地割裂"量"和"质"的关系,避免孤立、片面和静止地分析问题;同时,也要把握定量分析与定性分析之间的区别,如表 1-2 所示。

表 1-2 定量分析与定性分析的区别

内　容	定　量　分　析	定　性　分　析
依据	调查数据	历史事实和生活阅历
手段	经验测量、统计分析和建立模型	逻辑推理和历史比较
着眼点	事物的量	事物的质
研究层次	准确地定性	确定定量研究范围
学科基础	概率论、统计学和运筹学等	逻辑学和历史学等
结论表述	数据、模型和图形	文字描述

综上,管理定量分析是一种管理决策的科学方法,它从刻画问题本质的数据和数量关系入手,建立反映事物本质特征的模型,运用各种数量方法对数据进行加工和处理,获得解决问题的最佳(或满意)方案及形成有用的信息。

1.2　管理定量分析的目的与步骤

1.2.1　管理定量分析的目的

就管理者而言,管理定量分析的目的如下。

(1) 预测。预测就是运用现有的数据资料和已经掌握的规律对未来进行估计的过程,是决策的依据。决策过程中方案的设计与选择就包含了对未来的预测,只有对未来进行准确的预测,才能保障决策的正确性。对未来预测错误,但决策却"歪打正着"的现象在生活中是存在的,但管理者在工作中不能存在这样的侥幸心理,而是要依据科学的预测技术和方法加上丰富的经验来进行准确的预测。

(2) 选择。决策过程中要进行方案选择,而定量分析方法在方案选择过程中大有用武之地。运筹学中有一个分支"决策论",就是关于如何根据系统的信息和评价准则来选取最优策略的数学理论,它是决策分析的理论基础。

(3) 优化。管理定量方法中有一类是对决策进行优化,其中主要是最优化方法,这类方法一般用于确定性情况下的决策,如线性规划、动态规划等。

(4) 仿真。管理定量分析中要建立数学模型来进行分析:一方面,模型本身与现实之间存在偏差,所以需要对模型进行检验;另一方面,由于使用的数据是过去的,有时甚至无法得到数据,此时可以使用仿真对模型的精度及可靠性进行评价,同时也可分析方案的优点和缺点,为决策实施提供一定的依据。此外,仿真有时也是求解模型的重要手段。

1.2.2 管理定量分析的步骤

管理定量分析的步骤如下:

(1) 选定指标。根据决策目标和准则选出若干能反映决策问题主要特征的指标,并在此基础上建立相对完备的指标体系。这些指标是将来建立模型变量的主要来源。指标一般可分为总量指标、平均指标等。

(2) 收集数据。系统、全面、准确的数据是定量分析的基础。有了指标体系后,下一步就是对对象进行观察和试验、测量,通过各种调研手段收集数据,获取对象定性和定量的信息,然后对数据进行整理,并将它们形象、生动、准确地表现出来供决策使用。在信息技术日益成熟的今天,可以建立信息系统来保存和分析数据。

(3) 建立模型。模型是实际系统的简化描述,反映实际系统的主要特征和同类系统的共性。模型是实际问题的抽象,通过对决策问题的抽象化使问题变得简洁、明了。不同的人对同一个问题可以建立不同的模型,模型的好坏不能以简单和复杂作为标准来判定。过于复杂的模型理解困难、计算复杂,有可能由于引入太多因素而影响模型的有效性。设计巧妙、简单的模型往往比复杂的模型更为有效。

(4) 求解仿真。如果建立的是数学模型,可以对模型进行求解。一些模型(如线性规划)是可以通过一定的运算求解的,但实际决策问题往往涉及多个因素,而且它们之间的关系也十分复杂,所以即使能建立模型,求解析解也是很困难的,这时就要动用各种数学工具和其他科学的手段,特别是现代计算机技术来进行模拟和仿真。

(5) 结果解释。模型求解或仿真后的结果只能作为决策的参考。对结果要进行科学合理的解释才能使定量分析的结果有很好的实际意义。针对不同风格的决策者,可以提出不同的决策建议。

1.3 管理定量分析的实践与应用

1.3.1 管理定量分析的实践

现代管理定量分析借助于经济学、数学、计算机科学、统计学、概率论以及帮助决策的决策理论来进行逻辑分析和推论。但早期的管理推崇经验科学的研究方法,把观测、实验、对比、抽样、案例、访谈和调查等，作为主要的管理定量分析方法。从管理定量分析的发展历程来看，它主要有三大实践来源：军事、管理和经济。

（1）管理定量分析思想体现于古代军事中的实践。管理定量分析思想在我国古代军事实践中有很多经典案例。例如，《孙子兵法》在质的论断中渗透着量的分析，田忌赛马、围魏救赵等都体现了中国古代管理定量分析思想。

（2）管理定量分析在近现代的实践。管理定量分析在20世纪得到了前所未有的发展，在第二次世界大战期间及以后，它吸取了一些新兴学科（如系统工程、运筹学、现代管理学）的成果快速发展起来。它在军事、管理、经济等方面的实践中有很多经典案例。

① 军事方面。在第二次世界大战期间，由于战争的需要，世界各国政府都很重视对定量分析方法的研究，政府投入了大量的人力和物力组织专家学者参与开发新的定量技术。1939年，以布莱克特为首的一个研究小组，研究如何改进英国的空防系统，鲍德西提出了应对整个防空作战系统（包括许多雷达站、高炮阵地、机场和飞机等）的运行问题并进行研究，以解决各雷达站之间以及与整个防空作战系统之间的系统配合问题，从而能有效提高反击德国飞机空袭英国本土的能力。1941年12月，布莱克特应盟国政府的要求，写了五份简短备忘录，建议在各大指挥部建立运筹学小组，此建议被迅速采纳。据不完全统计，二战期间仅在英国、美国和加拿大，参加运筹学工作的科学家超过700名。"二战"后，英国军方的一份总结报告中曾说："这种由资深科学家进行的、改善海军技术和物资运作的科学方法，被称为运筹学。""和以往的历次战争相比，这次战争更是新的技术策略和反策略的较量……我们在这几次关键战役中加快了反应速度，运筹学使我们赢得了胜利。"运筹学的广泛运用是定量分析方法形成和发展的重要因素。1944年5月，世界上第一颗原子弹试验成功，对推动系统工程的发展起了很大作用。美国"曼哈顿计划"的领导者奥本海默运用系统工程方法对由1.5万余名科学家和工程师组成的这项复杂工程进行了卓有成效的组织和管理，使整个工程协调有序，使各个工作环节，包括进行科学实验以及研制各种各样的装置、设备和仪器以最快的速度完成，并取得了显著成效。第二次世界大战以后，美军中成立了以兰德公司为首的一些部门，专门进行以定量分析为主的战略性问题研究。

② 管理方面。在管理方面，有大量的定量分析方法出现，例如，泰罗对工人动作的研究、甘特用于生产计划与控制的"甘特图"、吉尔布雷思夫妇的动作研究等。1909年至1920年，丹麦哥本哈根电话公司工程师爱尔朗陆续发表了关于电话通路数量等方面的分析与计算公式，尤其是1909年的论文《概率与电话通话理论》，开创了运筹学的重要分支——排队论。20世纪30年代，苏联数理经济学家康托洛维奇从事生产组织与管理中的定量化方法研究，取得了很多重要成果。1939年，他出版了堪称运筹学先驱著作的《生产组织与计划中的数学方法》，其思想和模型被归入线性规划范畴。1947年丹捷克发表了他在研究美国空军军事计划时提出的求线性规划问题的单纯形方法，极大地推动了线性规划的发展。

③ 经济及其他方面。1932年，冯·诺伊曼提出一个广义经济平衡模型；1939年，他提出了一个属于宏观经济优化的控制论模型；1944年，他与摩根斯坦共著的《对策论与经济行为》开创了对策论分支。20世纪40年代，美国贝尔电报电话公司首次用"系统工程"来命名横贯美国东西海岸的无线电微波通信网络工程。在筹备和建立这项无线电微波通信网络时，为了提高整个网络的功效，也为了缩短科学技术从发明到投入使用的时间，采用了一套新系统方法来研究这项巨大工程，并取得了很大成功。美国阿波罗登月计划是一项规模庞

大、结构复杂的大系统开发项目。这样大的工程项目,全部构件达3 000万个,调动了两万多家公司、工厂和120所大学实验室的42万多研制人员,耗资300多亿美元,历时11年,终于获得了圆满的成功。这个前所未有的创举是成功运用系统工程的典型例子。

1.3.2 管理定量分析的应用

管理定量分析应用的领域如下:

(1) 社会科学。社会科学的研究对象是整个社会,包括经济、政治、意识形态等各个领域,它是一个开放的复杂系统,具有多层次、多区域、多阶段的特点。例如,社会保障问题、人力资源系统的开发与管理、人口预测与控制、法制建设等都是典型的研究领域。

(2) 环境生态与水资源。环境生态包括大气生态系统、海洋生态系统、大地生态系统、流域生态环境、森林与生物生态环境、城市生态环境等分析、规划、建设、防治方面的问题,以及环境监测系统、环境计量预测等问题。水资源问题研究包括河流综合利用规划、流域发展战略规划、农田灌溉系统规划与设计、城镇布局和城市水资源规划、城市供水系统优化、水能利用规划、防汛指挥调度、水污染控制等问题。环境生态和水资源问题都属于可持续发展问题。

(3) 能源领域,主要研究能源结构的合理性、能源需求预测、能源开发规模预测、能源生产优化、能源合理利用和供应保障、节能、环境保护、电力规划、电力生产和传输、能源数据库等问题。例如,"西气东输""西电东送"都是能源问题。"西气东输"是指将我国新疆、青海、四川等地的天然气资源输往长江三角洲、京津和湘鄂地区。"西电东送"将形成北、中、南三路送电格局:北线由内蒙古、陕西等省区向华北电网输电;中线由四川向华中、华东电网输电;南线由云南、贵州、广西等省区向华南电网输电。在这些工程中,要进行合理的布局,必须经过严谨的分析研究,才能最大限度地利用资源,节约成本。

(4) 农业领域,主要研究农业发展战略、大农业及立体农业的战略规划、农业结构分析、农业区域规划、农业政策研究、农业投资规划、农产品需求预测、农业投入产出分析、农作物合理布局、农作物栽培技术规范化、农业系统多层次开发等。

(5) 科技教育与项目管理。科技教育管理包括科学技术发展战略研究、科学技术预测、优先发展领域分析、科学技术评价、人才需求预测、人才与教育规划、人才结构分析、科技教育政策分析、科研管理系统等。项目管理包括工程项目的总体设计、可行性分析、国民经济评价、工程进度管理、工程质量管理、风险投资分析、工程成本效益分析等。

(6) 运输领域,涉及空运、水运、公路运输、铁路运输、管道运输、厂内运输等问题。空运问题涉及飞行航班和飞行机组人员服务时间安排等。在国际运筹学协会中就专门设有航空组,研究空中运输的运筹问题。水运有船舶航运计划、港口装卸设备的配置和船到港口后的运行安排。公路运输除了汽车调度计划外,还有公路网的设计和分析,市内公交车辆路线的选择和行车时刻表的安排,出租汽车的调度和停车场的设立等。

(7) 城市管理领域,包括紧急服务系统的设计和运用,如消防站、救护车、警车等布点的设置。美国曾采用排队论方法来确定纽约市紧急电话站的值班人数。加拿大曾研究城市警车的配置和负责范围,出事故后警车行走的路线等。此外,还有城市垃圾的清扫、搬运与处理,城市供水和污水处理系统的规划等。

(8) 企业管理领域,包括企业营销管理、生产计划管理、库存管理等各个方面。在营销管理领域,体现在广告预算和媒介的选择、竞争性定价、新产品开发、销售计划制订等方面。在生产计划领域,主要是从总体确定生产、存储和劳动力的配合等方面以适应波动的需求计划。在库存管理领域,主要应用于多种物资库存量的管理,确定某些设备的能力或容量,如停车场的大小、计算机内存量、合理的水库容量等。

本章小结

本章介绍了管理定量分析的含义,以及管理定量分析的实践与应用。其中,管理定量分析的目的包括预测、选择、优化、仿真;管理定量分析的步骤包括选定指标、收集数据、建立模型、求解仿真、结果解释;管理定量分析的实践包括管理定量分析思想体现于古代军事和近现代实践两方面;管理定量分析的应用领域包括社会科学、环境生态与水资源、能源、农业、科技教育与项目管理、运输、城市管理、企业管理。

习题

1. 简要说明管理的定义。
2. 简要说明定量分析与定性分析的区别。
3. 简要说明管理定量分析的含义。
4. 简述管理定量分析的目的。
5. 简述管理定量分析的步骤。
6. 简述管理定量分析的实践。
7. 简述管理定量分析的应用。

【在线测试题】扫描书背面的二维码,获取答题权限。

第 2 章

数据分布特征与形态

内容提要

数据分布的特征与形态是静态描述统计分析中的重要组成部分。本章介绍了数据类型与来源、数据分布特征和数据分布形态。

学习要点

- 了解数据类型与来源。
- 掌握数据集中趋势的度量指标。
- 掌握数据离散趋势的度量指标。
- 掌握数据分布形态的度量指标。
- 熟练运用电子表格分析数据分布特征与形态。

扫描此码

下载本章案例表格数据与解答

2.1 数据类型与来源

2.1.1 数据类型

1. 定性变量和定量变量

一般将分析的个体的特征称为变量。每个个体的特征的具体取值为该变量的观测值（数据）。根据个体特征的不同，数据（或者变量）也呈现出不同的特征。例如，研究行为特征，关心的用户特征有姓名、年龄、性别、受教育的程度、个人收入水平、家庭收入、工作年数、存款余额等。姓名、性别两个特征是定性变量，或者称为分类变量，其相应的观测值为定性数据。性别有两个合法的取值——男和女，大部分情况下，用数据编码来表达这两个取值。例如，用数值 0 表示女，用 1 表示男。数值 0 和 1 只是表示个体的特征不同，没有具体的数量意义，它们之间的数学运算的结果没有任何意义。

而像年龄、受教育的程度、个人收入水平、家庭收入、工作年数、存款余额等变量则不同，它们的不同取值除了表示个体的特征不同之外，还具有具体的数量意义。这些变量被称为定量变量，其相应的观测值则为定量数据。例如，年龄变量，某学生的年龄为 20 岁，表示该个体的年龄特征的取值为 20，并且该取值具有具体的数量意义，20 岁小于 21 岁，并且比 19 岁大 1 岁，而定性变量则没有数量意义。定量变量之间的数学运算结果是有具体意义的。

根据取值的特征,定量变量又分为离散变量和连续变量。离散变量的所有可能的取值是有限的,或者所有可能的取值是可以一一列举的,如性别变量只有两个可能的取值。而连续变量在理论上任何两个取值之间都有无限多个可能的取值,其取值可以精确到任意位数。例如,生产零件的规格尺寸,人体的身高和体重等均为连续变量,其数值只能用测量或计量的方法取得。

2. 变量的度量尺度

根据变量的类型,数据也有相应的度量尺度。定性变量对应的数据的度量水平为分类数据,根据取值是否具有内在的大小关系,分类数据又分为名义数据和有序数据。定量变量对应的数据的度量水平为尺度数据,尺度数据又称为定距数据。根据零值是否具有意义,尺度数据又可以细分为区间数据和定比数据。数据的度量水平决定了数据中所蕴含信息的数量,并决定了对数据进行分析时可以采用的分析方法。

数据的度量尺度分为 4 种:名义数据、有序数据、区间数据和比例数据。

(1) 名义数据。当数据被用来标记或者命名个体特征时,数据就是名义数据。名义数据可以是字符,也可以是数值。例如,假设有一个变量表示学生的专业,其所有取值为 $Major1=\{$管理定量分析,公共经济学,管理学$\}$;也可以采用下面的编码来分别代表学生专业的取值 $Major2=\{20,30,40\}$。$Major2$ 与 $Major1$ 代表的含义是完全一样的,它们都是名义数据。

(2) 有序数据。有序数据又称为定序数据。如果一个名义数据可以进行有意义的排序,则该名义数据为有序数据。名义数据可以是字符,也可以是数值。例如,如果一门课程的最终成绩以字母方式给出,即 A 表示成绩的区间为 $[90,100]$;B 表示成绩的区间为 $[80,90)$,C 表示成绩的区间为 $[70,80)$,D 表示成绩的区间为 $[60,70)$,E 表示成绩的区间为 $[0,60)$。很明显,根据分数从高到低的顺序,可以排列为 ABCDE;也可以把这 5 个水平的成绩用数值表示:5:A,4:B,3:C,2:D,1:E。

(3) 区间数据。如果有序数据之间的区间可以由一个固定的度量单位来衡量,则该数据为区间数据。例如,设一周的气温度数分别为 $\{24.6,25.7,25.2,26.5,27.3,25.5,26.0\}$,最后一天的气温度数减去第一天的气温度数,$26-24.6=1.4$,即最后一天的气温比第一天高 $1.4℃$,即任何两个气温之间的差值都是有意义的。

(4) 比例数据。比例数据又称为定比数据。如果区间数据之间的比值有具体的意义,则该区间数据就是比例数据。例如,距离、高度和重量等都是比例数据。对于比例数据,数值 0 表示该变量属性在零点不存在。例如,距离为 0 表示没有发生任何位移。而对于区间数据温度而言,温度为 $0℃$ 并不是表示没有温度。设有两天的气温分别为 $25℃$ 和 $5℃$,相应的比值 5 是没有具体含义的,因为不能说某天比另一天热 5 倍。数据的度量水平如图 2-1 所示。

3. 横截面数据、时间序列数据和面板数据

(1) 横截面数据。横截面数据是指在同一个时间点或者接近同一时间点收集的不同对象的数据。它对应同一时点上不同对象所组成的一维数据集合,数据对应于不同的个体或

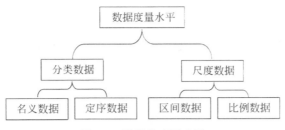

图 2-1 数据的度量水平

者地域。这类数据体现的是对象个体的差异。例如,2018 年中国国内生产总值;2016 年 9 月 26 日,上证 50 成分股的收盘价;2016 年 9 月 30 日,贵阳市不同区的最高温度,所有这些都是横截面数据的例子。

(2) 时间序列数据。时间序列数据是指对同一对象在不同的时间点连续观察所收集的数据。它着眼于研究对象在时间顺序上的变化,寻找对象随时间发展的规律。例如,中国从 2000 年以来的年度 GDP;上证指数 2016 年 6 月 1 日到 2016 年 10 月 30 日的日收盘价,都是同一对象在不同时间的取值构成的数据集合,均为时间序列数据。

(3) 面板数据。面板数据又称为纵向数据,或者称为时间序列—横截面数据。它是横截面数据和时间序列数据的结合,是截面上的个体在不同时间点的重复测量数据。表 2-1 中各省(市)青少年人口数据的整体就是面板数据。在表 2-1 中,若单独看任何一个年份的数据,如 2017 年这一列的数据,就是横截面数据;而单独看任何一个省(市)所在行的数据都是时间序列数据。面板数据是时间序列数据和横截面数据的结合。

表 2-1 时间序列数据、横截面数据和面板数据

青少年人口数	年份			
(万人)	2015	2016	2017	2018
北京	1601	1676	1771	1880
天津	1075	1115	1176	1228
上海	1964	2064	2141	2210
河北	6898	6943	7034	7194
贵州	3690	3632	3596	3537

2.1.2 数据来源

按照数据获取的方法不同,数据可分为观测数据和实验数据。观测数据可能是总体数据也可能是样本数据(局部),而实验数据一般都是样本数据。其中,总体是指根据研究目的所确定的观察单位某项特征的集合,样本是指从总体中抽出的部分观察单位某项特征的集合。

1. 观测数据

观测数据是对客观现象进行直接调查或者实地测量所取得的数据,在数据取得的过程中一般没有客观现象或者事物施加任何人为控制因素和条件约束。几乎所有与社会经济现

象有关的统计数据都是观测数据,如 GDP、房价等。在社会经济问题研究中,观测是取得数据最主要的方法之一。另外,市场调研中来源于调查问卷或者电话调查的数据一般也是观测数据。大量的经济数据库,如 Wind、大智慧、国泰安的 CSMAR 等数据库中的数据大部分都为观测数据。

2. 实验数据

实验数据一般是在科学实验环境下取得的数据。在实验中,实验环境是受到严格控制的,数据的产生一定是某一约束条件下的结果。例如,一种新产品使用寿命的数据和一种新药疗效的数据等。在自然科学研究中,实验方法应用非常普通。自然科学领域的数据大多都是实验数据。

2.2 数据分布特征

2.2.1 数据的集中趋势

数据的集中趋势是指一组数据向某个中心值靠拢的态势,它反映了一组数据的分布中心和一般水平。测定总体分布的集中趋势就是测定数据水平的代表值或中心值。从计算方法上来看,测定数据集中趋势就是计算平均指标,平均指标包括两大类:一类是数据平均值,即根据所有标志值计算得到的代表值,包括算术平均数、调和平均数和几何平均数;另一类是位置平均数,即根据标志值所处位置来确定的代表值,包括众数和中位数。两类平均指标所反映的一般水平有不同的意义与计算方法,也有不同的应用场合。其中,标志是指总体中各单位所具有的共同特征的名称。从不同角度考察,每个总体单位可以有许多特征,例如,每个学生可以有性别、年龄、民族等特征,这些都是学生的标志。标志值是指标志的取值或变量的取值。

集中趋势指标的作用如下。

(1) 反映总体各单位变量分布的集中趋势和一般水平。例如,要了解学生成绩分布情况,只需计算出平均成绩就可以反映出学生成绩的一般水平。平均指标把一个总体内各单位的数量差异抽象化,且不受总体单位数量多少的影响,因而它具有高度的综合性和概括能力。

(2) 比较同类现象在不同空间或不同阶段的发展水平。对于不同空间的同类现象的水平,由于总体范围的大小可能不同,就不能用总量指标来直接进行对比。而平均指标可以消除因总体范围不同带来的总体数量差异,使不同范围的总体水平具有可比性。

(3) 分析现象之间的依存关系。例如,要研究学生的学习成绩与学习时间之间的关系,可以按照学习时间由高到低分组,依次计算出各组的成绩,由此就可以清晰地观察到学习时间与学习成绩之间的依存关系。

(4) 平均指标经常被称为评价事物和问题决策的数量标准或参考。例如,对企业员工劳动效率的评定,通常以平均劳动生产率水平为依据。

1. 数值平均数

(1) 算术平均数。算术平均数也称平均值,是将一组数据的总和除以该组数据的项数

所得的结果,是表明同一总体各单位标志值一般水平的指标,计算公式为

$$算术平均数 = \frac{总体标志总量}{总体单位总量}$$

在计算和应用算术平均数时必须注意的是,其分子和分母必须属于同一总体,即分子与分母存在一一对应关系,有一个总体单位就必须有一个标志值与其对应,这正是平均指标与强度相对指标的根本区别。

强度相对指标是两个有联系的不同总体的总量指标对比的结果,这两个总量指标之间不存在上述对应关系,只是在经济内容上存在客观联系,可以说明现象的强度、密度和普通程度;算术平均数则是一个总体内的标志值总量与单位总量之比,用来说明总体单位某一指标值的一般水平。

算术平均数可分为简单算术平均数、加权算术平均数和组距数列的算术平均数。

① 简单算术平均数。简单算术平均数是在数据未分组时,将总体各单位的每一个标志值一一加总得到标志总量,然后除以单位总量求出的平均指标,计算公式为

$$\bar{x} = \frac{\sum_{i=1}^{n} x_i}{n}$$

其中,$\bar{x}$ 为简单算术平均数;x_i 为总体各单位的标志值;n 为总体单位数(样本容量)。

【例 2-1】 根据表 2-2 中的数据,计算学生年龄(周岁)的简单算术平均数。

表 2-2 学生的年龄

21	23	22	19	20	22	21	21	21	19
20	20	21	23	22	19	18	20	20	20

解:

$$\bar{x} = \frac{\sum_{i=1}^{n} x_i}{n} = \frac{21 + 23 + \cdots + 20}{20} = 20.6$$

在 WPS Office 的电子表格中,可运用 AVERAGE 函数计算学生年龄的简单算术平均数,具体操作如下:

第一步,创建计算表格,输入已知数据。

第二步,单击"B3"单元格,在编辑栏输入"=AVERAGE(A1:J2)",按"回车"键,结果如表 2-3 所示。

表 2-3 学生年龄的简单算术平均数

	A	B	C	D	E	F	G	H	I	J
1	21	23	22	19	20	22	21	21	21	19
2	20	20	21	23	22	19	18	20	20	20
3	简单算术平均数	20.6								

注:表中最左边的数字序列表示电子表格的行号,表中最上方的英文字母序列表示电子表格的列标,下同。

② 加权算术平均数。加权算术平均数是在数据已经整理分组的情况下,计算平均数的一种形式。它先是以各组的单位数乘以各组的标志值总量除以总体单位求出平均值。如果

数据是经过分组整理编成了单项列或组距数列,并且每组数据不同时,就采用加权算术平均数的方法计算算术平均数。具体方法是将各组标志值分别乘以相应的频数求得各组的标志总量,并加总得到总体标志总量;将各组的频数加总,得到总体单位总数;用总体标志总量除以总体单位总数,得到算术平均数。

表 2-2 是未对该组学生年龄进行分组的数据,将表 2-2 中的数据进行分组,得到的变量数列如表 2-4 所示。

表 2-4 学生的年龄分组

年龄(x_i)	学生数(f_i)	频率 $\left(f_i \Big/ \sum\limits_{i=1}^{n} f_i\right)$
18	1	5%
19	3	15%
20	6	30%
21	5	25%
22	3	15%
23	2	10%

对于已经分组形成了变量数列的数据,计算平均数的方法如下:

$$\text{平均年龄} = \frac{18 \times 1 + 19 \times 3 + 20 \times 6 + 21 \times 5 + 22 \times 3 + 23 \times 2}{1 + 3 + 6 + 5 + 3 + 2} = 20.6$$

若 x_i 表示年龄,f_i 表示学生人数(标志值出现的次数),则上述计算过程可用公式表示为

$$\bar{x} = \frac{\sum\limits_{i=1}^{n} x_i f_i}{\sum\limits_{i=1}^{n} f_i}$$

平均数的大小不仅取决于总体各单位标志值(x_i),同时也取决于各标志值的次数(f_i)。次数多的标志值对平均数的影响要大一些,次数少的标志值对平均数的影响要小一些。次数的多少对平均数的大小有权衡轻重的影响作用,所以称为权数。这种用权数计算算术平均数的方法称为加权算术平均数。

利用加权算术平均法计算平均数时,权数可以是绝对值,如上例中的学生数,也可以是各组的次数(频数)占总次数的比重(频率)。权数除了用总体各组单位数来表示之外,还可以用各标志值次数(频数)占总体的比重来表示。因此,便有用标志值乘以相应频率计算加权算术平均数的方法,其计算公式为

$$\bar{x} = \sum\limits_{i=1}^{n} x_i \frac{f_i}{\sum\limits_{i=1}^{n} f_i}$$

权数必须是标志值的直接承担者,权数与标志值的乘积要具有标志总量的意义。只有当三个量之间存在着客观的数量对等关系时,各组单位数才是加权算术平均数的合适权数。

以表 2-4 的频率作权数,利用上式计算学生的平均年龄为

$$\bar{x} = \sum_{i=1}^{n} x_i \frac{f_i}{\sum_{i=1}^{n} f_i} = 18 \times 5\% + 19 \times 15\% + \cdots + 23 \times 10\% = 20.6$$

权数的权衡作用实质体现在各组单位数占总体单位数的比重大小上。比重的大小反映对平均数大小的影响程度。通过比重可以直接表明该组标志值所占的地位。

当各组频数或频率相等时,权数的意义也就消失了,即加权算术平均数等于简单算术平均数。简单算术平均数可以看作是加权算术平均数的一个特例。

③ 组距数列的算术平均数。在组距数列条件下,计算加权算术平均数应该根据各组的实际平均数乘以相应的权数来计算,但在实际编制组距数列时,很少计算组平均数。在缺乏组平均数资料的条件下,可用各组组中值来代替。这种用组中值来代替计算的算术平均数不可避免地会存在一定程度的误差,所以由组距数列计算的平均数一般只能是近似值。

【例 2-2】 根据表 2-5 中的数据(组距数列),计算学生成绩(分)的算术平均数。

表 2-5 学生的统计学课程成绩

成绩	学生人数(f_i)	组中值(x_i)	$x_i f_i$
60 以下	7	55	385
60～70	22	65	143
70～80	26	75	1 950
80～90	21	85	1 785
90～100	4	95	380
合计	80	—	5 930

解:

$$\bar{x} = \frac{\sum_{i=1}^{n} x_i f_i}{\sum_{i=1}^{n} f_i} = \frac{5\,930}{80} = 74.125$$

在 WPS Office 的电子表格中,可运用 SUMPRODUCT 函数计算学生统计学课程成绩的组距数列算术平均数,具体操作如下:

第一步,创建计算表格,输入已知数据。

第二步,单击"D6"单元格,在编辑栏输入"=SUMPRODUCT(B2:B6,C2:C6)/SUM(B2:B6)",按"回车"键,结果如表 2-6 所示。

表 2-6 学生成绩的组距数列算术平均值

	A	B	C	D
1	成绩	学生人数	组中值	
2	60 以下	7	55	
3	60～70	22	65	
4	70～80	26	75	
5	80～90	21	85	组距数列的算术平均值
6	90～100	4	95	74.125

(2)调和平均数。调和平均数是各个变量值倒数的算术平均数的倒数,又称倒数平均数。调和平均数是在数据缺乏总体单位数时计算平均指标的一种形式,主要是用来解决在无法掌握总体单位数的情况下,只有每组的变量值和相应的标志总量,而需要求得平均数的情况下使用的一种数据方法。调和平均数分为简单调和平均数与加权调和平均数两种,计算公式如下:

简单调和平均数:

$$\bar{x} = \frac{n}{\sum_{i=1}^{n} \frac{1}{x_i}}$$

加权调和平均数:

$$\bar{x} = \frac{\sum_{i=1}^{n} m_i}{\sum_{i=1}^{n} \frac{m_i}{x_i}}$$

其中,m_i 为各组标志总量。

【例2-3】 轮船从甲地开往乙地,去时顺水行驶,船速为每小时100千米,返回时逆水行驶,船速为每小时80千米,求轮船的平均时速。

解:

因为顺水行舟的时速为100千米,所以每千米需要1/100小时;而逆水行舟的时速为80千米,所以每千米需要1/80小时。

又因为来回路程是相同的,所以平均每千米需要的时间应该为(1/100+1/80)/2小时,则轮船的平均时速应是求调和平均数的问题:

$$\bar{x} = \frac{n}{\sum_{i=1}^{n} \frac{1}{x_i}} = \frac{2}{\frac{1}{100} + \frac{1}{80}} = 88.888\,89$$

在 WPS Office 的电子表格中,可运用 HARMEAN 函数计算轮船的平均时速,具体操作如下:

第一步,创建计算表格,输入已知数据。

第二步,单击"C2"单元格(设置为保留五位小数),在编辑栏输入"=HARMEAN(A2:B2)",按"回车"键,结果如表2-7所示。

表2-7 轮船的平均时速

	A	B	C
1	顺水时速	逆水时速	平均时速
2	100	80	88.888 89

【例2-4】 根据表2-8中的数据,计算学生生活费(元)的加权调和平均数。

表2-8 学生的每月生活费

类型	每月生活费(x_i)	总额(m_i)	学生人数(m_i/x_i)
1	1 750	5 250	3
2	1 810	18 100	10

续表

类型	每月生活费(x_i)	总额(m_i)	学生人数(m_i/x_i)
3	1 835	36 700	20
4	1 900	19 000	10
5	1 950	13 650	7
合计	—	92 700	50

解：

$$\bar{x} = \frac{\sum_{i=1}^{n} m_i}{\sum_{i=1}^{n} \frac{m_i}{x_i}} = \frac{92\ 700}{50} = 1\ 854$$

在 WPS Office 的电子表格中，可运用 SUM 函数计算学生生活费的加权调和平均数，具体操作如下：

第一步，创建计算表格，输入已知数据。

第二步，单击"D6"单元格，在编辑栏输入"=SUM(B2:B6)/SUM(C2:C6)"，按"回车"键，结果如表 2-9 所示。

表 2-9 学生每月生活费的加权调和平均数

	A	B	C	D
1	每月生活费	总额	学生人数	
2	1 750	5 250	3	
3	1 810	18 100	10	
4	1 835	36 700	20	
5	1 900	19 000	10	加权调和平均数
6	1 950	13 650	7	1 854

（3）几何平均数。几何平均数是用若干个变量值连乘积开 n 次方根所算出的平均数，用"G"表示。几何平均数主要用于计算社会经济现象的平均比率或平均速度，是一种特殊的平均指标。几何平均数可以分为简单几何平均数和加权几何平均数两种，前者适用于未分组的数据，后者适用于分组的数据，其计算公式如下：

简单几何平均数：

$$G = \sqrt[n]{x_1 \cdot x_2 \cdot \cdots \cdot x_n}$$

加权几何平均数：

$$G = \sqrt[f_1+f_2+\cdots+f_n]{x_1^{f_1} \cdot x_2^{f_2} \cdot \cdots \cdot x_n^{f_n}}$$

【例 2-5】 某企业有四个连续作业的产品精加工车间，一季度的产品合格率分别为：第一车间 92%，第二车间 98%，第三车间 95%，第四车间 94%，计算四个车间的产品平均合格率。

解：

由于该企业的产品生产是连续作业，即每个车间的生产都是以前面车间所生产的合格品为基础而进行的深加工,其产品合格率也就是在前面车间的产品合格率的基础上计算的。因此,各车间合格率的总和不等于全厂总合格率,四个车间的合格率的连乘积却等于总合格率,故需要用几何平均数法计算其平均数,即四个车间产品的平均合格率为:

$$G = \sqrt[n]{x_1 \cdot x_2 \cdot \cdots \cdot x_n} = \sqrt[4]{92\% \times 98\% \times 95\% \times 94\%} = 94.73\%$$

在 WPS Office 的电子表格中,可运用 GEOMEAN 函数计算车间产品的平均合格率,具体操作如下:

第一步,创建计算表格,输入已知数据。

第二步,单击"C5"单元格(设置为保留两位小数百分比),在编辑栏输入"=GEOMEAN(B2:B5)",按"回车"键,结果如表 2-10 所示。

表 2-10 车间产品的平均合格率

	A	B	C
1	车间	合格率	
2	第一车间	92%	
3	第二车间	98%	
4	第三车间	95%	平均合格率
5	第四车间	94%	94.73%

【例 2-6】 某银行用 5 000 万元进行 10 年期的投资,投资利率按复利计算,年利率情况是:1~2 年为 6.6%,3~6 年为 8.8%,7~9 年为 9.2%,第 10 年为 12.6%,计算该银行投资的年平均利率。

解:

$$G = \sqrt[f_1+f_2+\cdots+f_n]{x_1^{f_1} \cdot x_2^{f_2} \cdot \cdots \cdot x_n^{f_n}}$$

$$= \sqrt[2+4+3+1]{(106.6\%)^2 \times (108.8\%)^4 \times (109.2\%)^3 \times (112.6\%)^1}$$

$$= 108.85\%$$

投资的年平均利率 = 108.85% − 100% = 8.85%

在 WPS Office 的电子表格中的解题具体操作如下:

第一步,创建计算表格,输入已知数据。

第二步,单击"E2"单元格(设置为保留两位小数百分比),在编辑栏输入"=(A2^2 * B2^4 * C2^3 * D2)^(1/10)−100%",按"回车"键,结果如表 2-11 所示。

表 2-11 银行投资的年平均利率

	A	B	C	D	E
1	1~2 年	3~6	7~9 年	第 10 年	年平均利率
2	106.60%	108.80%	109.20%	112.60%	8.85%

2. 位置平均数

算术平均数与调和平均数都是根据总体各单位的标志值来计算的,而位置平均数是用标志值所处的位置直接观察,或根据其所处位置有关部分的标志值计算确定的平均数。

(1) 众数。众数是现象总体中出现次数最多的标志值。众数是对现象集中趋势的度量,它不仅可以测定数值型数据的集中趋势,如某年级学生年龄的众数,也可以用来测定非数值型数据的集中趋势。例如,人数最多的一种业余爱好就是学生业余爱好的众数。因此,众数在管理决策中有十分重要的作用。众数是按照数据的位置计算的,它的优势是易于理解,不受极端值的影响。当数值分布存在明显的集中趋势,且有显著的极端值时,适合使用众数。

① 单项数列确定众数的方法:在单项式分组数列情况下,出现次数最多的那个组的标志值就是众数组。例如,在表2-2中,年龄为20(周岁)的人数最多,出现6次,所以20就是学生年龄的众数。

在WPS Office的电子表格中,可运用MODE函数计算学生年龄的众数,具体操作如下:

第一步,创建计算表格,输入已知数据。

第二步,单击"B3"单元格,在编辑栏输入"=MODE(A1:J2)",按"回车"键,结果如表2-12所示。

表 2-12 学生年龄的众数

	A	B	C	D	E	F	G	H	I	J
1	21	23	22	19	20	22	21	21	21	19
2	20	20	21	23	22	19	18	20	20	20
3	众数	20								

② 组距数列确定众数的方法:在组距数列的条件下,先要确定众数所在组,然后再根据插值法公式计算,以求得近似的众数值,计算公式为

$$m_0 = L_{m_0} + d_{m_0} \frac{f_{m_0} - f_{m_0-1}}{(f_{m_0} - f_{m_0-1}) + (f_{m_0} - f_{m_0+1})}$$

其中,m_0代表众数;L_{m_0}代表众数所在组的下限;d_{m_0}代表众数所在组的组距;f_{m_0}代表众数所在组的频数;f_{m_0-1}代表众数所在组的前一组的频数;f_{m_0+1}代表众数所在组的后一组的频数。

【例2-7】 根据表2-5中的数据,计算学生成绩的众数。

解:

由表2-5可知,出现次数组最多的是26人,所以对应的成绩在70~80就是众数组,$L_{m_0}=70, d_{m_0}=10, f_{m_0}=26, f_{m_0-1}=22, f_{m_0+1}=21$,则:

$$\begin{aligned} m_0 &= L_{m_0} + d_{m_0} \frac{f_{m_0} - f_{m_0-1}}{(f_{m_0} - f_{m_0-1}) + (f_{m_0} - f_{m_0+1})} \\ &= 70 + 10 \times \frac{26-22}{(26-22)+(26-21)} \\ &= 74.444\ 44 \end{aligned}$$

(2) 中位数。中位数是把现象总体中的各单位标志值按大小顺序排列后处于数列中点位置的标志值,它表明数列中有一半单位的标志值小于中位数,另一半单位的标志值大于中位数,因此用它来代表一组数据的一般水平是可行的。

在总体中,小于中位数的数据个数占一半,大于中位数的数据占一半,即中位数是将数据按大小顺序排列以后,位于二等分点上的那个数据值。用中位数来代表总体中所有标志

值的一般水平,可以避免极端值的影响,在有些情况下更具有代表性。中位数的确定可分为两种情况:

① 未分组的数据确定中位数:在标志值未经分组的情况下,先把各单位按标志值大小顺序排列,如果总体单位数为奇数,则处于 $(n+1)/2$ 位置的标志值就是中位数;如果总体单位数是偶数,那么中位数就是位次为 $n/2$ 和 $n/2+1$ 的两个标志值的平均数。

② 已分组的数据确定中位数,有两种情况:一是单项分组;二是组距式分组。根据单项数列计算中位数时:首先,计算各组累积次数(可按向上累积和向下累积的方法);其次,以 $\frac{1}{2}\sum_{i=1}^{n}f_i$ 来确定中位数所在组的位置;最后,运用插值法求中位数,计算公式为

下限公式:

$$M_e = L_{m_e} + \frac{\frac{1}{2}\sum_{i=1}^{n}f_i - S_{m_e-1}}{f_{m_e}} \cdot d_{m_e}$$

上限公式:

$$M_e = U_{m_e} + \frac{S_{m_e+1} - \frac{1}{2}\sum_{i=1}^{n}f_i}{f_{m_e}} \cdot d_{m_e}$$

其中,M_e 为中位数,L_{m_e} 为中位数所在组的下限,U_{m_e} 为中位数所在组的上限,f_{m_e} 为中位数所在组的频数,$\sum_{i=1}^{n}f_i$ 为总频数,d_{m_e} 为中位数所在组的组距,S_{m_e-1} 为中位数所在组的前一组向上累计频数,S_{m_e+1} 为中位数所在组的后一组向下累计频数。

【例 2-8】 两个学习小组的学生分别为 11 人和 12 人,每人的成绩(分)如下。

甲组:65,68,72,77,80,82,88,90,92,94,99。

乙组:62,65,70,74,76,80,83,88,90,93,98,99。

计算各组的中位数。

解:

甲组中位数位置为 $(11+1)/2=6$,即第 6 位学生的成绩 82 为中位数。

乙组的中位数为第 6 位和第 7 位学生成绩的平均数,即 $(80+83)/2=81.5$。

在 WPS Office 的电子表格中,可运用 MEDIAN 函数计算两个学习小组的中位数,具体操作如下:

第一步,创建计算表格,输入已知数据。

第二步,分别单击"B8"单元格和"C8"单元格,在编辑栏分别输入"=MEDIAN(A2:A7,B2:B6)"和"=MEDIAN(C2:D7)",按"回车"键,结果如表 2-13 所示。

表 2-13 两组成绩的中位数

	A	B	C	D
1	甲组	甲组	乙组	乙组
2	82	65	62	83
3	88	68	65	88
4	90	72	70	90

续表

	A	B	C	D
5	92	77	74	93
6	94	80	76	98
7	99		80	99
8	中位数	82	81.5	

【例 2-9】 根据表 2-14 中的数据,计算学生成绩的中位数。

表 2-14　学生的统计学课程成绩

成绩(分)	学生人数(f_i)	向上累计(人)	向下累计(人)
60 以下	7	7	80
60～70	22	29	73
70～80	26	55	51
80～90	21	76	25
90～100	4	80	4
合计	80	80	80

注:本表数据与表 2-5 中数据相关联。

解:

由表 2-5 可知,中位数的位置 $=80/2=40$,即中位数在 70～80 这一组,$L_{m_e}=70$,$S_{m_e-1}=29$,$U_{m_e}=80$,$S_{m_e+1}=25$,$f_{m_e}=26$,$d_{m_e}=10$,则:

$$M_e = L_{m_e} + \frac{\frac{1}{2}\sum_{i=1}^{n}f_i - S_{m_e-1}}{f_{m_e}} \cdot d_{m_e} = 70 + \frac{80/2 - 29}{26} \times 10 = 74.23077$$

或

$$M_e = U_{m_e} + \frac{S_{m_e+1} - \frac{1}{2}\sum_{i=1}^{n}f_i}{f_{m_e}} \cdot d_{m_e} = 80 + \frac{25 - 80/2}{26} \times 10 = 74.23077$$

众数、中位数和算术平均数都是刻画数据的集中趋势,它们之间的关系:

(1) 在对称的正态分布条件下,算术平均数＝中位数＝众数。

(2) 在非对称正态分布的情况下,众数、平均数和算术平均数三者的差别取于偏斜程度。偏斜的程度越大,它们之间的差别越大。若数据分布呈现左偏,说明数据中存在最小值,必然会拉动算术平均数向极小值一方靠,而众数、中位数是位置平均数,不受极端值的影响,算术平均数＜中位数＜众数;若数据分布呈现右偏,说明数据中存在最大值,必然会拉动算术平均数向极大值一方靠,同样众数、中位数不受极端值的影响,算术平均数＞中位数＞众数。

(3) 众数、中位数和算术平均数都是对一组数据一般水平的度量,它们各有不同的特点和应用场合。众数和中位数的特点是不受极端值的影响,但它们没有利用原始数据的全部信息。算术平均数利用了全部数据信息,是描述一般水平最常用的指标,但算术平均数容易受极端值的影响。当一组数据中有极端值时,中位数或众数能较好地反映该组数据的一般水平。

2.2.2 数据的离散趋势

测量总体分布离散程度的指标称为变异指标。变异指标又称为标志变动量,综合反映总体各单位标志值的差异程度或离散程度。变异指标的作用主要表现为:

① 反映总体各单位标志值分布的离散程度。变异指标越大,说明总体各单位标志值分布的离散程度越大;变异指标越小,说明总体各单位标志值的分布离散程度越小。

② 可以说明平均指标的代表性程度。平均指标作为总体各单位标志值一般水平的代表值,其代表性的大小,随着标志值的差异程度不同而有很大区别。通常,变异指标越大,说明总体各单位的标志值分布越分散,则平均指标的代表性越小;变异指标越小,说明平均指标的代表性越大。

③ 说明现象变动的均匀性或稳定性。变异指标越大,说明数据之间的差异程度越大,则现象变动的稳定性或均匀性较差;变异系数越小,说明数据之间的差异程度越小,则现象变动的稳定性或均匀性较好。

反映数据离散趋势的变异指标包括极差、平均差、标准差和离散程度(也称变异系数)。

1. 极差

极差又称全距,是标志的最大值($x_{\max}$)与最小值($x_{\min}$)之差。它是测定标志变异程度最简单的指标,以 R 表示,计算公式为

$$R = x_{\max} - x_{\min}$$

极差的优点在于计算方便、意义明确,且易于了解掌握。它是测定标志变动程度的简便方法。但是极差只涉及最大值和最小值两个标志值,容易受极端值的影响,因而它不能全面、综合地反映各单位标志的变异程度,在应用时有较大的局限性,但它可以与其他指标配合使用。

【例 2-10】 两个小组学生的考试成绩(分)分别如下:

第一小组:50,60,70,80,90。

第二小组:68,69,70,71,72。

计算两个小组学生考试成绩的极差。

解:

第一小组成绩的极差为:$R=90-50=40$;第二小组成绩的极差为:$R=72-68=4$。

虽然,两个小组的平均成绩都是 70 分,但是,很显然用 70 分代表第二组数据的一般水平比代表第一组数据的一般水平更具有代表性。因为第一小组数据之间的差异程度明显大于第二组。

2. 平均差

平均差是各单位标志值对算术平均数的离差绝对值的算术平均数,又称平均离差。它是测定标志值变异程度的另外一种指标,用 AD 表示。平均差与极差的不同之处在于平均差考虑了总体中各单位标志值变动对标志变异程度的影响。

根据数据是否分组,平均差的计算分以下两种情况。

(1) 简单平均法。在未分组的数据情况下,采用简单平均法来计算平均差,计算公式为

$$AD = \frac{\sum_{i=1}^{n} |x_i - \bar{x}|}{n}$$

(2) 加权平均法。在已经分组的数据情况下,采用加权平均法计算平均差,计算公式为

$$AD = \frac{\sum_{i=1}^{n} |x_i - \bar{x}| f_i}{\sum_{i=1}^{n} f_i}$$

平均差越大,说明标志变动程度越大;平均差越小,说明标志变动程度越小。

平均差是利用全部数据计算的变异指标,它能够完全地反映数据之间的离散程度。但平均差为了避免离差正负抵消而采用取绝对值平均的方法,在应用时存在局限性,故在统计研究中较少使用。

3. 标准差

标准差是总体各单位的标志值对算术平均数离差的平方算术平均数的平方根。它是测定标志变量最主要的指标。标准差的平方称为方差。标准差在概率统计中最常用于统计分布程度上的测量。

标准差是对一组数据平均值分散程度的一种度量。一个较大的标准差,代表大部分数值和其平均值之间的差异较大;一个较小的标准差,代表这些数值和其平均值之间的差异较小。

根据数据是否分组,标准差的计算可分为两种情况。

(1) 简单平均法。在未分组的数据情况下,采用简单算术平均法来计算标准差,计算公式为

$$\sigma = \sqrt{\frac{\sum_{i=1}^{n} (x_i - \bar{x})^2}{n}}$$

$$s = \sqrt{\frac{\sum_{i=1}^{n} (x_i - \bar{x})^2}{n-1}}$$

(2) 加权平均法。在已分组的数据情况下,采用加权平均法来计算标准差,计算公式为

$$\sigma = \sqrt{\frac{\sum_{i=1}^{n} (x_i - \bar{x})^2 f_i}{\sum_{i=1}^{n} f_i}}$$

$$s = \sqrt{\frac{\sum_{i=1}^{n} (x_i - \bar{x})^2 f_i}{\sum_{i=1}^{n} f_i - 1}}$$

其中,σ 为总体的标准差,s 为样本的标准差。通常,标准差是指样本的标准差。

方差与标准差的数学性质：
① 变量的方差等于变量平方的平均数减去变量平均数的平方；
② 变量对算术平均数的方差小于任意常数的方差；
③ n 个同质独立变量平均数的方差等于各变量方差平均数的 $1/n$；
④ 变量线性变换的方差等于变量的方差乘以变量系数的平方。

【例 2-11】 根据表 2-2 中的数据，计算学生年龄的平均差和标准差。

解：

在例 2-1 中已经计算出学生年龄的平均数为 20.6，学生年龄的平均差为

$$\text{AD} = \frac{\sum_{i=1}^{n} |x_i - \bar{x}|}{n} = \frac{22}{20} = 1.1$$

学生年龄的标准差为

$$s = \sqrt{\frac{\sum_{i=1}^{n} (x_i - \bar{x})^2}{n-1}} = \sqrt{\frac{34.8}{20-1}} = 1.353\,36$$

在 WPS Office 的电子表格中，可运用 STDEV 函数计算学生年龄的标准差，具体操作如下：
① 创建计算表格，输入已知数据。
② 单击"B3"单元格（设置为保留五位小数），在编辑栏分别输入"＝STDEV(A1:J2)"，按"回车"键，结果如表 2-15 所示。

表 2-15 学生年龄的标准差

	A	B	C	D	E	F	G	H	I	J
1	21	23	22	19	20	22	21	21	21	19
2	20	20	21	23	22	19	18	20	20	20
3	标准差	1.353 36								

【例 2-12】 根据表 2-16 中的数据，计算学生成绩的平均差和标准差。

表 2-16 学生的统计学课程成绩

成绩（分）	学生人数（人）（f_i）	组中值（分）（x_i）	$|x_i - \bar{x}|f_i$	$(x_i - \bar{x})^2 f_i$
60 以下	7	55	133.875	2 560.359 38
60～70	22	65	200.75	1 831.843 75
70～80	26	75	22.75	19.906 25
80～90	21	85	228.375	2 483.573 13
90～100	4	95	83.5	1 743.062 50
合计	80	—	669.25	8 638.75

解：

在【例 2-2】中已经计算出学生成绩的平均数为 74.125，学生成绩的平均差为

$$\text{AD} = \frac{\sum_{i=1}^{n} |x_i - \bar{x}| f_i}{\sum_{i=1}^{n} f_i} = \frac{669.25}{80} = 8.365\,63$$

学生成绩的标准差为

$$s = \sqrt{\frac{\sum_{i=1}^{n}(x_i - \bar{x})^2 f_i}{\sum_{i=1}^{n} f_i - 1}} = \frac{8\,638.75}{79} = 109.351\,27$$

4. 离散系数

极差、平均数和标准差都有与平均指标相同的计量单位,是反映标志变异程度的绝对指标,其数值的大小不仅受指标值之间差异程度的影响,而且受标志值水平高低的影响。因此,对不同变量(或不同数据组)的离散程度进行比较时,只有当它们的平均水平和计量单位都相同时,才能利用上述指标进行分析。否则,还需将平均水平或计量单位的差异进行抽象,这就需要计算离散系数。

离散系数也称变异系数,是极差、平均差或标准差等变异指标与算术平均数的比率,以相对数形式来表示。最常用的离散系数是标准差系数 V_σ,它是标准差与平均数的比率,计算公式为

$$V_\sigma = \frac{\sigma}{\bar{x}}$$

离散系数一般用百分数表示。离散系数越大,说明数据的离散程度越大,其平均数的代表性就越小;反之,离散系数越小,说明数据的离散程度越小,其平均数的代表性就越大。通常,标准差是指样本标准差。

【例 2-13】 若 A 班学生的成绩平均数为 74.13 分,标准差为 10.39 分;B 班学生的成绩平均数为 76.25 分,标准差为 10.75 分,试比较两个班学生成绩的离散程度。

解:
两个班学生成绩不同,不直接用标准差进行比较,可通过离散系数进行比较。
A 班学生考试成绩的离散系数为

$$V_\sigma = \frac{\sigma}{\bar{x}} = \frac{10.39}{74.13} \times 100\% = 14.02\%$$

B 班学生考试成绩的离散系数为

$$V_\sigma = \frac{\sigma}{\bar{x}} = \frac{10.75}{76.25} \times 100\% = 14.10\%$$

从离散系数的比较中可知,B 班的学生成绩的离散系数大于 A 班学生成绩的离散系数,说明 B 班学生考试成绩的离散程度较大,也说明 A 班平均成绩的代表性较小。

2.3 数据分布形态

集中趋势和离中趋势是数据分布的两个重要的特征,但是要了解数据分布的特点,还需要知道数据分布的形态。利用算术平均数、众数和中位数之间的大小关系,可以在大体上判断数据分布是否对称和偏斜的方向。然而,准确的度量还需要用偏度和峰度进行刻画。

2.3.1 偏度

偏度是对数据分布偏斜方向和程度的测度。数据分布偏度的测量值称为偏度系数,通常记为 S_k。

偏度系数的计算公式:

未分组的数据:

$$S_k = \frac{n\sum_{i=1}^{n}(x_i-\bar{x})^3}{(n-1)(n-2)s^3}$$

分组的数据:

$$S_k = \frac{\sum_{i=1}^{n}(x_i-\bar{x})^3 f_i}{\sum_{i=1}^{n} s^3 f_i}$$

偏度系数是离差三次方得到的一个相对数。当数据分布对称时,可以相互抵消,因而计算式中的分子等于 0,则 $S_k=0$;

当数据分布不对称时,差离三次方后正负不能抵消,就形成了正或负的偏度系数 S_k。当 S_k 为正值时,表示正离差数值较大,可以判断为正偏分布或右偏分布;反之,当 S_k 为负值时,表示负离差数值较大,可以判断为负偏分布或左偏分布。

在计算 S_k 时,将离差三次方的平均数除以标准差的三次方,是将偏态系数转化为平均数。S_k 的绝对值接近于 0,偏斜程度越低;S_k 的绝对值越大,偏斜程度就越高。若 S_k 的绝对值小于 0.5,数据分布为低度偏度分布;若落在 0.5~1,数据分布为中度偏度分布;若大于 1,数据分布为高度偏度分布。

2.3.2 峰度

峰度是对数据分布平峰、尖峰程度的测度。数据分布峰度的测度量值称为峰度系数,通常记为 K_u。

未分组的数据:

$$K_u = \frac{n(n+1)\sum_{i=1}^{n}(x_i-\bar{x})^4}{(n-1)(n-2)(n-3)s^4} - \frac{3(n-1)^2}{(n-2)(n-3)}$$

分组的数据:

$$K_u = \frac{\sum_{i=1}^{n}(m_i-\bar{x})^4 f_i}{ns^4} - 3$$

峰度系数是将离差的四次方除以标准差的四次方得到的一个相对数。用峰度系数说明分布的尖峰和扁平程度,这是与正态分布的峰度系数比较而言的。由于正态分布的峰度系数为 0,当 $K_u>0$ 时为尖峰分布,数据的分布更集中一些;当 $K_u<0$ 时为扁平分布,数据分布更分散一些。

【例 2-14】 根据表 2-17 中的数据,计算学生消费数据的偏度系数和峰度系数。

表 2-17 学生的消费额

消费额(元)	学生人数(人) f_i	组中值(分) x_i	$x_i f_i$	$(x_i-\bar{x})^2$	$(x_i-\bar{x})^2 f_i$	$(x_i-\bar{x})^3$	$(x_i-\bar{x})^3 f_i$	$(x_i-\bar{x})^4$	$(x_i-\bar{x})^4 f_i$
700~720	3	710	2 130	8 464	25 392	−778 688	−2 336 064	71 639 296	214 917 888
720~740	7	730	5 110	5 184	36 288	−373 248	−2 612 736	26 873 856	188 116 992
740~760	8	750	6 000	2 704	21 632	−140 608	−1 124 864	7 311 616	58 492 928
760~780	9	770	6 930	1 024	9 216	−32 768	−294 912	1 048 576	9 437 184
780~800	15	790	11 850	144	2 160	−1 728	−25 920	20 736	311 040
800~820	26	810	21 060	64	1 664	512	13 312	4 096	106 496
820~840	17	830	14 110	784	13 328	21 952	373 184	614 656	10 449 152
840~860	6	850	5 100	2 304	13 824	110 592	663 552	5 308 416	31 850 496
860~880	5	870	4 350	4 624	23 120	314 432	1 572 160	21 381 376	106 906 880
880~900	4	890	3 560	7 744	30 976	681 472	2 725 888	59 969 536	239 878 144
合计	100		80 200		177 600		−1 046 400		860 467 200

解：

$$\bar{x} = \frac{\sum_{i=1}^{n} x_i f_i}{\sum_{i=1}^{n} f_i} = \frac{80\,200}{100} = 802$$

$$s = \sqrt{\frac{\sum_{i=1}^{n}(x_i - \bar{x})^2 f_i}{\sum_{i=1}^{n} f_i - 1}} = \sqrt{\frac{177\,600}{99}} = 42.354\,92$$

$$S_k = \frac{\sum_{i=1}^{n}(x_i - \bar{x})^3 f_i}{\sum_{i=1}^{n} s^3 f_i} = \frac{-1\,045\,400}{42.354\,92^3 \times 100} = -0.137\,58$$

$$K_u = \frac{\sum_{i=1}^{n}(m_i - \bar{x})^4 f_i}{n s^4} - 3 = \frac{860\,467\,200}{42.354\,92^4 \times 10} = 26.737\,38$$

S_k 计算结果绝对值小于 0.5，说明网上消费数据呈现低度右偏分布。

K_u 计算结果大于 0，说明网上消费数据呈现尖峰分布。

【例 2-15】 根据表 2-18 中的数据，计算学生成绩（分）的偏度系数和峰度系数。

表 2-18　学生的管理学课程成绩

79	74	91	76	99	86	51	85	79	78
50	52	59	50	78	73	86	94	55	90
99	91	74	82	58	54	71	57	58	87
71	98	50	93	58	65	81	74	83	89
78	56	77	78	73	68	83	72	80	56
76	80	97	64	74	58	72	82	88	54

解：

$$\bar{x} = \frac{\sum_{i=1}^{n} x_i}{n} = \frac{74 + 52 + \cdots + 54}{60} = 74.066\,67$$

$$s = \sqrt{\frac{\sum_{i=1}^{n}(x_i - \bar{x})^2}{n-1}} = \sqrt{\frac{(74-74.066\,67)^2 + \cdots + (54-74.066\,67)^2}{60-1}} = 14.156\,35$$

$$S_k = \frac{n \sum_{i=1}^{n}(x_i - \bar{x})^3}{(n-1)(n-2)s^3} = \frac{60 \times (-24\,932.764\,44)}{(60-1) \times (60-2) \times 14.156\,35^3} = -0.154\,09$$

$$K_u = \frac{n(n+1)\sum_{i=1}^{n}(x_i - \bar{x})^4}{(n-1)(n-2)(n-3)s^4} - \frac{3(n-1)^2}{(n-2)(n-3)}$$

$$= \frac{60 \times 61 \times 4\ 708\ 549.436\ 44}{59 \times 58 \times 57 \times 14.156\ 35} - \frac{10\ 443}{3.158\ 88} = -0.958\ 88$$

S_k 计算结果绝对值小于 0.5，说明学生的管理定量分析课程成绩呈现低度右偏分布。

K_u 计算结果绝对值大于 0，说明学生的管理定量分析课程成绩呈现尖峰分布。

在 WPS Office 的电子表格中，可运用 KURT 函数和 SKEW 函数计算数据的偏度系数和峰度系数。以表 2-18 中的数据为例进行偏度系数和峰度系数计算，具体操作如下：

① 创建计算表格，输入已知数据。

② 计算偏度，单击"B7"单元格（设置为保留五位小数），在编辑栏输入"＝SKEW(A1：J6)"，按"回车"键，结果如表 2-19 所示。

③ 计算峰度，单击"D7"单元格（设置为保留五位小数），在编辑栏输入"＝KURT(A1：J6)"，按"回车"键，结果如表 2-19 所示。

表 2-19　学生管理学课程成绩的偏度系数和峰度系数

	A	B	C	D	E	F	G	H	I	J
1	79	74	91	76	99	86	51	85	79	78
2	50	52	59	50	78	73	86	94	55	90
3	99	91	74	82	58	54	71	57	58	87
4	71	98	50	93	58	65	81	74	83	89
5	78	56	77	78	73	68	83	72	80	56
6	76	80	97	64	74	58	72	82	88	54
7	偏度	−0.154 09	峰度	−0.958 88						

本章小结

本章介绍了数据的类型与来源，数据类型包括定性变量和定量变量、横截面数据、时间序列数据和面板数据；数据分布特征，其中包括数据的集中趋势和数据的离散趋势。反映数据集中趋势的指标有两类：数值平均数和位置平均数。数值平均数可以分为算术平均数、调和平均数和几何平均数。位置平均数有众数、中位数和分位数等。反映数据离散趋势的指标有：极差、平均差、标准差和离散程度；数据分布形态包括偏度和峰度。

习题

1. 根据表 2-20 中的数据，计算某班学生成绩的平均差和标准差。

扫描此码

下载本章习题的数据文件

表 2-20　计算机课程成绩

成绩（分）	学生人数（人）	组中值（分）
70 以下	8	60
70～90	11	80
90～110	19	100
110～130	7	120
130～150	5	140

2. 根据表 2-21 中的数据，计算工人日加工零件数的算术平均数、众数和中位数。

表 2-21　日加工零件情况

按零件数分组（个）	频数（人）	按零件数分组（个）	频数（人）
105～110	3	125～130	10
110～115	5	130～135	6
115～120	8	135～140	4
120～125	14		

3. 有 4 种原料的价格分别为 200 元/吨、500 元/吨、600 元/吨和 900 元/吨，现各购进 1 000 元的各种原料，请计算原料的平均价。

4. 某品牌的 3 种商品的价格和销售情况资料如表 2-22 所示，根据资料计算 3 种商品的平均价格。

表 2-22　商品销售情况

商品	单价（元）	销售额（元）
1	96	16 800
2	118	23 836
3	153	13 005

5. 一位投资者持有一种股票，在 2016 年、2017 年、2018 年和 2019 年的收益率分别为 4.6%、2.2%、3.8%、5.5%。计算该投资者在这四年内的平均收益率。

6. 某银行某项投资年利率是按复利计算的，20 年的利率分配如表 2-23 所示，计算 20 年的平均年利率。

表 2-23　投资年利率

年限	年利率（%）	本利率（%）	年数（个）
第 1 年	5	105	2
第 2 年至第 4 年	8	108	4
第 5 年至第 15 年	15	115	12
第 16 年至第 20 年	18	118	6

7. 根据表 2-24 中的数据,计算某班学生成绩(分)的变异系数、偏度系数和峰度系数。

表 2-24　经济学课程成绩

92	80	63	88	71	82	71	68	96	77	56
84	68	56	86	61	79	65	93	68	74	95
99	85	99	96	91	62	75	91	59	77	69
72	80	88	56	75	83	99	70	97	65	99
67	92	83	61	84	73	90	72	74	95	86
76	96	85	60	77	86	70	82	94	95	75

8. 要从两名标枪运动员中选出一名参加比赛,测得两人近期训练中的成绩(米)如表 2-25 所示。通过分析这两名运动员成绩的稳定性,选出更合适参加比赛的运动员。

表 2-25　运动员标枪成绩

张三	40.51	41.22	40.46	39.63	40.17	38.78	42.72	39.85	40.19	39.52
李四	40.68	42.80	40.56	39.55	38.18	41.36	41.52	39.83	38.82	40.29

【在线测试题】扫描书背面的二维码,获取答题权限。

第3章 参数估计

内容提要

参数估计是根据从总体中抽取的随机样本来估计总体分布中未知参数的过程。本章讲解了参数估计概述、总体均值估计、总体方差估计和样本容量确定。

学习要点

- 掌握参数估计的基本概念。
- 了解参数估计的分类与评价标准。
- 掌握总体均值估计。
- 掌握总体方差估计。
- 掌握确定样本容量。
- 熟练运用电子表格进行参数估计。

3.1 参数估计概述

3.1.1 基本概念

1. 总体、样本与个体

根据一定的研究目的和要求所确定的研究对象的全体称为总体。例如,研究某班的学习成绩情况,所有该班的学生就构成一个总体。从总体中按随机原则抽取一部分单位所构成的集合体称为样本。组成总体的每个基本单位称为个体。样本中所包含个体的个数称为样本容量。样本的每次具体抽样观察所得的数据称为样本观察值。

2. 总体指标与样本指标

总体指标,也称为总体参数,是根据总体计算的综合指标。由于研究某一特定问题时,总体是唯一确定的,根据总体计算的总体参数也是唯一确定的,只不过通常是未知的。一个总体可以有多个参数,从不同方面反映总体的综合数量特征。常用的总体参数有:总体均值、总体成数、总体方差和总体标准差。样本指标是根据抽样总体计算的综合指标。研究某一特定问题时,样本指标不是唯一确定的,而是一个随样本不同而变化的随机变量。样本指

扫描此码

下载本章案例表格数据与解答

标和总体指标相对应,常用的样本指标有:样本均值、样本成数、样本方差和样本标准差。在实际中抽取出一个样本后,可得到一组样本观察值,并计算出样本指标的具体数值。

3. 统计量与参数

统计量是用来概括样本特征的测度值。样本的均值、标准差和中位数等都是统计量。参数是用来概括总体相应特征的测度值。总体的均值、标准差和中位数等都是参数。参数估计是指用样本指标(统计量)估计总体指标(参数)。样本统计量与总体参数之间的离差,是由抽样造成的,它被称为抽样误差。其中,主要包括抽样平均数与总体平均数的离差、抽样率与总体率之间的离差、样本方差与总体方差的离差。抽样误差越大,说明样本对总体的代表性越低;反之,说明样本对总体的代表性越高。

4. 置信区间、置信水平与显著性水平

由样本统计量所构造的总体参数的估计区间称为置信区间,区间的最小值称为置信下限,最大值称为置信上限。通常,如果将构造置信区间的步骤重复多次,置信区间中包含总体参数真值的次数所占的比例称为置信水平。当样本量给定时,置信区间的宽度随着置信系数的增大而增大,区间比较宽时,才会使这一区间有更大的可能性包含参数的真值;当置信水平固定时,置信区间的宽度随样本量的增大而减少,即较大的样本所提供的有关总体的信息要比较小的样本多。

显著性水平是估计总体参数落在某一区间内,可能犯错误的概率,用 α 表示。显著性水平与置信水平的数量关系为:显著性水平+置信水平=1。在区间估计中,常用的置信水平有:$1-\alpha=0.90$(即 $\alpha=0.1$),$1-\alpha=0.95$(即 $\alpha=0.05$)和 $1-\alpha=0.99$(即 $\alpha=0.01$)。

5. 自由度

自由度是指计算某一统计量时,取值不受限制的变量个数。通常,$df=n-k$。其中,n 为样本数量,k 为被限制的条件数或变量个数,或计算某一统计量时用到其他独立统计量的个数。例如,若存在两个变量 x 和 y,且 $x+y=1$,则自由度为 1。若一个变量的值确定,就可确定另一变量的值。

6. 抽样的相关概念

抽样是指从欲研究的全部样品中抽取一部分样品单位。随机抽样是指总体中每一个单位都有相同被抽中的机会。重复抽样是指从总体中随机抽出一个单位记录其特征后,再放回总体参加下一次抽选,每次抽取时总体单位数相同,每个单位被抽中和不被抽中的机会在各次都是相同的,即每次抽样是相互独立的。不重复抽样是从总体中随机抽出一个单位记录其特征后,不再放回总体中,下一个样本单位再从余下的总体单位中抽取,每次抽取时总体单位数不相同。不重复抽样的总体单位数随着抽取次数的增加而逐渐减少。每个单位被抽中和不被抽中的机会在各次都是不同的,即每次抽样不是相互独立的。从已知的总体中以一定的样本容量进行随机抽样,由样本的统计数所对应的概率分布称为抽样分布。概率是反映随机事件出现的可能性大小。随机事件是指在相同条件下,可能出现也可能不出现的事件。

参数估计是以抽样分布为基础的,常见的抽样分布如下:

(1) 正态分布。

连续随机变量 X 的概率密度为

$$f(x) = \frac{1}{\sqrt{2\pi}\sigma} e^{-\frac{(x-\mu)^2}{2\sigma^2}}$$

则这个随机变量就称为正态随机变量,正态随机变量服从的分布就称为正态分布,记作 $X \sim N(\mu, \sigma^2)$,读作 X 服从 $N(\mu, \sigma^2)$ 或 X 服从正态分布。当 $\mu = 0, \sigma = 1$ 时,正态分布就成为标准正态分布。正态分布曲线的特征为

① 集中性:正态曲线的高峰位于正中央,即均数所在的位置。

② 对称性:正态曲线以均数为中心,左右对称,曲线两端永远不与横轴相交。

③ 均匀变动性:正态曲线由均数所在处开始,分别向左右两侧逐渐均匀下降。

④ 正态分布曲线与横轴间的面积总等于1,相当于概率密度函数的函数从正无穷到负无穷积分的概率为1,即频率的总和为100%。

(2) χ^2 分布。

若 $X_1, X_2, \cdots, X_n$ 是相互独立的,且服从正态分布 $N(0,1)$ 的随机变量,则

$$Y = \sum_{i=1}^{n} X_i$$

服从自由度为 n 的 χ^2 分布,记为 $Y = \chi^2(n)$。χ^2 分布的性质为

① χ^2 分布的随机变量的取值范围为 $(0, \infty)$。

② 若 $Y_1 = \chi^2(n), Y_2 = \chi^2(m)$,且相互独立,则 $Y_1 + Y_2 = \chi^2(n+m)$。

③ χ^2 分布为非对称分布,分布形状由自由度决定,自由度越大,分布形状越趋于对称。

④ 当 $n \to \infty$,$\chi^2(n) = N(n, 2n)$。

(3) t 分布。

若 $Z \sim N(0,1), Y = \chi^2(n)$,且相互独立,则

$$T = \frac{Z}{\sqrt{Y/n}}$$

服从自由度为 $n-1$ 的 t 分布,记为 $T \sim t(n-1)$。t 分布的性质为

① t 分布与标准正态分布相似,关于 $t = 0$ 对称。

② 分布曲线受自由度影响,自由度越大,离散程度越小。

③ 当 $n \to \infty$,$t(n) \to N(0,1)$。

(4) F 分布。

若 $X \sim \chi^2(m), Y \sim \chi^2(n)$,且相互独立,则

$$F = \frac{X/m}{Y/n}$$

服从自由度为 m 和 n 的 F 分布,记为 $F \sim F(m,n)$。F 分布的性质为

① F 分布的随机变量的取值范围为 $(0, \infty)$。

② F 分布曲线受两个自由度的影响。

③ 若 $F \sim F(m,n)$,则 $1/F \sim F(m,n)$。

④ 若 $X \sim t(n)$,则 $X^2 \sim F(1,n)$

3.1.2 参数估计的分类

参数估计是指根据从总体中抽取的随机样本来估计总体分布中未知参数的过程。参数估计可以分为点估计和区间估计。

1. 点估计

点估计是依据样本估计总体分布中所含的未知参数或未知参数的函数。通常,平均数是总体的某个特征值,如数学期望、方差和相关系数等。点估计问题就是要构造一个只依赖于样本的量,作为未知参数或未知参数的函数的估计值。例如,用样本均值直接作为总体均值的估计值,用样本方差直接作为总体方差的估计值等。虽然在重复抽样条件下,点估计的均值可等于总体真值,在用点估计只代表总体参数值的同时,还须给出点估计值的可靠性,即点估计值与总体参数的真值接近的程度。

2. 区间估计

区间估计是指依据抽取的样本,根据一定的正确度与精确度的要求,构造出适当的区间,作为总体分布的未知参数或参数的函数的真值所在范围的估计。与点估计不同,进行区间估计时,根据样本统计量的抽样分布可以对样本统计量与总体参数的接近程度给出一个概率的度量。

3.1.3 参数估计的评价标准

在参数估计时,可以构造很多个估计量,但不是所有的估计量都一样优良。例如,要估计总体平均数,估计量有算术平均数、中位数、众数等,到底用哪一个估计量更合适,就需要有评价的标准。通常,评价估计量好坏的标准有3个:无偏性、有效性、一致性。

1. 无偏性

无偏性是指估计量抽样分布的数学期望等于被估计的参数。这表明,从一次抽样结果来看,样本估计量的值与参数可能存在误差,但结合抽样分布的情况看,所有估计量的平均数等于参数的实际值,即平均来讲,估计是无偏的。

2. 有效性

有效性是指对同一参数的两个无偏估计量,有更小标准差的更有效。一个无偏的估计量并不意味着它就非常接近被估计的参数,它还必须符合与参数的离散程度充分小这一标准。

3. 一致性

一致性是指随着样本量的增大,点估计量的值越来越接近被估参数,即当样本容量趋于无穷大时,一个优良估计量的估计值无限靠近真实参数值。

3.2 总体均值估计

在对总体均值进行区间估计时,需要考虑总体是否为正态分布、总体方差是否已知、用于构造估计量的样本是大于 30($n \geqslant 30$)还是小于 30($n < 30$)等情形。

3.2.1 单个总体方差已知估计($n < 30$)

当总体服从正态分布且方差已知($n < 30$)时,若用样本标准差 s 代替总体标准差 σ,则 $\dfrac{\bar{x}-\mu}{s/\sqrt{n}}$ 是自由度为 $n-1$ 的 t 分布,因而,总体均值 μ 所在的 $1-\alpha$ 置信水平下的置信区间为

$$\left[\bar{x}-\frac{s}{\sqrt{n}}\times t_{\alpha/2}(n-1),\bar{x}+\frac{s}{\sqrt{n}}\times t_{\alpha/2}(n-1)\right]$$

【例 3-1】 已知 10 家单位自用汽车每年维修费用的样本均值为 260 万元,样本标准差为 80 万元,设维修费用服从正态分布,求在 95% 置信水平下平均维修费用的区间估计。

解:

由题可知 $\bar{x}=260, s=80, \alpha=0.05, n=10, n<30$

查表可得: $t_{\alpha/2}(n-1)=t_{0.05/2}(10-1)=2.262\,16$

区间上限:

$$\bar{x}+\frac{s}{\sqrt{n}}\times t_{\alpha/2}(n-1)=260+\frac{80}{\sqrt{10}}\times 2.262\,16=260+\frac{80}{3.162\,28}\times 2.262\,16$$
$$=260+57.228\,58=317.228\,58$$

区间下限:

$$\bar{x}-\frac{s}{\sqrt{n}}\times t_{\alpha/2}(n-1)=260-\frac{80}{\sqrt{10}}\times 2.262\,16=260-\frac{80}{3.162\,28}\times 2.262\,16$$
$$=260-57.228\,58=202.771\,42$$

利用 WPS Office 的电子表格解题,具体操作步骤如下:

(1) 创建计算表格,输入已知数据。

(2) 计算 $t_{0.025}(9)$ 值,单击"E2"单元格(设置为保留五位小数),在编辑栏输入"=TINV(D2,C2−1)",按"回车"键,结果如表 3-1 所示。

(3) 计算置信区间,单击"F2"单元格(设置为保留五位小数),在编辑栏输入"=A2+B2*E2/SQRT(C2)",按"回车"键,结果如表 3-1 所示;单击"G2"单元格(设置为保留五位小数),在编辑栏输入"=A2−B2*E2/SQRT(C2)",按"回车"键,结果如表 3-1 所示。

表 3-1 计算表格及结果

	A	B	C	D	E	F	G
1	均值	标准差	样本容量	显著性	$t_{0.025}(9)$	区间上限	区间下限
2	260	80	10	0.05	2.262 16	317.228 55	202.771 45

注: $t_{0.025}(9)=2.262\,16$ 虽然在电子表格中通过设置单元格格式保留为五位小数,但实际计算时,并不是五位小数,若要以五位小数进行实际计算,则需手工输入相应数据。

从表 3-1 可知,利用 WPS Office 电子表格解题的结果存在差别(保留五位小数),这种差别是由于计算过程中的保留小数位不同而造成的。若在"E2"单元格输入 2.262 16,且将 $\sqrt{10}=3.162\ 28$ 代入相应公式,则 WPS Office 电子表格计算区间估计结果一致(保留五位小数)。

3.2.2 单个总体方差已知估计($n \geqslant 30$)

当总体服从正态分布且方差已知($n \geqslant 30$)时,样本均值 $\overline{X}$ 的抽样分布均为正态分布,其数学期望为总体均值 μ,方差为 σ^2/n。而样本均值经过标准化以后的随机变量则服从标准正态分布,即:

$$z = \frac{\overline{x} - \mu}{\sigma/\sqrt{n}} \sim N(0,1)$$

根据上式可以得出总体均值 μ,所在 $1-\alpha$ 置信水平下的置信区间为

$$\left[\overline{x} - z_{\alpha/2} \frac{\sigma}{\sqrt{n}}, \overline{x} + z_{\alpha/2} \frac{\sigma}{\sqrt{n}} \right]$$

【例 3-2】 对某年级学生的平均体重进行估计。已知该年级学生体重的总体标准差为 8kg,随机抽取 100 个学生称重,学生的平均体重为 45kg,求该年级学生平均体重的点估计和 95% 置信水平下的区间估计。

解:

由题可知:$\overline{x}=45, \sigma=8, \alpha=0.05, n=100, n>30$,点估计为 45

查表可得:$Z_{\alpha/2}=Z_{0.05/2}=1.96$

区间上限:$\overline{x}+z_{\alpha/2}\dfrac{\sigma}{\sqrt{n}}=45+1.96\times\dfrac{8}{\sqrt{100}}=45+1.568=46.568$

区间下限:$\overline{x}-z_{\alpha/2}\times\dfrac{\sigma}{\sqrt{n}}=45-1.96\times\dfrac{8}{\sqrt{100}}=45-1.568=43.432$

利用 WPS Office 的电子表格解题,具体操作步骤如下:

(1) 创建计算表格,输入已知数据。

(2) 计算点估计,单击"A4"单元格,在编辑栏输入"=A2",按"回车"键,结果如表 3-1 所示。

(3) 计算 $Z_{0.025}$ 值,单击"A6"单元格(设置为保留两位小数),在编辑栏输入"=NORMSINV(1-D2/2)",按"回车"键,结果如表 3-2 所示。其中,由于电子表格中的得到的是右单侧的值,而要进行的是正态分布的双侧区间估计,因此,运用 NORMSINV 函数时,概率值为 0.975(0.975=0.95+0.025),即 NORMSINV($1-\alpha/2$)= NORMSINV(0.975)=1.96。

(4) 使用定义计算学生平均体重置信区间,单击"C4"单元格(设置为保留三位小数),在编辑栏输入"=A2+A6*B2/SQRT(C2)",按"回车"键;单击"D4"单元格(设置为保留三位小数),在编辑栏输入"=A2-A6*B2/SQRT(C2)",按"回车"键,结果如表 3-2 所示。

(5) 使用函数计算学生平均体重置信区间,单击"C6"单元格(设置为保留三位小数),在编辑栏输入"=A2+CONFIDENCE(D2,B2,C2)"按"回车"键;单击"D6"单元格(设置为保留三位小数),在编辑栏输入"=A2-CONFIDENCE(D2,B2,C2)",按"回车"键,结果如

表 3-2 所示。

从表 3-2 可知,利用 WPS Office 电子表格解题的结果一致(保留三位小数)。

表 3-2　计算表格及结果

	A	B	C	D
1	均值	标准差	样本容量	显著性
2	45	8	100	0.05
3	点估计	使用定义计算	区间上限	区间下限
4	45		46.568	43.432
5	$Z_{0.025}$	使用函数计算	区间上限	区间下限
6	1.96		46.568	43.432

3.2.3　单个总体方差未知估计($n<30$)

总体均值的区间估计值只有在总体方差已知的情况下才能计算,但是往往总体的方差是未知的,无法获得总体的具体分布,便无法构造置信区间。但可以用能计算出的样本的标准差来代替未知的总体标准差,统计量不服从正态分布,而服从自由度为 $n-1$ 的 t 分布:

$$t = \frac{\bar{x} - \mu}{s/\sqrt{n}} \sim t(n-1)$$

因此,在 $n<30$ 的情况下,可以利用 t 分布来估计总体均值。

在给定显著性水平 α 下,总体均值 μ 的区间估计为

$$\left[\bar{x} - t_{\alpha/2}(n-1)\frac{s}{\sqrt{n}}, \bar{x} + t_{\alpha/2}(n-1)\frac{s}{\sqrt{n}}\right]$$

其中,$t_{\alpha/2}(n-1)$ 是自由度为 $n-1$ 时,t 分布中右侧面积为 $\alpha/2$ 的值。

【例 3-3】　对某专业学生的平均体重进行估计,学生体重的总体方差未知,随机抽取 16 名学生称重,学生体重数据如表 3-3 所示,计算该专业学生平均体重在 95% 置信水平下的区间估计。

表 3-3　学生体重(kg)

| 45 | 45 | 51 | 46 | 48 | 48 | 44 | 48 |
| 44 | 48 | 42 | 47 | 50 | 43 | 45 | 50 |

解:

由题可知 $\alpha=0.05, n=16, n<30$

查表可得:$t_{\alpha/2}(n-1) = t_{0.05/2}(16-1) = 2.13145$

$$\bar{x} = \frac{\sum_{i=1}^{n} x_i}{n} = \frac{45+45+\cdots+50}{16} = 46.5$$

$$s = \sqrt{\frac{\sum_{i=1}^{n}(x_i-\bar{x})^2}{n-1}} = \sqrt{\frac{(45-46.5)^2+(45-46.5)^2+\cdots+(50-46.5)^2}{16-1}} = 2.65832$$

区间上限：

$$\bar{x}+t_{a/2}(n-1)\times\frac{s}{\sqrt{n}}=46.5+2.131\,45\times\frac{2.658\,32}{\sqrt{16}}=46.5+1.416\,52=47.916\,52$$

区间下限：

$$\bar{x}-t_{a/2}(n-1)\times\frac{s}{\sqrt{n}}=46.5-2.131\,45\times\frac{2.658\,32}{\sqrt{16}}=46.5-1.416\,52=45.083\,48$$

利用 WPS Office 的电子表格解题，具体操作步骤如下：

(1) 创建计算表格，输入已知数据。

(2) 计算学生体重的均值，单击"F2"单元格，在编辑栏输入"=AVERAGE(A1:D4)"，按"回车"键，结果如表 3-4 所示。

(3) 计算学生体重的标准差，单击"F4"单元格(设置为保留五位小数)，在编辑栏输入"=STDEV(A1:D4)"，按"回车"键，结果如表 3-4 所示。

(4) 计算 $t_{0.025}$(15)值，单击"G3"单元格(设置为保留五位小数)，在编辑栏输入"=TINV(E4,E2-1)"，按"回车"键，结果如表 3-4 所示。

(5) 计算置信区间，单击"H2"单元格(设置为保留五位小数)，在编辑栏输入"=F2+G3*F4/SQRT(E2)"，按"回车"键，结果如表 3-3 所示；单击"H4"单元格(设置为保留五位小数)，在编辑栏输入"=F2-G3*F4/SQRT(E2)"，按"回车"键，结果如表 3-4 所示。

从表 3-4 可知，利用 WPS Office 电子表格解题的结果一致(保留五位小数)。

表 3-4 计算表格及结果

	A	B	C	D	E	F	G	H
1	45	44	48	50	样本容量	均值		区间上限
2	45	48	48	43	16	46.5	$t_{0.025}$(15)	47.916 52
3	51	42	44	45	显著性	标准差	2.131 45	区间下限
4	46	47	48	50	0.05	2.658 32		45.083 48

3.2.4 单个总体方差未知估计($n \geqslant 30$)

当总体方差未知，样本容量 $n \geqslant 30$ 时，可用正态分布来近似地作为 t 分布，因此无论方差是否可知，在实际中仅当 $n<30$ 时才应用 t 分布。根据中心极限定理，只要抽取样本足够大，抽样分布就会服从正态分布。因此，在方差未知且 $n \geqslant 30$，参照 $n<30$ 下的区间估计，可以给出采用标准正态分布代替 t 分布的总体均值 μ 的区间估计：

$$\left[\bar{x}-z_{a/2}\frac{s}{\sqrt{n}},\bar{x}+z_{a/2}\frac{s}{\sqrt{n}}\right]$$

采用标准正态分布替换 t 分布后，可以求出总体均值的置信区间。

【例 3-4】 对某年级学生的平均体重进行估计，学生的总体方差未知，随机抽取 50 名学生称重，学生的体重(kg)数据如表 3-5 所示，求该年级学生平均体重在 95% 置信水平下的区间估计。

表 3-5 学生体重/kg

45	45	51	46	43	48	48	51	52	45
44	48	42	47	47	47	44	48	53	45
48	48	44	48	45	42	43	44	45	46
50	43	45	50	48	45	44	48	47	46
45	50	47	43	48	43	47	44	48	48

解：

由题可知 $\alpha=0.05, n=50, n>30$

查表可得：$Z_{\alpha/2}=Z_{0.05/2}=1.96$

$$\bar{x}=\frac{\sum_{i=1}^{n}x_i}{n}=\frac{45+45+\cdots+48}{50}=46.46$$

$$s=\sqrt{\frac{\sum_{i=1}^{n}(x_i-\bar{x})^2}{n-1}}=\sqrt{\frac{(45-46.46)^2+(45-46.46)^2+\cdots+(48-46.46)^2}{50-1}}$$
$$=2.66657$$

区间上限：

$$\bar{x}+z_{\alpha/2}\frac{s}{\sqrt{n}}=46.46+1.96\times\frac{2.66657}{\sqrt{50}}=46.46+1.96\times\frac{2.66657}{7.07107}$$
$$=46.46+0.73914=47.19914$$

区间下限：

$$\bar{x}-z_{\alpha/2}\frac{s}{\sqrt{n}}=46.46-1.96\times\frac{2.66657}{\sqrt{50}}=46.46-1.96\times\frac{2.66657}{7.07107}$$
$$=46.46-0.73914=45.72086$$

利用 WPS Office 的电子表格解题，具体操作步骤如下。

(1) 创建计算表格，输入已知数据。

(2) 计算学生体重的均值，单击"D7"单元格，在编辑栏输入"=AVERAGE(A1:J5)"，按"回车"键，结果如表 3-6 所示。

(3) 计算学生体重的标准差，单击"E7"单元格（设置为保留五位小数），在编辑栏输入"=STDEV(A1:J5)"，按"回车"键，结果如表 3-6 所示。

(4) 计算 $Z_{0.025}$ 值，单击"C7"单元格（设置为保留两位小数），在编辑栏输入"=NORMSINV(1-B7/2)"，按"回车"键，结果如表 3-6 所示。

(5) 计算置信区间，单击"G7"单元格（设置为保留五位小数），在编辑栏输入"=D7+CONFIDENCE(B7,E7,A7)"，按"回车"键；单击"I7"单元格（设置为保留五位小数），在编辑栏输入"=D7-CONFIDENCE(B7,E7,A7)"，按"回车"键，结果如表 3-6 所示。

从表 3-6 可知，利用 WPS Office 电子表格解题的结果存在差别，这种差别是由于 CONFIDENCE 函数在计算过程中小数位不同而造成的。

表 3-6　计算表格及结果

	A	B	C	D	E	F	G	H	I	J
1	45	45	51	46	43	48	48	51	52	45
2	44	48	42	47	47	47	44	48	53	45
3	48	48	44	48	45	42	43	44	45	46
4	50	43	45	50	48	45	44	48	47	46
5	45	50	47	43	48	43	47	44	50	48
6	样本容量	显著性	$Z_{0.025}$	均值	标准差		区间上限		区间下限	
7	50	0.05	1.96	46.46	2.666 57		47.199 12		45.720 88	

3.2.5　两个总体均值之差估计

设两个总体的均值分别为 μ_1 和 μ_2，从两个总体中分别抽取样本量为 n_1 和 n_2 的两个随机样本，其样本均值分别为 $\bar{x}_1$ 和 $\bar{x}_2$，估计两个总体均值之差 $(\mu_1-\mu_2)$ 的估计量显然是两个样本的均值之差 $(\bar{x}_1-\bar{x}_2)$。

1. 当 $n \geqslant 30$ 时的估计

当两个总体都服从正态分布或两个总体不服从正态分布但两个样本都为大样本时，根据抽样分布的知识可知，两个样本均值之差 $(\bar{x}_1-\bar{x}_2)$ 的抽样分布服从期望值为 $(\mu_1-\mu_2)$，方差为 $\sigma_1^2/n_1+\sigma_2^2/n_2$ 的正态分布，而两个样本均值之差经标准化后服从标准正态分布，即：

$$z=\frac{(\bar{x}_1-\bar{x}_2)-(\mu_1-\mu_2)}{\sqrt{\sigma_1^2/n_1+\sigma_2^2/n_2}} \sim N(0,1)$$

当两个总体的方差 σ_1^2 和 σ_2^2 都已知时，两个总体均值之差 $(\mu_1-\mu_2)$ 在 $1-\alpha$ 置信水平的置信区间为

$$\left[(\bar{x}_1-\bar{x}_2)-z_{\alpha/2}\times\sqrt{\frac{\sigma_1^2}{n_1}+\frac{\sigma_2^2}{n_2}},(\bar{x}_1-\bar{x}_2)+z_{\alpha/2}\times\sqrt{\frac{\sigma_1^2}{n_1}+\frac{\sigma_2^2}{n_2}}\right]$$

当两个总体的方差 σ_1^2 和 σ_2^2 未知时，可用两个样本方差 s_1^2 和 s_2^2 来代替，这时，两个总体均值之差 $(\mu_1-\mu_2)$ 在 $1-\alpha$ 置信水平的置信区间为：

$$\left[(\bar{x}_1-\bar{x}_2)-z_{\alpha/2}\sqrt{\frac{s_1^2}{n_1}+\frac{s_2^2}{n_2}},(\bar{x}_1-\bar{x}_2)+z_{\alpha/2}\sqrt{\frac{s_1^2}{n_1}+\frac{s_2^2}{n_2}}\right]$$

2. 当 $n<30$ 时的估计

（1）当两个总体的方差 σ_1^2 和 σ_2^2 未知但相等时，需要用两个样本的方差 s_1^2 和 s_2^2 来估计，这时需要计算总体方差的合并估计量 s_p^2，计算公式为

$$s_p^2=\frac{(n_1-1)s_1^2+(n_2-1)s_2^2}{n_1+n_2-2}$$

两个样本总体均值之差经标准化后服从自由度为 n_1+n_2-2 的 t 分布，即：

$$t=\frac{(\bar{x}_1-\bar{x}_2)-(\mu_1-\mu_2)}{s_p\times\sqrt{1/n_1+1/n_2}}\sim t(n_1+n_2-2)$$

因此，两个总体均值之差 $(\mu_1-\mu_2)$ 在 $1-\alpha$ 置信水平下的置信区间为：

$$\left[(\bar{x}_1-\bar{x}_2)-t_{\alpha/2}(n_1+n_2-2)s_p\sqrt{\frac{1}{n_1}+\frac{1}{n_2}},(\bar{x}_1-\bar{x}_2)+t_{\alpha/2}(n_1+n_2-2)s_p\sqrt{\frac{1}{n_1}+\frac{1}{n_2}}\right]$$

（2）当两个总体的方差 σ_1^2 和 σ_2^2 未知且不相等时，只要两个总体都服从正态分布，而且两个样本的样本量相等，则两个总体均值之差 $(\mu_1-\mu_2)$ 在 $1-\alpha$ 置信水平的置信区间为：

$$\left[(\bar{x}_1-\bar{x}_2)-t_{\alpha/2}(n_1+n_2-2)\sqrt{\frac{s_1^2}{n_1}+\frac{s_2^2}{n_2}},(\bar{x}_1-\bar{x}_2)+t_{\alpha/2}(n_1+n_2-2)\sqrt{\frac{s_1^2}{n_1}+\frac{s_2^2}{n_2}}\right]$$

当两个总体的方差 σ_1^2 和 σ_2^2 未知且不相等时，而两个样本的样本量不相等，两个样本均值之差不再服从自由度为 n_1+n_2-2 的 t 分布，而是仅服从自由度为 v 的 t 分布，其中，

$$v=\frac{(s_1^2/n_1+s_2^2/n_2)^2}{\dfrac{(s_1^2/n_1)^2}{n_1-1}-\dfrac{(s_2^2/n_2)^2}{n_2-1}}$$

因此，两个总体均值之差 $(\mu_1-\mu_2)$ 在 $1-\alpha$ 置信区间为：

$$\left[(\bar{x}_1-\bar{x}_2)-t_{\alpha/2}(v)\sqrt{\frac{s_1^2}{n_1}+\frac{s_2^2}{n_2}},(\bar{x}_1-\bar{x}_2)+t_{\alpha/2}(v)\sqrt{\frac{s_1^2}{n_1}+\frac{s_2^2}{n_2}}\right]$$

【例 3-5】 在甲和乙两个学院中，每个学院 34 个班级学生人数男女性别比的数据如表 3-7 所示，计算甲学院与乙学院总体男女性别比均值之差在 95% 置信水平下的置信区间。

表 3-7 两学院男女性别比例

甲学院	1.65	1.43	1.32	1.46	1.23	1.02	1.28	1.31	0.82
	1.24	1.41	1.12	0.98	1.39	1.48	1.55	1.23	1.65
	1.71	0.87	1.29	0.78	0.69	1.32	1.22	1.73	1.14
	1.87	0.56	0.72	1.74	1.48	1.11	0.98		
乙学院	1.02	1.23	1.42	1.72	0.98	0.79	0.76	1.34	0.99
	1.79	0.78	1.38	0.78	1.38	0.87	1.47	0.97	1.42
	1.38	1.29	1.18	0.74	1.16	1.38	1.02	1.08	0.58
	1.48	1.32	0.84	1.28	1.72	1.32	1.75		

解：

由题可知 $\alpha=0.05$，$n_甲=34$，$n_乙=34$，$n_甲=n_乙>30$

查表可得：$Z_{\alpha/2}=Z_{0.05/2}=1.96$

$$\bar{x}_甲=\frac{\sum\limits_{i=1}^{n}x_i}{n}=\frac{1.65+1.43+\cdots+0.98}{34}=1.258\,24$$

$$\bar{x}_乙=\frac{\sum\limits_{i=1}^{n}x_i}{n}=\frac{1.02+1.23+\cdots+1.75}{34}=1.194\,41$$

$$s_\text{甲} = \sqrt{\frac{\sum_{i=1}^{n}(x_i - \overline{x}_\text{甲})^2}{n_\text{甲} - 1}} = \sqrt{\frac{(1.65 - 1.258\,24)^2 + (1.43 - 1.258\,24)^2 + \cdots + (0.98 - 1.258\,24)^2}{34 - 1}}$$
$$= 0.329\,71$$

$$s_\text{乙} = \sqrt{\frac{\sum_{i=1}^{n}(x_i - \overline{x}_\text{乙})^2}{n_\text{乙} - 1}} = \sqrt{\frac{(1.02 - 1.194\,41)^2 + (1.23 - 1.194\,41)^2 + \cdots + (1.75 - 1.194\,41)^2}{34 - 1}}$$
$$= 0.321\,33$$

区间上限：

$$(\overline{x}_\text{甲} - \overline{x}_\text{乙}) + z_{\alpha/2}\sqrt{\frac{s_\text{甲}^2}{n_\text{甲}} + \frac{s_\text{乙}^2}{n_\text{乙}}} = (1.258\,24 - 1.194\,41) + 1.96 \times \sqrt{\frac{0.329\,71^2}{34} + \frac{0.321\,33^2}{34}}$$
$$= 0.063\,83 + 1.96 \times 0.078\,96 = 0.218\,59$$

区间下限：

$$(\overline{x}_\text{甲} - \overline{x}_\text{乙}) - z_{\alpha/2}\sqrt{\frac{s_\text{甲}^2}{n_\text{甲}} + \frac{s_\text{乙}^2}{n_\text{乙}}} = (1.258\,24 - 1.194\,41) - 1.96 \times \sqrt{\frac{0.329\,71^2}{34} + \frac{0.321\,33^2}{34}}$$
$$= 0.063\,83 - 1.96 \times 0.078\,96 = -0.090\,93$$

利用 WPS Office 的电子表格解题，具体操作步骤如下：

(1) 创建计算表格，输入已知数据。

(2) 计算学生男女性别比例的均值和标准差。在"L2"单元格和"L4"单元格所对应的编辑栏分别输入"=AVERAGE(B1:J3,B4:H4)"和"=STDEV(B1:J3,B4:H4)"，分别按"回车"键，可计算出甲学院学生男女性别比例的均值和标准差。在"L6"单元格和"L8"单元格所对应的编辑栏分别输入"=AVERAGE(B5:J7,B8:H8)"和"=STDEV(B5:J7,B8:H8)"，分别按"回车"键，可计算出乙学院学生男女性别比例的均值和标准差，结果如表 3-8 所示。

表 3-8 计算表格及结果

	A	B	C	D	E	F	G	H	I	J	K	L	M
1	甲学院	1.65	1.43	1.32	1.46	1.23	1.02	1.28	1.31	0.82	样本容量	均值	区间上限
2		1.24	1.41	1.12	0.98	1.39	1.48	1.55	1.23	1.65	34	1.258 24	0.218 58
3		1.71	0.87	1.29	0.78	0.69	1.32	1.22	1.73	1.14	显著性	标准差	区间下限
4		1.87	0.56	0.72	1.74	1.48	1.11	0.98			0.05	0.329 71	−0.090 93
5	乙学院	1.02	1.23	1.42	1.72	0.98	0.79	0.76	1.34	0.99	样本容量	均值	
6		1.79	0.78	1.38	0.78	1.38	0.87	1.47	0.97	1.42	34	1.194 41	
7		1.38	1.29	1.18	0.74	1.16	1.38	1.02	1.08	0.58	$Z_{0.025}$	标准差	
8		1.48	1.32	0.84	1.28	1.72	1.32	1.75			1.96	0.321 33	

(3) 计算 $Z_{0.025}$ 值。单击"K8"单元格（设置为保留两位小数），在编辑栏输入"=NORMSINV((1−K4/2))"，按"回车"键，结果如表 3-8 所示。

(4) 计算甲学院与乙学院的总体男女性别比例均值之差的置信区间。单击"M2"单元格和"M4"单元格，分别在编辑栏输入"=(L2−L6)+K8*SQRT[(L4^2)/K2+(L8^2)/

K6]"和"=(L2−L6)−K8*SQRT[(L4^2)/K2+(L8^2)/K6]",分别按"回车"键,结果如表 3-8 所示。

从表 3-8 可知,区间上限的计算结果之间存在微小差别,这种差别是由于计算过程中的保留小数位不同而造成的。若在"L2"单元格、"L6"单元格和"K8"单元格分别输入 1.258 24、1.194 41 和 1.96,则 WPS Office 电子表格计算区间估计结果一致(保留五位小数)。

【例 3-6】 为比较 A 和 B 两种类型灯泡的使用寿命(小时)随机地抽取 A 型灯泡 9 只,测得平均寿命为 1.826;样本方差为 26^2,B 型灯泡 12 只,测得平均寿命为 1.513,样本方差为 35^2;由生产过程知道,两种型号灯泡寿命的方差相同,且两总体都是正态总体,求两总体均值差的置信度为 95% 的置信区间。

解:

由题可知 $\alpha=0.01, \bar{x}_A=1.826, \bar{x}_B=1.513, n_A=9, s_A^2=26^2, n_B=12, s_B^2=35^2, n_A<30, n_B<30$

查表可得:$t_{\alpha/2}(n_1+n_2-2)=t_{0.05/2}(9+12-2)=2.093\ 02$

$$s_p^2 = \frac{(n_A-1)s_A^2+(n_B-1)s_B^2}{n_A+n_B-2} = \frac{(9-1)\times 26^2+(12-1)\times 35^2}{9+12-2} = 993.842\ 11$$

$$s_p = \sqrt{993.842\ 11} = 31.525\ 26$$

区间上限:

$$(\bar{x}_A-\bar{x}_B)+t_{\alpha/2}(n_A+n_B-2)s_p\sqrt{\frac{1}{n_A}+\frac{1}{n_B}}$$

$$=(1.826-1.513)+2.093\ 02\times 31.525\ 26\times\sqrt{\frac{1}{9}+\frac{1}{12}}$$

$$=0.313+2.093\ 02\times 31.525\ 26\times 0.440\ 96$$

$$=29.408\ 86$$

区间下限:

$$(\bar{x}_A-\bar{x}_B)-t_{\alpha/2}(n_A+n_B-2)s_p\sqrt{\frac{1}{n_A}+\frac{1}{n_B}}$$

$$=(1.826-1.513)-2.093\ 02\times 31.525\ 26\times\sqrt{\frac{1}{9}+\frac{1}{12}}$$

$$=0.313-2.093\ 02\times 31.525\ 26\times 0.440\ 96$$

$$=-28.782\ 86$$

利用 WPS Office 的电子表格解题,具体操作步骤如下:

(1) 创建计算表格,输入已知数据。

(2) 计算 $t_{0.025}(19)$ 值。单击"F2"单元格(设置为保留五位小数),在编辑栏输入"=TINV(E2,19)",按"回车"键,结果如表 3-9 所示。

(3) 计算 A 和 B 两种类型灯泡总体均值之差的置信区间。单击"G2"单元格(设置为保留五位小数)和"H2"单元格(设置为保留五位小数),分别在编辑栏输入"=(B2−B3)+F2*{SQRT[(D2−1)*C2+(D3−1)*C3]/(D2+D3−2)*[SQRT(1/D2+1/D3)]}"和"=(B2−B3)−F2*{SQRT[(D2−1)*C2+(D3−1)*C3]/(D2+D3−2)*[SQRT(1/D2+

1/D3)]}",分别按"回车"键,结果如表 3-9 所示。

从表 3-9 可知,区间上限的计算结果之间存在微小差别,这种差别是由于计算过程中的保留小数位不同而造成的。若在"F2"单元格输入 2.093 02,且以 $s_p = 31.525\,26$ 及 $\sqrt{\dfrac{1}{9}+\dfrac{1}{12}}=0.440\,96$ 进行计算,则 WPS Office 电子表格计算区间估计结果一致(保留五位小数)。

表 3-9　计算表格及结果

	A	B	C	D	E	F	G	H
1		均值	方差	样本容量	显著性	$t_{0.025}(19)$	区间上限	区间下限
2	A	1.826	676	9	0.05	2.093 02	29.408 83	−28.782 83
3	B	1.513	1 225	12				

【例 3-7】　为了评估磷肥对某种农作物的产量(kg)影响情况,分别选了 10 块工地和 8 块土池来进行施肥和不施肥的试验,所得数据如表 3-10 所示。假设两种情形下农作物产量都服从正态分布,且方差不等。取置信水平为 95%,求施肥和不施肥的平均亩产之差的置信区间。

表 3-10　磷肥对某种农作物的产量影响

施肥	592	603	603	585	606	596	596	595	601	593
不施肥	556	532	555	546	557	531	533	557		

解：

由题可知 $\alpha = 0.05, n_1 = 10, n_2 = 8$

$$\bar{x}_1 = \frac{\sum_{i=1}^{n} x_i}{n} = \frac{592 + 603 + \cdots + 593}{10} = \frac{5\,970}{10} = 597$$

$$\bar{x}_2 = \frac{\sum_{i=1}^{n} x_i}{n} = \frac{556 + 532 + \cdots + 557}{8} = \frac{4367}{8} = 545.875$$

$$s_1^2 = \frac{\sum_i^n (x_i - \bar{x})^2}{n-1} = \frac{(592-597)^2 + (603-597)^2 + \cdots + (593-597)^2}{10-1} = \frac{360}{9} = 40$$

$$s_2^2 = \frac{\sum_i^n (x_i - \bar{x})^2}{n-1} = \frac{(592-545.857)^2 + (603-545.875)^2 + \cdots + (593-545.875)^2}{8-1}$$

$$= \frac{1\,012.875}{7} = 144.696\,43$$

$$v = \frac{(s_1^2/n_1 + s_2^2/n_2)^2}{\dfrac{(s_1^2/n_1)^2}{n_1-1} - \dfrac{(s_2^2/n_2)^2}{n_2-1}} = \frac{(40/10 + 144.696\,43/8)^2}{\dfrac{(40/10)^2}{10-1} + \dfrac{(144.696\,43/8)^2}{8-1}} = 10.055\,97 \approx 10$$

查表可得 $t_{\alpha/2}(v) = t_{0.05/2}(10) = 2.228\,14$

区间上限：

$$(\bar{x}_1 - \bar{x}_2) + t_{\alpha/2}(v) \times \sqrt{\frac{s_1^2}{n_1} + \frac{s_2^2}{n_2}} = (597 - 545.875) + 2.228\,14 \times \sqrt{\frac{40}{10} + \frac{144.696\,43}{8}}$$
$$= 512.175 + 2.228\,14 \times 4.699\,69 = 61.596\,57$$

区间下限：

$$(\bar{x}_1 - \bar{x}_2) - t_{\alpha/2}(v) \times \sqrt{\frac{s_1^2}{n_1} + \frac{s_2^2}{n_2}} = (597 - 545.875) - 2.228\,14 \times \sqrt{\frac{40}{10} + \frac{144.696\,43}{8}}$$
$$= 512.175 - 2.228\,14 \times 4.699\,69 = 40.653\,43$$

利用 WPS Office 的电子表格解题，具体操作步骤如下。

（1）创建计算表格，输入已知数据。

（2）计算 $t_{0.025}(10)$ 值。单击"D5"单元格（设置为保留五位小数），在编辑栏输入"=TINV(B4,B5)"，按"回车"键，结果如表 3-11 所示。

（3）计算施肥和不施肥的平均亩产之差的置信区间。分别单击"F5"单元格（设置为保留五位小数）和"H5"单元格（设置为保留五位小数），在编辑栏分别输入"=F3-F4+D5*SQRT(H3/D3+H4/D4)"和"=F3-F4-D5*SQRT(H3/D3+H4/D4)"，分别按"回车"键，结果如表 3-11 所示。

从表 3-11 可知，区间上限的计算结果之间存在微小差别，这种差别是由于计算过程中的保留小数位不同而造成的。若在"D5"单元格输入 2.228 14，且以 $\sqrt{\frac{40}{10} + \frac{144.696\,43}{8}} = 4.699\,69$ 进行计算，则 WPS Office 电子表格计算区间估计结果一致（保留五位小数）。

表 3-11 计算表格及结果

	A	B	C	D	E	F	G	H	I	J	K
1	施肥	592	603	603	585	606	596	596	595	601	593
2	不施肥	556	532	555	546	557	531	533	557		
3	施肥	显著性	样本容量	10	平均值	597	方差	40			
4	不施肥	0.05	样本容量	8	平均值	545.875	方差	144.696 43			
5	自由度	10.055 97	$t_{0.025}(10)$	2.228 14	区间上限	61.596 55	区间下限	40.653 45			

3.3 总体方差估计

3.3.1 单个总体方差估计

根据样本方差的抽样分布可知，样本方差服从自由度为 $n-1$ 的 χ^2 分布。因此，用 χ^2 分布构造总体方差的置信区间。若给定一个显著水平 α，由于

$$\frac{(n-1)s^2}{\sigma^2} \sim \chi^2(n-1)$$

则：

$$\chi^2_{1-\alpha/2}(n-1) < \frac{(n-1)s^2}{\sigma^2} < \chi^2_{\alpha/2}(n-1)$$

从而用 χ^2 分布构造总体方差的置信区间为

$$\left[\frac{(n-1)s^2}{\chi^2_{\alpha/2}(n-1)}, \frac{(n-1)s^2}{\chi^2_{1-\alpha/2}(n-1)}\right]$$

【例 3-8】 从一批食盐中随机抽取 20 袋，称得重量如表 3-12 所示。设袋装食盐重量服从正态分布，求总体方差在 95% 置信水平下的置信区间。

表 3-12 袋装食盐重量(g)

502	491	502	494	501	494	491	504	493	496
504	502	491	503	497	498	495	501	497	499

解：

由题可知 $\alpha = 0.05, n = 20$。

查表可得：$\chi^2_{\alpha/2}(n-1) = \chi^2_{0.05/2}(20-1) = 32.85233$，$\chi^2_{1-\alpha/2}(n-1) = \chi^2_{1-0.05/2}(20-1) = 8.90652$

$$\bar{x} = \frac{\sum_{i=1}^{n} x_i}{n} = \frac{502 + 491 + \cdots + 499}{20} = \frac{9955}{20} = 497.75$$

$$s = \sqrt{\frac{\sum_{i=1}^{n}(x_i - \bar{x})^2}{n-1}} = \sqrt{\frac{(502-497.75)^2 + (491-497.75)^2 + \cdots + (499-497.75)^2}{20-1}}$$

$$= 4.48242$$

区间上限：$\dfrac{(n-1)s^2}{\chi^2_{1-\alpha/2}(n-1)} = \dfrac{(20-1) \times (4.48242)^2}{8.90652} = 42.86182$

区间下限：$\dfrac{(n-1)s^2}{\chi^2_{\alpha/2}(n-1)} = \dfrac{(20-1) \times (4.48242)^2}{32.85233} = 11.62017$

利用 WPS Office 的电子表格解题，具体操作步骤如下。

(1) 创建计算表格，输入已知数据。

(2) 计算 χ^2 临界值：单击"B4"单元格（设置为保留五位小数），在编辑栏输入"=CHIINV(1−A4/2,B4−1)"，单击"回车"键；单击"F4"单元格（设置为保留五位小数），在编辑栏输入"=CHIINV(A4/2,B4−1)"，单击"回车"键，结果如表 3-13 所示。

(3) 计算置信区间：单击"G4"单元格（设置为保留五位小数），在编辑栏输入"=(B4−1)*D4*D4/E4"，按"回车"键；单击"H4"单元格（设置为保留五位小数），在编辑栏输入"=(B4−1)*D4*D4/F4"，按"回车"键，结果如表 3-13 所示。

表 3-13 计算表格及结果

	A	B	C	D	E	F	G	H	I	J
1	502	491	502	494	501	494	491	504	493	496
2	504	502	491	503	497	498	495	501	497	499
3	显著性	样本容量	均值	标准差	$\chi^2_{0.975}(19)$	$\chi^2_{0.025}(19)$	区间上限	区间下限		
4	0.05	20	497.75	4.48242	8.90652	32.85233	42.86188	11.62018		

从表 3-13 可知，计算结果之间存在微小差别，这种差别是由于计算过程中保留小数位的不同而造成的。若在"D4"单元格、"E4"单元格和"F4"单元格分别输入 4.482 42、8.906 52 和 32.852 33，则 WPS Office 电子表格计算区间估计结果一致（保留五位小数）。

3.3.2 两个总体方差比估计

如果需要比较两种产品的方差，方差较小的产品意味着更为稳定的质量。对于总体方差的比较，可以通过两个方差的比值来判断，此时就用到了两个总体方差之比的估计。对于来自两个总体的样本，其总体方差分别为 σ_1^2 和 σ_2^2，从两个总体中独立地抽取容量为 n_1 和 n_2 的样本构造统计量：

$$F(n_1-1, n_2-1) = \frac{S_1^2/\sigma_1^2}{S_2^2/\sigma_2^2}$$

则该统计量服从分子自由度为 n_1-1、分母自由度为 n_2-2 的 F 分布。

则给定置信水平 $1-\alpha$，有

$$F_{1-\alpha/2}(n_1-1, n_2-1) < \frac{S_1^2/\sigma_1^2}{S_2^2/\sigma_2^2} < F_{\alpha/2}(n_1-1, n_2-1)$$

经过变换，即可得到方差比 σ_1^2/σ_2^2 的区间估计：

$$\left[\frac{S_1^2/S_2^2}{F_{\alpha/2}(n_1-1, n_2-1)}, \frac{S_1^2/S_2^2}{F_{1-\alpha/2}(n_1-1, n_2-1)} \right]$$

其中，$F_{\alpha/2}$ 和 $F_{1-\alpha/2}$ 都是分子自由度为 n_1-1，分母自由度为 n_2-2 的 F 分布。

【例 3-9】 公司管理人员为比较新旧某类型仪器的温度稳定性，抽测了新仪器的 36 个温度数据和旧仪器的 33 个温度数据，样本方差分别为 80 和 121，设新旧仪器的温度都服从正态分布，求总体方差比在 95% 置信水平下的区间估计。

解：

由题可知：$\alpha=0.05, n_{新}=36, n_{旧}=33, s_{新}^2=80, s_{旧}^2=121$

查表可得

$$F_{\alpha/2}(n_{新}-1, n_{旧}-1) = F_{0.05/2}(36-1, 33-1) = 2.003\,75$$

$$F_{1-\alpha/2}(n_{新}-1, n_{旧}-1) = F_{1-0.05/2}(36-1, 33-1) = 0.504\,45$$

区间上限：$\dfrac{S_{新}^2/S_{旧}^2}{F_{1-\alpha/2}(n_{新}-1, n_{旧}-1)} = \dfrac{80/121}{0.504\,45} = 1.310\,65$

区间下限：$\dfrac{S_{新}^2/S_{旧}^2}{F_{\alpha/2}(n_{新}-1, n_{旧}-1)} = \dfrac{80/121}{2.003\,75} = 0.329\,96$

利用 WPS Office 的电子表格解题，具体操作步骤如下：

(1) 创建计算表格，输入已知数据。

(2) 计算 F 临界值，单击"E2"单元格（设置为保留五位小数），在编辑栏输入"=FINV(D2/2,B2-1,B3-1)"，按"回车"键；单击"F2"单元格（设置为保留五位小数），在编辑栏输入"=FINV(0.975,B2-1,B3-1)"，按"回车"键，结果如表 3-14 所示。

(3) 计算置信区间，单击"G2"单元格（设置为保留五位小数），在编辑栏输入"=(C2/C3)/F2"，按"回车"键；单击"H2"单元格（设置为保留五位小数），在编辑栏输入

"=(C2/C3)/E2",按"回车"键,结果如表 3-14 所示。

从表 3-14 可知,计算结果之间存在微小差别,这种差别是由于计算过程中的保留小数位不同而造成的。若在"F2"单元格输入 0.504 45,则 WPS Office 电子表格计算区间估计结果一致(保留五位小数)。

表 3-14 计算表格及结果

	A	B	C	D	E	F	G	H
1		样本容量	方差	显著性	$F_{0.025}(35,32)$	$F_{0.975}(35,32)$	区间上限	区间下限
2	新仪器	36	80	0.05	2.003 75	0.504 45	1.310 64	0.329 96
3	旧仪器	33	121					

3.3.3 单个总体比例区间估计

对于总体比例的区间估计,当样本容量足够大时,样本比例近似服从正态分布,因而其区间估计与样本情况下总体均值的估计相同,即当 n 满足 $np \geq 5$ 且 $n(1-p) \geq 5$ 时(p 为样本在某种特征上所占的比例),总体比例在置信水平 $1-\alpha$ 的置信区间为

$$\left[p - Z_{\alpha/2} \times \sqrt{\frac{p(1-p)}{n}}, p + Z_{\alpha/2} \times \sqrt{\frac{p(1-p)}{n}}\right]$$

【例 3-10】 为调查某地区 90 000 户年收入在 10 万元以上家庭拥有小轿车的比例,随机抽取了 500 户,结果表明有 155 户家庭拥有小轿车,求该地区年收入在 10 万元以上家庭拥有小轿车比例在 95% 置信水平下的置信区间。

解:

由题可知: $\alpha = 0.05, n = 500, p = \frac{155}{500} = 0.31, 1-p = 0.69, np = 500 \times 0.31 = 155 > 5,$

$n(1-p) = 500 \times 0.69 = 345 > 5$

查表可得 $Z_{\alpha/2} = Z_{0.05/2} = 1.96$

区间上限: $p + Z_{\alpha/2} \sqrt{\frac{p(1-p)}{n}} = 0.31 + 1.96 \times \sqrt{\frac{0.31(1-0.31)}{500}}$

$= 0.31 + 0.040\ 54 = 0.350\ 54$

区间下限: $p - Z_{\alpha/2} \sqrt{\frac{p(1-p)}{n}} = 0.31 - 1.96 \times \sqrt{\frac{0.31(1-0.31)}{500}}$

$= 0.31 - 0.040\ 54 = 0.269\ 46$

利用 WPS Office 的电子表格解题,具体操作步骤如下:

(1) 创建计算表格,输入已知数据。

(2) 计算 $Z_{0.025}$ 临界值,单击"D2"单元格(设置为保留两位小数),在编辑栏输入"=NORMSINV(1−B2/2)",按"回车"键,结果如表 3-15 所示。

(3) 计算置信区间,单击"E2"单元格(设置为保留五位小数),在编辑栏输入"=C2+D2*SQRT(C2*(1−C2)/A2)",按"回车"键;单击"F2"单元格(设置为保留五位小数),在编辑栏输入"=C2+D2*SQRT(C2*(1−C2)/A2)",按"回车"键,结果如表 3-15 所示。

从表 3-15 可知,计算结果一致。

表 3-15 计算表格及结果

	A	B	C	D	E	F
1	样本容量	显著性	p	$Z_{0.025}$	区间上限	区间下限
2	500	0.05	0.31	1.96	0.350 54	0.269 46

3.4 样本容量确定

在抽样之前需确定一个合适的样本容量。样本容量的大小会影响抽样误差的大小,如果样本容量小,抽样误差就会增大,抽样的准确程度偏低;如果容量大,准确程度提高了,但又会增加调查成本。抽样误差是指用样本统计值与被推断的总体参数出现的偏差。确定一个合适的样本容量,确保在一定的置信水平极限误差不超过规定的范围是抽样中重要的问题。确定的样本容量要满足一定要求的最低样本容量,即实际抽选样本时,样本的单位数不能低于确定的样本容量。

影响样本容量的因素主要有三个。一是总体的标准差。在其他条件不变的情况下,标准差越大,就必须抽取越多的单位;反之,抽取的单位可以少一些。标准差的大小是客观存在的,抽样估计时不可以改变。二是极限误差的大小,亦即对估计结果准确程度的要求。极限误差增大,即对估计结果准确程度的要求降低,必要样本容量将减少,反之亦然。在抽样估计中可以根据具体的情况确定极限误差的大小。三是估计的可靠程度。可靠程度越高,需要的样本容量越大。对估计结果准确程度和可靠程度要求的提高,必然要大幅增加样本容量,从而增加调查成本。因此,在确定样本容量时,要权衡对估计结果准确程度、可靠程度的要求以及调查成本的高低。

3.4.1 总体均值区间估计时样本容量的确定

(1) 在重复抽样的条件下,进行总体均值区间估计时,极限误差的大小取决于估计的置信水平 $1-\alpha$、总体的标准差以及样本的容量,即:

$$\Delta_{\bar{x}} = Z_{\alpha/2} \frac{\sigma}{\sqrt{n}}$$

如果给定极限误差,则可确定在一定置信水平下不超过该极限误差的样本容量:

$$n = \frac{(Z_{\alpha/2})^2 \sigma^2}{(\Delta_{\bar{x}})^2}$$

置信水平 $1-\alpha$ 确定,则 $Z_{\alpha/2}$ 就确定,$\Delta_{\bar{x}}$ 为规定的极限误差,即允许误差,总体方差 σ^2 在实际中往往是未知的,一般可用样本或总体方差来代替,或选一个初始样本,测定其方差作为总体方差的估计值。

(2) 在不重复抽样的条件下,进行总体均值区间估计时,采用有限总体修正系数:

$$\Delta_{\bar{x}} = Z_{\alpha/2} \frac{\sigma}{\sqrt{n}} \sqrt{\frac{N-n}{N-1}}$$

则：
$$n = \frac{NZ_{\varepsilon/2}^2 \sigma^2}{(N-1)\Delta_{\bar{x}}^2 + Z_{\varepsilon/2}^2 \sigma^2}$$

【例 3-11】 某批产品的平均重量为 75(kg)，总体标准差为 6.5(kg)。若允许误差不超过 0.9(kg)，采用重复抽样方式，应该抽取多少样本容量才能在 95% 的置信水平下保证估计误差不超过允许误差？

解：

由题可知：$\sigma = 6.5, \Delta_{\bar{x}} = 0.9, \alpha = 0.05$

查表可得：$Z_{\alpha/2} = Z_{0.05/2} = 1.96$

$$n = \frac{(Z_{\alpha/2})^2 \sigma^2}{(\Delta_{\bar{x}})^2} = \frac{(1.96)^2 \times (6.5)^2}{(0.9)^2} = 200.37975 \approx 201$$

样本容量可向上取整。

利用 WPS Office 的电子表格确定样本容量，具体步骤如下：

(1) 创建计算表格，输入已知数据。

(2) 计算 $Z_{0.025}$ 的值，单击"B2"单元格（设置为保留两位小数），在编辑栏输入"=NORMSINV(1−A2/2)"，按"回车"键，结果如表 3-16 所示。

(3) 计算样本容量，单击"B2"单元格，在编辑栏输入"=(B2*B2*C2*C2)/(D2*D2)"，按"回车"键，结果如表 3-16 所示。

从表 3-16 可知，计算结果之间存在差别，这种差别是由于计算过程中的保留小数位不同而造成的。若在"B2"单元格输入 1.96，则 WPS Office 电子表格计算结果一致（保留五位小数）。

表 3-16 样本容量的确定

	A	B	C	D	E
1	显著性	$Z_{0.025}$	标准差	误差	样本容量
2	0.05	1.96	6.5	0.9	200.37239

【例 3-12】 某公司进口某种原材料计 3 000 包，该企业管理人员决定采用不重复抽样方式从中抽出一个样本来推断这批货物每包的平均重量。以往统计资料表明，其总体方差为 169(kg)，若允许误差不超过 3(kg)，采用不重复抽样方式，应该抽取多少样本容量才能在 95% 的置信水平下保证估计误差不超过允许误差？

解：

由题可知：$N = 3\,000, \sigma^2 = 169, \Delta_{\bar{x}} = 3, \alpha = 0.05$

查表可得：$Z_{\alpha/2} = Z_{0.05/2} = 1.96$

$$n = \frac{NZ_{\varepsilon/2}^2 \sigma^2}{(N-1)\Delta_{\bar{x}}^2 + Z_{\varepsilon/2}^2 \sigma^2} = \frac{3\,000 \times (1.96)^2 \times 169}{(3\,000-1) \times 3^2 + (1.96)^2 \times 169} = 70.46581 \approx 71$$

样本容量可向上取整。

利用 WPS Office 的电子表格确定样本容量，具体步骤如下：

(1) 创建计算表格，输入已知数据。

(2) 计算 $Z_{0.025}$ 的值，单击"B2"单元格（设置为保留两位小数），在编辑栏输入

"=NORMSINV(1−A2/2)",按"回车"键,结果如表 3-17 所示。

(3) 计算样本容量,单击"F2"单元格,在编辑栏输入"=(E2*B2*B2*C2)/[(E2−1)*D2*3+B2*B2*169]",按"回车"键,结果如表 3-17 所示。

从表 3-17 可知,计算结果之间存在差别,这种差别是由于计算过程中的保留小数位不同而造成的。若在"B2"单元格输入 1.96,则 WPS Office 电子表格计算结果一致(保留五位小数)。

表 3-17　样本容量的确定

	A	B	C	D	E	F
1	显著性	$Z_{0.025}$	方差	误差	N	样本容量
2	0.05	1.96	169	3	3 000	70.463 28

3.4.2　总体比例区间估计时样本容量的确定

总体比例区间估计时样本容量大小的确定与总体均值区间估计时样本容量的确定方法类似,仍然取决于置信水平、允许误差以及总体的方差,但是由于总体方差往往是未知,所以经常使用方差的最大值(即 0.25)作为计算的依据,这时总体比例 $p=0.5$,两种特征的单位各占总体的一半。如果在这种情况下样本容量能满足要求,那么在任何情况下样本容量都能达到要求。由于 $\Delta_p = Z_{\alpha/2}\sqrt{\dfrac{p(1-p)}{n}}$,则总体比例区间估计时样本容量为

$$n = \frac{(Z_{\alpha/2})^2 p(1-p)}{(\Delta_p)^2}$$

【例 3-13】 一家市场调查公司希望估计某地区有某种型号电视机的家庭所占的比例。该公司希望对 p 的估计误差不超过 0.06,置信程度 95%,但没有可利用 p 的估计值。试计算应抽取多大容量的样本?

解:

由题可知:$\Delta_p = 0.06, \alpha = 0.05, p = 0.5$

查表可得:$Z_{\alpha/2} = Z_{0.05/2} = 1.96$

$$n = \frac{(Z_{\alpha/2})^2 p(1-p)}{(\Delta_p)^2} = \frac{(1.96)^2 \times 0.5 \times (1-0.5)}{(0.06)^2} = 266.777\,78 \approx 267$$

利用 WPS Office 的电子表格确定样本容量,具体步骤如下:

(1) 创建计算表格,输入已知数据。

(2) 计算 $Z_{0.025}$ 的值,单击"B2"单元格(设置为保留两位小数),在编辑栏输入"=NORMSINV(1−A2/2)",按"回车"键,结果如表 3-18 所示。

(3) 计算样本容量,单击"E2"单元格,在编辑栏输入"=(E2*B2*B2*C2)/((E2−1)*D2*3+B2*B2*169)",按"回车"键,结果如表 3-18 所示。

从表 3-18 可知,计算结果之间存在差别,这种差别是由于计算过程中的保留小数位不同而造成的。若在"B2"单元格输入 1.96,则 WPS Office 电子表格计算样本容量结果一致(保留五位小数)。

表 3-18 样本容量的确定

	A	B	C	D	E
1	显著性	$Z_{0.025}$	误差	p	样本容量
2	0.05	1.96	0.06	0.5	266.767 97

本章小结

本章讲解了参数估计概述,包括总体、样本、个体、总体指标、样本指标、统计量、参数、置信区间、置信水平、显著性水平、自由度、抽样等相关概念;参数估计的评价标准,包括无偏性、有效性和一致性;总体均值估计,包括单个总体方差已知估计、单个总体方差未知估计、两个总体均值之差估计;总体方差估计,包括单个总体方差估计、两个总体方差比估计、单个总体比例区间估计;样本容量确定,包括总体均值区间估计时样本容量的确定、总体比例区间估计时样本容量的确定。

扫描此码

下载本章习题表格数据文件

习题

1. 随机抽样某班 14 名学生某课程成绩(分),数据如表 3-19 所示。试求:(1)估计该班所有学生平均成绩的 95% 的置信区间;(2)估计该班所有学生成绩方差的 95% 的置信区间。

表 3-19 课程成绩(分)

| 300 | 230 | 280 | 255 | 360 | 443 | 554 |
| 541 | 598 | 435 | 308 | 503 | 430 | 550 |

2. 某厂质量管理部门的负责人希望估计移交给接收部门的 6 500 包原材料的平均重量。一个由 280 包原材料组成的随机样本所给出的平均值为 72(kg),总体标准差为 15(kg)。假定 95% 的置信区间已能令人满意,并假定总体为正态分布,估计总体平均值的置信区间。

3. 为考察两名学生跳远成绩的稳定性,观察了这两名学生跳远成绩(米),数据如表 3-20 所示。试求:(1)估计两名学生跳远平均距离之差的 95% 的置信区间;(2)估计两名学生跳远距离的方差比的 95% 的置信区间。

表 3-20 跳远距离(米)

学生甲	3.45	3.21	3.22	3.58	2.95	3.16	3.25
	3.22	1.98	3.75	3.38	3.45	3.48	3.18
学生乙	3.22	3.38	3.31	3.37	3.28	3.15	3.29
	3.16	3.36	3.34	3.35	3.27	3.31	3.33

4. 某学院为调查学生的上网时间(小时)，随机调查了16名学生，他们当天的上网时间数据如表3-21所示。试求：(1)分别估计学生平均上网时间的90％、95％、99％的置信区间；(2)分别估计学生上网时间方差的90％、95％、99％的置信区间。

表 3-21 上网时间(小时)

| 3.1 | 3.3 | 6.4 | 5.8 | 3.9 | 2.0 | 1.4 | 1.9 |
| 1.3 | 4.5 | 7.5 | 9.1 | 4.9 | 2.5 | 1.2 | 3.2 |

5. 对某年级学生的跳绳项目合格率进行调查，随机抽取100名学生，结果有66名学生跳绳个数及格。求95％的置信水平下该年级学生的跳绳项目合格率的置信区间。

6. 某地区教育委员会想估计两所中学的学生高考时的语文平均分数之差，为此在两所中学独立地抽取两个随机样本，有关数据如表3-22所示。计算两所中学高考语文平均分数之差在95％的置信区间。

表 3-22 样本的相关数据

统 计 量	中 学 甲	中 学 乙
样本容量	48	35
均值	88	80
标准差	5.6	7.1

7. 为估计两种方法组装产品所需时间的差异，分别对两种不同的组装方法各随机安排12个工人，每个工人组装一件产品所需的时间(分钟)如表3-23所示。假定两种方法组装产品的时间服从正态分布，且方差相等。计算以95％的置信水平确定两种方法组装产品所需平均时间差值的置信区间。

表 3-23 两种方法组装产品所需时间(分钟)

| 方法 1 | 28.5 | 30.3 | 29.2 | 37.8 | 32.3 | 29 | 36.2 | 37.4 | 38.7 | 34.6 | 28.2 | 30.2 |
| 方法 2 | 27.8 | 22.4 | 31.2 | 34 | 20.2 | 30.4 | 31.9 | 26.2 | 32.2 | 31.4 | 33.6 | 26.7 |

8. 某房地产经纪人希望对两个城市的房屋租赁价格进行比较。该经纪人在两地进行了一次抽样调查，询问了100平方米左右房屋的租赁价格。对于第一个城市的容量为25的随机样本，得到的平均价格为3 600元/月；对于第二个城市的容量为28的随机样本，得到的平均价格为4 500元/月。假定两地房屋租赁价格均服从正态分布，第一个城市租赁价格的标准差为2700元/月，第二个城市为2 900元/月。在95％的置信度下，对两个城市100平方米左右房屋的租赁价格差异进行区间估计。

9. 为了研究男女大学生在生活费支出(元)上的差异，在某大学各随机抽取28名男学生和28名女学生，得到下面的结果：

男大学生：$\bar{x}_1=520, s_1^2=220$。

女大学生：$\bar{x}_2=480, s_1^2=290$。

计算在90％置信水平下的男女大学生生活费支出方差比的置信区间。

扫描此码

观看电子表格中保留五位小数
进行计算的操作视频

10. 要对某年级学生的生活费进行调查,已知该年级学生生活费的标准差为60元,求预先确定允许误差不超过5元的情况下,采用重复抽样,应该抽取多少人才能以95%的概率保证估计误差不超过允许误差?

【在线测试题】扫描书背面的二维码,获取答题权限。

第4章 假设检验

内容提要

假设检验是根据一定假设条件由样本推断总体的一种方法。本章介绍了假设检验的原理及总体均值假设检验。

学习要点

- 了解假设检验的思路；
- 掌握假设检验的步骤；
- 掌握单个总体均值的假设检验；
- 掌握两个总体均值差的假设检验；
- 熟练运用电子表格进行假设检验。

扫描此码

下载本章案例表格数据与解答

4.1 假设检验原理

假设检验是先对总体参数提出一个假设值，然后利用样本信息判断这一假设是否成立。例如，一企业承诺某产品的使用寿命可达到1 500小时以上，有关质量检查部门就可以通过抽取一部分该产品进行检验。

4.1.1 假设检验思路

假设检验中的假设是在抽取样本分析之前提出的对总体的看法或观点。假设检验就是在对总体参数提出假设的基础上，利用样本信息来判断假设是否成立的方法。

在假设检验中，进行检验的基本思想是带有概率性质的反证法。为了检验所提出的假设，事先承认该假设是真的。在此前提下，如果导致违反逻辑或违背常识和经验的不合理现象出现，则表明假设是不正确的，也就是需要拒绝该假设。若没有导致不合理现象出现，那就没有理由怀疑假设是错误的，就不拒绝该假设。

假设检验中的"反证法思想"不同于纯数学中的反证法。数学反证法是在假设条件下导出逻辑上的矛盾从而否定原来的假设条件。而假设检验中的"不合理现象"是指小概率事件在一次试验中发生了，它是基于小概率原理，即小概率事件在一次试验中几乎是不可能发生的。若对总体的某个假设是真实的，则不支持该假设的小概率事件在一次试验中是几乎不可能发生的；若不支持该假设的小概率事件在一次试验中发生了，则有理由怀疑该假设的真实性,从而拒绝该假设。

假设检验是基于小概率原理的反证法。首先,假设检验的推理过程运用的是反证法。承认待检验的假设是成立的,之后观察在此假设成立的前提下样本的出现是否合理。如果不合理即样本所代表的事实与假设前提得出的结论发生了矛盾,则可推翻作为推理前提的假设。其次,判断合理与否所依据的是小概率原理。小概率事件在一次试验中几乎是不可能发生的。需要注意的是,在一次试验中小概率事件只是发生的可能性很小而并非绝对不会发生,因此,检验结论有可能出错。

4.1.2 假设检验步骤

1. 提出假设

对每个假设检验问题,一般会同时提出两个相反的假设:原假设和备择假设。

原假设又称零假设,通常是研究者想收集证据予以反对的假设,记为 H_0。此假设是关于总体参数值的一个论述,是依据检验目的而提出的,所表达的含义总是指参数没有变化或变量之间没有关系,因此,等号"="总是放在原假设上。例如,原假设是某产品的使用寿命在 1 500 小时以上,则原假设为 $H_0: \mu \geqslant 1500$。除非有充分证据说明原假设是错误的,否则原假设是一个不能被拒绝的论述。

备择假设又称研究假设,通常是研究者想收集证据予以支持的假设,记为 H_1。备择假设是原假设的对立论述,所表达的含义是总体参数发生了变化,因此,等号"="不出现在备择假设中。例如,备择假设是某产品的使用寿命没有达到所预计的延长到 1 500 小时以上,备择假设可写作 $H_1: \mu < 1500$。当证据充分说明原假设错误时,备择假设才被认为是符合事实的一种论述。

设所要检验的总体参数为 θ,用 θ_0 表示该参数的假设值。通常总体参数的假设检验有双侧检验、左侧检验和右侧检验三种类型,如表 4-1 所示。

表 4-1 总体参数假设检验的类型

假设	双侧检验	单侧检验	
		左侧检验	右侧检验
原假设	$\theta = \theta_0$	$\theta \leqslant \theta_0$	$\theta \geqslant \theta_0$
备择假设	$\theta \neq \theta_0$	$\theta < \theta_0$	$\theta > \theta_0$

(1) 双侧检验。双侧检验又称双尾检验,指备择假设没有特定的方向性,并含有符号"≠"的假设检验。如果对所研究问题只需判断有无显著差异或要求同时注意总体参数偏大或偏小的情况,则采用双侧检验。与双侧检验相对应的是单侧检验,又称单尾检验,指备择假设具有特定的方向性,并含有符号">"或"<"的假设检验。

(2) 左侧检验。如果单侧检验中,备择假设的符号为"<",指向左侧,则称为左侧检验,也称左尾检验。

(3) 右侧检验。如果单侧检验中,备择假设的符号为">",指向右侧,则称为右侧检验,也称右尾检验。

原假设和备择假设的建立应根据所检验问题的具体背景而定。通常采用"不轻易拒绝原假设"的原则,即把没有充分理由就不能轻易否定的论述作为原假设,这样一旦拒绝原假设,理由是很充分的,犯错误的可能性很小。

2. 选择显著性水平

显著性水平(α)是事先给定的小概率的标准,即在原假设为真时却错误地拒绝了原假设这一事件发生的概率。显著性水平也称为风险水平,因为它反映了当原假设为真时拒绝原假设所冒的风险。

在决策时总是希望进行正确的决策——当原假设正确时没有拒绝它,当原假设不正确时拒绝它,但实际上很难保证不犯错误。因为决策是以样本信息为依据的,而样本的获取是随机的。假设检验中可能犯的错误分为以下两种类型。

(1) 如果原假设事实上为真,却作出了拒绝原假设的决策,这类错误称为第一类错误,也称弃真错误。犯第一类错误的概率通常用 α 表示,也就是显著性水平。实质上,显著性水平就是事先设定的犯第一类错误概率的最大允许值。

(2) 如果原假设事实上为不真,却作出了不拒绝原假设的决策,这类错误则称为第二类错误,也称取伪错误。犯第二类错误的概率通常用 β 表示。

进行假设检验时,一开始希望犯两类错误的可能性都尽可能小。然而,在样本容量一定、其他条件不变的情况下,α 和 β 是此消彼长的关系,两者不可能同时减小或增大。于是,借助成本最小化原则,希望能够控制付出代价较大的一类错误。如果犯第一类错误的代价比犯第二类错误的代价相对较高,则将犯第一类错误的概率定得低些较为合理;反之,如果犯第一类错误的代价比犯第二类错误的代价相对较低,则将犯第一类错误的概率定得高些,以换取较低的犯第二类错误的概率。进一步的研究发现,β 的大小与未知总体参数的真值密切相关。若备择假设中总体参数的值为一个点,则很容易计算出 β 的值,但若为一个区域,就很难计算出 β 的确切值。然而,在大多数情况下,备择假设中总体参数的值往往是一个区域,因此,很难事先加以控制。在实际问题的假设检验中,通常选择控制犯第一类错误的概率 α。假设检验选择显著性水平 α 的基本原则是:如果犯第一类错误的代价较大,α 应小一些;反之,如果犯第二类错误的代价较大,则 α 宜取大一些。

3. 构建检验统计量

检验统计量是指用于检验原假设是否成立的统计量。检验统计量是以样本信息为基础构建的,取值随样本的不同而不同,它是一个随机变量。但只要样本确定下来,检验统计量的观察值也就随之确定下来。对总体参数进行假设检验时,在原假设成立的前提下,检验统计量不包含未知总体参数,但要包含原假设中总体参数的假设值,而且检验统计量的抽样分布必须是明确的,这样才能推断出原假设成立的前提下样本的出现是否属于小概率事件。检验统计量的抽样分布是假设检验的理论依据。

对于总体参数的假设检验,检验统计量及其分布通常可由待检验的总体参数的点估计推导出来,实质上与参数估计中用于构建置信区间的统计量的选择是一致的。常用的假设检验有 Z 检验(正态检验)、t 检验、χ^2 检验和 F 检验等。

4. 计算检验统计量和 P 值

能够拒绝原假设的检验统计量的所有可能取值的集合称为拒绝域。拒绝域是在原假设成立的前提下，概率不超过显著性水平 α 的区域。如果检验统计量的样本取值落在这一区域，表明在一次试验中发生了小概率事件，说明原假设成立的理由不充分，所以应当拒绝原假设；如果检验统计量的样本取值落在拒绝域外，表明在原假设成立的前提下，并未发生小概率事件，即认为没有充分证据拒绝原假设。

拒绝域的边界值称为临界值，是利用检验统计量的抽样分布以及根据实际问题所选的显著性水平 α 确定的。对于双侧检验，检验统计量不论是在极端大的右侧取值，还是极端小的左侧取值，都有利于拒绝原假设。因此，双侧检验的拒绝域位于检验统计量抽样分布曲线的左右两侧尾部，其临界值通常就是左右两个尾部概率 $\alpha/2$ 所对应的分位数值。需要注意的是，只有当检验统计量呈对称分布时，双侧检验拒绝域的两个临界值才是对称的[见图 4-1(a)]。对于左侧检验，检验统计量越在极端小的左侧取值，越有利于拒绝原假设。因此，左侧检验拒绝域位于统计量抽样分布曲线的左侧尾部[见图 4-1(b)]。对于右侧检验，检验统计量越在极端大的右侧取值，越有利于拒绝原假设。因此，右侧检验拒绝域位于统计量抽样分布曲线的右侧尾部[见图 4-1(c)]。

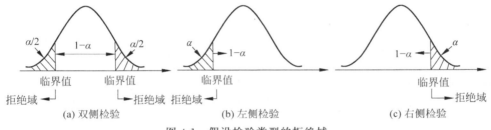

图 4-1 假设检验类型的拒绝域

统计量检验是根据事先选择的显著性水平 α 确定的拒绝域进行决策，不论检验统计量的取值是大还是小，只要它落入拒绝域就拒绝原假设，否则就不拒绝原假设。这时，无论检验统计量的取值落在拒绝域的什么位置，也只能说犯第一类错误的概率为 α。但实际上，α 是犯第一类错误的上限控制值，检验统计量的取值落在拒绝域的不同位置，决策时所犯第一类错误的概率是不同的。如果能把犯第一类错误的真实概率计算出来，就可以直接用这个概率进行决策。

P 值是在原假设成立的假定前提下，检验统计量的观察值大于其样本取值的概率，也称观察到的显著性水平，其所表达的是出现与原假设相背离的样本的概率。P 值越小，表示样本数据与原假设相背离的程度就越严重，拒绝原假设的理由也就越充足。如果 P 值小于所选择的显著性水平 α，就拒绝原假设；反之，则不拒绝原假设。不同假设检验类型的 P 值如图 4-2 所示。

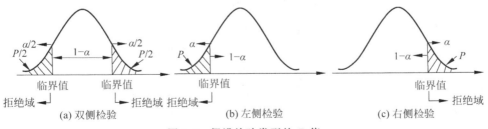

图 4-2 假设检验类型的 P 值

在假设检验中,利用临界值和 P 值进行判断是等价的。在实际问题中,只用其中一个即可。应当指出的是,利用 P 值判断较之临界值具有更明显的优点,它对犯第一类错误的概率的表述更加精确。

P 值检验法检验的程序是:根据总体标准差、样本容量 n 和样本平均数 $\bar{x}$,计算出检验统计量 Z 的值。查正态分布表确定样本均值落在 $\bar{x}$ 以外(抽样分布尾部区域)的概率 P 值,将所计算的 P 值与 α 比较,便可得出检验结论。P 值的计算分三种情况,如表 4-2 所示。

表 4-2 P 值计算

检验形式	双侧	左侧	右侧
P 值	$2P\left(z \geqslant \dfrac{\|\bar{x}-\mu_0\|}{\sigma/\sqrt{n}}\right)$	$P\left(z \leqslant \dfrac{\bar{x}-\mu_0}{\sigma/\sqrt{n}}\right)$	$P\left(z \geqslant \dfrac{\bar{x}-\mu_0}{\sigma/\sqrt{n}}\right)$

5. 得出检验结论

利用临界值和 P 值可以判断是否拒绝原假设。利用临界值判断时,就是将样本计算的检验统计量取值与拒绝域的临界值相比较来进行决策。当检验统计量取值落在拒绝域内,就拒绝原假设;反之,则不拒绝原假设。利用 P 值判断时,P 值小于 α,就拒绝原假设;否则,就不拒绝原假设。显著性水平 α 并不必事先确定,不同决策者可以根据实际情况和自己对风险的偏好态度灵活地利用 P 值来进行决策。假设检验的判断依据如表 4-3 所示。

表 4-3 假设检验的判断依据

检验结论	双侧检验		单侧检验			
	临界值	P 值	左侧检验		右侧检验	
			临界值	P 值	临界值	P 值
拒绝 H_0	在两临界值之外	$<\alpha$	小于临界值	$<\alpha$	大于临界值	$<\alpha$
不拒绝 H_0	在两临界值之内	$\geqslant\alpha$	大于等于临界值	$\geqslant\alpha$	小于等于临界值	$\geqslant\alpha$

假设检验得出的结论是根据原假设进行阐述的。要么拒绝原假设,要么不拒绝原假设。当不拒绝原假设时,不能说"接受"原假设。因为假设检验只提供了不利于原假设的证据。当拒绝原假设时,表明样本提供的证据证明它是错误的;当不拒绝原假设时,只表明样本提供的证据还不足以证明它是错误的,这与有足够的证据证明原假设是真的存在差异。

4.1.3 总体均值假设检验基本形式

总体均值假设检验的检验统计量的基本形式如下。

$$\frac{\text{总体均值的点估计量} - \text{假设值}}{\text{总体均值点估计量的标准差}}$$

样本均值是总体均值的点估计量,因此,同总体均值置信区间的构建一样,对总体均值进行假设检验时,检验统计量取决于样本是否为 $n \geqslant 30$、总体是否服从正态分布、总体方差是否已知等因素。

4.2 单个总体均值假设检验

设总体均值和方差分别为 μ 和 σ^2，总体均值的假设值为 μ_0，从总体中抽取样本以检验总体均值与假设值间的关系，样本容量和均值分别记为 n 和 $\bar{X}$。

1. $n \geqslant 30$、正态总体、方差已知或未知——Z 检验

在随机抽样为大样本条件下，无论总体是否服从正态分布、方差是否已知，由中心极限定理可知 $\bar{x} \sim N(\mu, \sigma^2/n)$；当总体 $X \sim N(\mu, \sigma^2)$，方差 σ^2 已知，样本容量无论是否符合 $n \geqslant 30$ 的要求，由正态分布的线性可加性可知 $\bar{x} \sim N(\mu, \sigma^2/n)$。假设总体均值为 μ_0，将 $\bar{x}$ 标准化得到检验统计量如下：

$$Z = \frac{\bar{x} - \mu_0}{\sigma/\sqrt{n}} \sim N(0,1)$$

在 $n \geqslant 30$ 的条件下，若总体方差 σ^2 未知，可以用样本方差 s^2 代替，此时，总体均值的检验统计量如下：

$$Z = \frac{\bar{x} - \mu_0}{s/\sqrt{n}} \sim N(0,1)$$

在显著性水平 α 下，双侧检验的拒绝域临界值为 $\pm Z_{\alpha/2}$；左侧检验的拒绝域临界值为 $-Z_{\alpha/2}$；右侧检验的拒绝域临界值为 Z_α。

【例 4-1】 随机抽取某学院 50 名学生的月通信费如表 4-4 所示，已知月通信费服从正态分布，检验在显著性水平 0.05 下，学生的月通信费均值是否大于 100 元？

表 4-4 学生的月通信费（元）

93	98	105	102	112	113	98	130	84	120
100	103	97	107	123	99	114	114	121	107
123	104	83	105	97	93	102	74	107	96
104	97	99	108	101	100	105	107	106	91
102	118	96	99	101	84	114	109	99	101

解：

由题可知 $\alpha = 0.05$，$n = 50$，$n > 30$，总体服从正态分布，方差未知。

设原假设和备择假设如下：

H_0：该学院学生的月通信费均值不大于 100 元 ($\mu \leqslant 100$)。

H_1：该学院学生的月通信费均值大于 100 元 ($\mu > 100$)。

$$\bar{x} = \frac{\sum_{i=1}^{n} x_i}{n} = \frac{93 + 98 + \cdots + 101}{50} = 103.1$$

$$s = \sqrt{\frac{\sum_{i=1}^{n}(x_i - \bar{x})^2}{n-1}} = \sqrt{\frac{(93-103.1)^2 + (98-103.1)^2 + \cdots + (101-103.1)^2}{50-1}} = 10.51578$$

检验统计量：$Z = \dfrac{\bar{x} - \mu_0}{s/\sqrt{n}} = \dfrac{103.1 - 100}{10.51578/\sqrt{50}} = 2.08452$

此假设检验为右侧检验，查表可知拒绝域临界值为 $Z_{0.05} = 1.64$。检验统计量的取值大于临界值：$Z = 2.08452 > 1.64 = Z_{0.05}$，因此，拒绝原假设，认为该学院学生的月通信费均值大于100元。

利用 WPS Office 的电子表格解题，具体步骤如下：

（1）创建计算表格，输入已知数据。

（2）计算临界值 $Z_{0.05}$，单击"D7"单元格（设置为保留两位小数），在编辑栏输入"=NORMSINV(1-B7)"，按"回车"键，结果如表4-5所示。

表4-5 计算表格及结果

	A	B	C	D	E	F	G	H	I	J
1	93	98	105	102	112	113	98	130	84	120
2	100	103	97	107	123	99	114	114	121	107
3	113	104	83	105	97	93	102	74	107	96
4	104	97	99	108	101	100	105	107	106	91
5	102	118	96	99	101	84	114	109	99	101
6	样本容量	50	μ_0	$Z_{0.05}$	$\bar{x}$	s	z	P_1	P_2	
7	显著性	0.05	100	1.64	103.1	10.51578	2.08452	0.01856	0.01856	

（3）计算均值 $\bar{x}$ 和标准差 s，单击"E7"单元格，在编辑栏输入"=AVERAGE(A1:J5)"，按"回车"键；单击"F7"单元格（设置为保留五位小数），在编辑栏输入"=STDEV(A1:J5)"，按"回车"键，结果如表4-5所示。

（4）计算检验统计量 Z，单击"G7"单元格（设置为保留五位小数），在编辑栏输入"=(E7-C7)/(F7/SQRT(B6))"，按"回车"键，结果如表4-5所示。

（5）计算 P 值，单击"H7"单元格（设置为保留五位小数），在编辑栏输入"=ZTEST(A1:J5,C7,F7)"，按"回车"键；单击"I7"单元格（设置为保留五位小数），在编辑栏输入"=1-NORMSDIST(G7)"，按"回车"键，结果如表4-5所示。其中，在假设检验的 P 值计算中，ZTEST函数与NORMSDIST函数的关系如表4-6所示。

表4-6 ZTEST函数与NORMSDIST函数的关系

检验形式	P 值	
	NORMSDIST	ZTEST
双侧	2*min(NORMSDIST,1-NORMSDIST)	2*min(ZTEST,1-ZTEST)
左侧	NORMSDIST	1-ZTEST
右侧	1-NORMSDIST	ZTEST

从表4-5可知，$Z = 2.08452 > 1.64 = Z_{0.05}$ 或 $P = 0.01856 < 0.05 = \alpha$，拒绝原假设，认为该学院学生的月通信费均值大于100元。

2. $n < 30$、正态总体、方差未知——t 检验

在随机抽样为 $n < 30$、总体服从正态分布的条件下，方差未知时，需要用总体方差的无

偏估计量 s^2 来代替 σ^2。假设总体均值为 μ_0，将 $\bar{x}$ 标准化得到检验统计量为

$$t = \frac{\bar{x} - \mu_0}{s/\sqrt{n}} \sim t(n-1)$$

在显著性水平 α 下，双侧检验的拒绝域临界值为 $\pm t_{\alpha/2}(n-1)$；左侧检验的拒绝域临界值为 $-t_\alpha(n-1)$；右侧检验的拒绝域临界值为 $t_\alpha(n-1)$。

【例 4-2】 某食品厂采用自动包装机分装产品，假定每包食品的重量服从正态分布，每包标准重量为 600g，高于或低于该标准则认为自动包装机工作不正常。某日随机抽查 10 包，测得每包净重数据如表 4-7 所示。在显著性水平 0.05 下，检验当天自动包装机工作是否正常。

表 4-7 每包食品净重(g)

586	583	594	576	600	613	576	608	604	588

解：

由题可知 $\alpha = 0.05, n = 10, n < 30$，总体服从正态分布，方差未知。

设原假设和备择假如下：

H_0：当天自动包装机工作正常 $(\mu = 600)$。

H_1：当天自动包装机工作不正常 $(\mu \neq 600)$。

$$\bar{x} = \frac{\sum_{i=1}^{n} x_i}{n} = \frac{586 + 583 + \cdots + 588}{10} = 592.8$$

$$s = \sqrt{\frac{\sum_{i=1}^{n}(x_i - \bar{x})^2}{n-1}} = \sqrt{\frac{(586-592.8)^2 + (583-592.8)^2 + \cdots + (588-592.8)^2}{10-1}}$$
$$= 13.11318$$

检验统计量：$t = \dfrac{\bar{x} - \mu_0}{s/\sqrt{n}} = \dfrac{592.8 - 600}{13.11318/\sqrt{10}} = -1.73630$

比假设检验为双侧检验，查表可知拒绝域临界值为 $\pm t_\alpha(n-1) = \pm t_{0.025}(9) = \pm 2.26216$。检验统计量的取值小于临界值 $|t| = 1.73630 < t_{0.025}(9) = 2.26216$，因此，接受原假设，认为当天自动包装机工作正常。

利用 WPS Office 的电子表格解题，具体步骤如下。

(1) 创建计算表格，输入已知数据。

(2) 计算临界值 $t_{0.025}(9)$：单击 "D3" 单元格（设置为保留五位小数），在编辑栏输入 "=TINV(B3,9)"，按"回车"键，结果如表 4-8 所示。

(3) 计算均值 $\bar{x}$ 和标准差 s：单击 "E3" 单元格，在编辑栏输入 "=AVERAGE(A1:J1)"，按"回车"键；单击 "F3" 单元格（设置为保留五位小数），在编辑栏输入 "=STDEV(A1:J1)"，按"回车"键，结果如表 4-8 所示。

(4) 计算检验统计量 t：单击 "G3" 单元格（设置为保留五位小数），在编辑栏输入 "=(E3-C3)/(F3/SQRT(B2))"，按"回车"键，结果如表 4-8 所示。

(5) 计算 p 值：单击"H3"单元格（设置为保留五位小数），在编辑栏输入"=TDIST(ABS(G3),9,2)"，按"回车"键，结果如表 4-8 所示。

从表 4-8 可知，$|t|=1.73630<t_{0.025}(9)=2.26216$ 或 $P=0.11653>0.05=\alpha$，接受原假设，认为当天自动包装机工作正常。

表 4-8　计算表格及结果

	A	B	C	D	E	F	G	H	I	J
1	586	583	594	576	600	613	576	608	604	588
2	样本容量	10	μ_0	$t_{0.025}(9)$	$\bar{x}$	s	t	P		
3	显著性	0.05	600	2.26216	592.8	13.11318	−1.73630	0.11653		

4.3　两个总体均值差假设检验

设两个总体均值和方差分别为 μ_1、μ_2 和 σ_1^2、σ_2^2，从两个总体中抽取样本以检验两个总体均值之差与假设值间的关系，两个样本的容量和均值分别记为 n_1、n_2 和 $\bar{x}_1$、$\bar{x}_2$。

对两个总体均值差进行假设检验时，除考虑样本是否为 $n \geqslant 30$、总体是否服从正态分布、总体方差是否已知三个因素外，检验统计量的构造还需要考虑从两个总体中随机抽取的样本是否独立。独立样本是指如果两个样本是从两个总体中独立抽取的，即一个样本中的元素与另一个样本中的元素是相互独立的样本。

1. 独立样本：$n \geqslant 30$、两个正态总体、方差已知或未知——Z 检验

在两个独立样本的样本容量均大于 30 的条件下，无论两个总体是否服从正态分布、方差是否已知，由中心极限定理、正态分布的线性可加性和数学期望与方差的性质可知 $\bar{x}_1 - \bar{x}_2 \sim N(\mu_1 - \mu_2, \sigma_1^2/n_1 + \sigma_2^2/n_2)$。如果两个总体均服从正态分布且方差已知，那么两个样本容量无论是否符合大样本的要求，由正态分布的线性可加性和数学期望与方差的性质可知 $\bar{x}_1 - \bar{x}_2 \sim N(\mu_1 - \mu_2, \sigma_1^2/n_1 + \sigma_2^2/n_2)$。

在两个总体均值之差的检验假设中，设 $\mu_1 - \mu_2 = d_0$，$\mu_1 - \mu_2 \geqslant d_0$ 或 $\mu_1 - \mu_2 \leqslant d_0$，则 $\bar{x}_1 - \bar{x}_2$ 标准化得到检验统计量为

$$Z = \frac{(\bar{x}_1 - \bar{x}_2) - d_0}{\sqrt{\sigma_1^2/n_1} + \sqrt{\sigma_2^2/n_2}} \sim N(0,1)$$

在两样本均为 $n \geqslant 30$ 的条件下，若两总体方差未知，可以用样本方差 s_1^2 和 s_2^2 代替，此时，两个总体均值差的检验统计量如下：

$$Z = \frac{(\bar{x}_1 - \bar{x}_2) - d_0}{\sqrt{s_1^2/n_1} + \sqrt{s_2^2/n_2}} \sim N(0,1)$$

在显著性水平 α 下，双侧检验的拒绝域临界值为 $\pm Z_{\alpha/2}$；左侧检验的拒绝域临界值为 $-Z_\alpha$；右侧检验的拒绝域临界值为 Z_α。

【例 4-3】 在某超市购买物品时，顾客有两种付款方式可以选择：一是现金付款，二是非现金付款(微信付款或支付宝付款)。现金付款需要超市工作人员找零，非现金付款需要

确认顾客付款是否成功,因此,结账都需要一定的等待时间。已知现金付款和非现金付款的结账时间均服从正态分布,方差分别为 5.2 和 3.8。一实践小组想知道现金付款的平均结账时间是否大于非现金付款的平均结账时间,为此,随机独立抽取一些顾客,记录了他们的结账时间,如表 4-9 所示。在显著水平 0.05 下,检验该实践小组的想法。

表 4-9 学校超市顾客结账时间(秒)

现金支付	5.7	8.2	7.6	8.4	6.7	9.2	6.9	7.2	6.1	6.9
非现金支付	4.1	4.7	5.8	5.5	4.3	5.7	6.3	2.8		

解:

由题可知 $\alpha=0.05, n_1=10, n_2=8, n_1<30, n_2<30$。

两个总体均为独立样本,且服从正态分布,$\sigma_1=5.2, \sigma_2=3.8$,方差已知。

查表可知临界值 $Z_\alpha = Z_{0.05} = 1.64$

设原假设和备择假设如下:

H_0:现金付款的平均结账时间不大于非现金付款的平均结账时间($\mu_1 - \mu_2 \leqslant 0$)。

H_1:现金付款的平均结账时间大于非现金付款的平均结账时间($\mu_1 - \mu_2 > 0$)。

$$\bar{x}_1 = \frac{\sum_{i=1}^{n} x_i}{n} = \frac{5.7+8.2+\cdots+6.9}{10} = 7.29$$

$$\bar{x}_2 = \frac{\sum_{i=1}^{n} x_i}{n} = \frac{4.1+4.7+\cdots+2.8}{8} = 4.9$$

检验统计量:$Z = \dfrac{(\bar{x}_1-\bar{x}_2)-d_0}{\sqrt{\dfrac{\sigma_1^2}{n_1}+\dfrac{\sigma_2^2}{n_2}}} = \dfrac{(7.29-4.9)-0}{\sqrt{\dfrac{5.2}{10}+\dfrac{3.8}{8}}} = 2.396$

此检验为右侧检验,检验统计量的取值大于临界值:$Z=2.396 > 1.64485 = Z_{0.05}$,因此,拒绝原假设,认为现金付款的平均结账时间大于非现金付款的平均结账时间。

利用 WPS Office 的电子表格解题,具体步骤如下:

(1) 创建计算表格,输入已知数据。

(2) 计算均值 $\bar{x}_1$ 和 $\bar{x}_2$,单击"H4"单元格,在编辑栏输入"=AVERAGE(B1:K1)",按"回车"键;单击"I4"单元格,在编辑栏输入"=AVERAGE(B2:I2)",按"回车"键,结果如表 4-10 所示。

(3) 计算临界值 $Z_{0.05}$,单击"G4"单元格(设置为保留两位小数),在编辑栏输入"=NORMSINV(1−E4)",按"回车"键,结果如表 4-10 所示。

(4) 计算检验统计量 Z,单击"J4"单元格(设置为保留五位小数),在编辑栏输入"=(H4−I4−F4)/(SQRT(C4/10+D4/8))",按"回车"键,结果如表 4-10 所示。

(5) 计算 p 值,单击"K4"单元格(设置为保留五位小数),在编辑栏输入"=1−NORMSDIST(J4)",按"回车"键,结果如表 4-10 所示。

从表 4-10 可知,$Z=2.396 > 1.64 = Z_{0.05}$ 或 $p=0.00829 < 0.05 = \alpha$,因此,拒绝原假

设,认为现金付款的平均结账时间大于非现金付款的平均结账时间。

表 4-10　计算表格及结果

	A	B	C	D	E	F	G	H	I	J	K
1	现金支付	5.7	8.2	7.6	8.4	6.7	9.2	6.9	7.2	6.1	6.9
2	非现金支付	4.1	4.7	5.8	5.5	4.3	5.7	6.3	2.8		
3	n_1	n_2	σ_1^2	σ_2^2	α	d_0	$Z_{0.05}$	$\bar{x}_1$	$\bar{x}_2$	Z	P
4	10	8	5.2	3.8	0.05	0	1.64	7.29	4.9	2.396 00	0.008 29

2. 独立样本:$n<30$、两个正态总体、方差未知——t 检验

在两个独立样本均为 $n<30$、两个总体均服从正态分布的条件下,两个总体方差 σ_1^2 和 σ_2^2 未知时,两总体均值差的假设检验需要考虑两个总体方差是否相等。

(1) 两个总体方差相等。在两个总体方差未知且 $\sigma_1^2 = \sigma_2^2$ 的条件下,将 $\bar{x}_1 - \bar{x}_2$ 标准化得到检验统计量如下:

$$t = \frac{(\bar{x}_1 - \bar{x}_2) - d_0}{s_\omega \sqrt{1/n_1 + 1/n_2}} \sim t(n_1 + n_2 - 2)$$

其中,$s_\omega = \sqrt{\dfrac{(n_1-1)s_1^2 + (n_2-1)s_2^2}{n_1 + n_2 - 2}}$ 为两个样本数据合并得到的总体标准差估计量。

在显著性水平 α 下,双侧检验的拒绝域临界值为 $\pm t_{\alpha/2}(n_1+n_2-2)$;左侧检验的拒绝域临界值为 $-t_\alpha(n_1+n_2-2)$;右侧检验的拒绝域临界值为 $t_\alpha(n_1+n_2-2)$。

【例 4-4】 某厂某原料来自甲乙两个厂家,根据过去的经验,甲乙两个厂家的原料均服从正态分布,且方差相等。为了估计这两个厂家该原料平均重量的差异,从甲厂随机抽取了 25 个样品,从乙厂抽取了 20 个样品,测试结果甲厂原料的平均重量为 30 千克,样本方差为 8;乙厂原料的平均重量为 28 千克,方差为 5。在显著性水平 0.05 的情况下,检验甲厂原料平均重量是否大于乙厂原料平均重量。

解:

由题可知 $\alpha=0.05, n_1=25, n_2=20, \bar{x}_1=30, \bar{x}_2=26, s_1^2=8, s_2^2=5, n_1<30, n_2<30$。

两个总体均为独立样本,服从正态分布,$\sigma_1^2=\sigma_2^2$ 且未知。

查表可知临界值 $t_\alpha(n_1+n_2-2)=t_{0.05}(25+20-2)=t_{0.05}(43)=1.681\,07$

设原假设和备择假设如下:

H_0:甲厂原料平均重量不大于乙厂原料平均重量($\mu_1-\mu_2 \leqslant 0$)。

H_1:甲厂原料平均重量是大于乙厂原料平均重量($\mu_1-\mu_2 > 0$)。

$$s_\omega = \sqrt{\frac{(n_1-1)s_1^2 + (n_2-1)s_2^2}{n_1+n_2-2}} = \sqrt{\frac{(25-1)\times 8 + (20-1)\times 5}{25+20-2}} = 2.583\,49$$

检验统计量:$t = \dfrac{(\bar{x}_1-\bar{x}_2)-d_0}{s_\omega\sqrt{1/n_1+1/n_2}} = \dfrac{(25-23)-0}{2.583\,49 \times \sqrt{1/25+1/20}} = 2.580\,49$

此检验为右侧检验,检验统计量的取值大于临界值:$t=2.580\,49 > 1.681\,07 = t_{0.05}(43)$,因此,拒绝原假设,认为甲厂家原料平均重量是大于乙厂家原料平均重量。

利用 WPS Office 的电子表格解题,具体步骤如下:

① 创建计算表格,输入已知数据。

② 计算临界值 $t_{0.05}(43)$,单击"G2"单元格(设置为保留五位小数),在编辑栏输入"=TINV(2*E2,A2+B2-2)",按"回车"键,结果如表 4-11 所示。

③ 计算 s_ω,单击"J2"单元格,在编辑栏输入"=SQRT{[(A2-1)*C2+(B2-1)*D2]/(A2+B2-2)}",按"回车"键,结果如表 4-11 所示。

④ 计算检验统计量 t,单击"K2"单元格(设置为保留五位小数),在编辑栏输入"=(H2-I2-F2)/[J2*SQRT(1/A2+1/B2)]",按"回车"键,结果如表 4-11 所示。

⑤ 计算 P 值,单击"L2"单元格(设置为保留五位小数),在编辑栏输入"=TDIST(K2,A2+B2-2,1)",按"回车"键,结果如表 4-11 所示。

从表 4-11 可知,$t=2.58049>1.68107=t_{0.05}(43)$ 或 $P=0.00668<0.05=\alpha$,因此,拒绝原假设,认为甲厂原料平均重量是大于乙厂原料平均重量。

表 4-11 计算表格及结果

	A	B	C	D	E	F	G	H	I	J	K	L
1	n_1	n_2	s_1^2	s_2^2	α	d_0	$t_{0.05}(43)$	$\bar{x}_1$	$\bar{x}_2$	s_ω	t	P
2	25	20	8	5	0.05	0	1.68107	30	28	2.58349	2.58049	0.00668

(2) 两总体方差不相等。当两个总体方差不相等时,需要先进行方差的齐性检验,检验步骤如下:

① 假设。$H_0: \sigma_1^2=\sigma_2^2$;$H_1: \sigma_1^2\neq\sigma_2^2$。

② 检验统计量 F。在原假设成立时有:

$$F=\frac{s_1^2/\sigma_1^2}{s_2^2/\sigma_2^2}=\frac{s_1^2}{s_2^2}\sim F(df_1=n_1-1, df_1=n_2-1)$$

③ 否定域。按备择假设,这个检验应是双侧检验,即对于给定的显著性水平 α,否定域应在 F 分布的上尾和下尾面积各为 $\alpha/2$ 的区域中。由于 F 分布不是对称分布,要分别寻找上尾和下尾的分位点。为简便起见,可将式(4-7)中 s_1^2 和 s_2^2 中较大者作为分子,较小者作为分母来确定否定域,否定域为 $F>F_{\alpha/2}(df_1, df_2)$。

若经方差齐性检验不能推断两个总体方差有显著差异,则按方差相等进行计算;反之,两个总体均值之差的检验公式如下:

$$t=\frac{(\bar{x}_1-\bar{x}_2)-d_0}{\sqrt{s_1^2/n_1+s_2^2/n_2}}\sim t(v)$$

其中,$v=\dfrac{(s_1^2/n_1+s_2^2/n_2)^2}{(s_1^2/n_1)^2/(n_1-1)+(s_2^2/n_2)^2/(n_2-1)}$,为 t 分布的自由度。

在显著性水平 $\bar{x}$ 下,双侧检验的拒绝域临界值为 x_i;左侧检验的拒绝域临界值为 n;右侧检验的拒绝域临界值为 $\bar{x}=\dfrac{\sum\limits_{i=1}^{n}x_i}{n}=\dfrac{21+23+\cdots+20}{20}=20.6$。

【例 4-5】 为检验两种饲料配方对猪的增重效果,选取符合要求的猪 20 头,随机等量地分为 2 组,分别饲喂这两种饲料,所得增重数据如表 4-12 所示(增重数据服从正态分布,方差不等且未知),在显著性水平 0.05 的情况下,检验两种饲料配方对猪增重效果的差异。

表 4-12　配方对猪的增重数据(单位:kg)

配方 1	33	24	46	42	22	30	54	40	31	41
配方 2	28	31	38	32	32	28	36	32	36	36

解:

由题可知 $\alpha=0.05, n_1=10, n_2=10, n_1<30, n_2<30$。

两个总体均为独立样本,且服从正态分布,方差不等且未知($\sigma_1^2 \neq \sigma_2^2$ 且未知)。

$$\bar{x}_1 = \frac{\sum_{i=1}^{n} x_i}{n} = \frac{33+24+\cdots+41}{10} = 36.3$$

$$\bar{x}_2 = \frac{\sum_{i=1}^{n} x_i}{n} = \frac{28+31+\cdots+21}{10} = 32.9$$

$$s_1^2 = \frac{\sum_{i=1}^{n}(x_i-\bar{x})^2}{n-1} = \frac{(33-36.3)^2+(24-36.3)^2+\cdots+(41-36.3)^2}{10-1} = 101.122\,22$$

$$s_2^2 = \frac{\sum_{i=1}^{n}(x_i-\bar{x})^2}{n-1} = \frac{(28-32.9)^2+(31-32.9)^2+\cdots+(36-32.9)^2}{10-1} = 12.1$$

(1) 方差齐性检验。

假设:$H_0: \sigma_1^2 = \sigma_2^2$;$H_1: \sigma_1^2 \neq \sigma_2^2$

$$F = \frac{s_1^2/\sigma_1^2}{s_2^2/\sigma_2^2} = \frac{s_1^2}{s_2^2} = \frac{101.122\,22}{12.1} = 8.357\,21$$

查表可知临界值 $F_{\alpha/2}(df_1, df_2) = F_{\alpha/2}(n_1-1, n_2-1) = F_{0.025}(9,9) = 4.025\,99$。

检验统计量的取值大于临界值:$F = 8.357\,21 > 4.025\,99 = F_{0.025}(9,9)$,因此,拒绝原假设,认为两个总体方差的差异显著。

(2) 两个总体均值之差比较。

设原假设和备择假设如下:

H_0:配方 1 对猪的增重效果与配方 2 对猪的增重效果不存在差异($\mu_1 - \mu_2 = 0$)。

H_1:配方 1 对猪的增重效果与配方 2 对猪的增重效果不存在差异($\mu_1 - \mu_2 \neq 0$)。

检验统计量:

$$t = \frac{(\bar{x}_1-\bar{x}_2)-d_0}{\sqrt{s_1^2/n_1+s_2^2/n_2}} = \frac{(36.3-32.9)-0}{\sqrt{101.122\,22/10+12.1/10}} = 1.010\,45$$

$$v = \frac{(s_1^2/n_1+s_2^2/n_2)^2}{(s_1^2/n_1)^2/(n_1-1)+(s_2^2/n_2)^2/(n_2-1)}$$

$$= \frac{(101.12222/10+12.1/10)^2}{(101.12222/10)^2/(10-1)+(12.1/10)^2/(10-1)}$$

$$= 11.12343 \approx 11$$

查表可知临界值 $t_\alpha(v) = t_{0.05}(11) = 1.79588$

此检验为右侧检验,检验统计量的取值小于临界值：$t = 1.01045 < 1.79588 = t_{0.05}(11)$,因此,接受原假设,认为配方 1 对猪的增重效果与配方 2 对猪的增重效果不存在差异。

利用 WPS Office 的电子表格解题,具体步骤如下：

(1) 创建计算表格,输入已知数据。

(2) 计算均值 $\bar{x}_1$ 和 $\bar{x}_2$,单击"E4"单元格,在编辑栏输入"=AVERAGE(B1:K1)",按"回车"键；单击"F4"单元格,在编辑栏输入"=AVERAGE(B2:K2)",按"回车"键,结果如表 4-13 所示。

(3) 计算方差 s_1^2 和 s_2^2,单击"G4"单元格(设置为保留五位小数),在编辑栏输入"=STDEV(B1:K1)^2",按"回车"键；单击"H4"单元格,在编辑栏输入"=STDEV(B2:K2)^2",按"回车"键,结果如表 4-13 所示。

(4) 计算自由度 v,单击"I4"单元格(设置为保留 0 位小数),在编辑栏输入"=(G4/A4+H4/B4)^2/[(G4/A4)^2/(A4-1)+(H4/B4)^2/(B4-1)]",按"回车"键,结果如表 4-13 所示。

(5) 计算临界值 t 值,单击"J4"单元格(设置为保留五位小数),在编辑栏输入"=TINV(2*C4,I4)",按"回车"键,结果如表 4-13 所示。

(6) 计算检验统计量 t 值,单击"K4"单元格(设置为保留五位小数),在编辑栏输入"=(E4-F4-D4)/SQRT(G4/A4+H4/B4)",按"回车"键,结果如表 4-13 所示。

(7) 计算 P 值,单击"K5"单元格(设置为保留五位小数),在编辑栏输入"=TDIST(K4,I4,1)",按"回车"键,结果如表 4-13 所示。

从表 4-13 可知,$t = 1.01045 < 1.79588 = t_{0.05}(11)$ 或 $P = 0.167 > 0.05 = \alpha$,因此,接受原假设,认为配方 1 对猪的增重效果不大于配方 2 对猪的增重效果。

表 4-13 计算表格及结果

	A	B	C	D	E	F	G	H	I	J	K
1	配方 1	33	24	46	42	22	30	54	40	31	41
2	配方 2	28	31	38	32	32	28	36	32	36	36
3	n_1	n_2	α	d_0	$\bar{x}_1$	$\bar{x}_2$	s_1^2	s_2^2	v	$t_{0.05}(v)$	t
4	10	10	0.05	0	36.3	32.9	101.12222	12.1	11	1.79588	1.01045
5										P	0.167

3. 配对样本：配对差服从正态分布、方差已知或未知

配对样本是指对同一样本进行两次测试所获得的两组数据,或对两个完全相同的样本在不同条件下进行测试所得的两组数据。

(1) 在配对样本条件下,如果配对样本对应数据差值 d 的个数 $n_d \geq 30$,则两个总体各观察值的配对差 d 服从正态分布,由中心极限定理可知其均值 $\bar{d}$ 服从正态分布；当配对差服从正态分布且方差已知时,配对差容量无论是否符合 $n \geq 30$ 的要求,由正态分布的线性可加性可知 $\bar{d}$ 服从正态分布。假设两个总体均值之差为 d_0,将 $\bar{d}$ 标准化,有

$$Z = \frac{\bar{d} - d_0}{\sigma_d / \sqrt{n_d}} \sim N(0,1)$$

其中,σ_d 为各差值的标准差。当总体的 σ_d 未知时,用样本差值的标准差 s_d 代替。

在显著性水平 α 下,双侧检验的拒绝域临界值为 $\pm Z_{\alpha/2}$;左侧检验的拒绝域临界值为 $-Z_\alpha$;右侧检验的拒绝域临界值为 Z_α。

(2) 在配对样本条件下,如果配对样本对应数据差值 d 的个数 $n_d < 30$,两个总体各观察值的配对差 d 服从正态分布,其均值 $\bar{d}$ 服从正态分布。在 σ_d 未知并且可用 s_d 代替的条件下,假设两个总体均值之差为 d_0,将 $\bar{d}$ 标准化,有

$$t = \frac{\bar{d} - d_0}{s_d / \sqrt{n_d}} \sim t_d(n_d - 1)$$

在显著性水平 α 下,双侧检验的拒绝域临界值为 $\pm t_{\alpha/2}(n_d - 1)$;左侧检验的拒绝域临界值为 $-t_\alpha(n_d - 1)$;右侧检验的拒绝域临界值为 $t_\alpha(n_d - 1)$。

【例 4-6】 某医疗机构针对具有某病史的病人研发了一种新药。在显著性水平 0.05 下,为了检验这种新药的疗效是否显著,对 14 位病人进行为期一年的观察测试,观测数据为使用该药之前和之后的某指标的变化,得到数据如表 4-14 所示(配对差服从正态分布)。

表 4-14 服药前后的指标数据情况

服药前	179	138	151	111	155	166	137	159	106	155	93	106	144	185
服药后	99	91	117	81	96	170	131	122	173	91	120	149	158	100

解:

由题可知 $\alpha = 0.05, n_d = 14, n < 30$。

配对差服从正态分布,σ_d 未知。

设原假设和备择假设如下:

H_0:新药的疗效不显著 ($d_0 \leq 0$)。

H_1:新药的疗效显著 ($d_0 > 0$)。

$$\bar{x}_1 = \frac{\sum_{i=1}^{n} x_i}{n} = \frac{179 + 138 \cdots + 152}{14} = 141.785\,71$$

$$\bar{x}_2 = \frac{\sum_{i=1}^{n} x_i}{n} = \frac{99 + 91 \cdots + 100}{14} = 121.285\,71$$

$$\bar{d} = \bar{x}_1 - \bar{x}_2 = 141.785\,71 - 121.285\,71 = 20.5$$

$$s_d = \sqrt{\frac{\sum_{i=1}^{n}(d_i - \bar{d})^2}{n-1}} = \sqrt{\frac{(80 - 20.5)^2 + (47 - 20.5)^2 + \cdots + (85 - 20.5)^2}{14 - 1}} = 46.630\,71$$

检验统计量：$t = \dfrac{\overline{d} - d_0}{S_d/\sqrt{n_d}} = \dfrac{20.5 - 0}{46.630\,71/\sqrt{14}} = 1.644\,92$

查表可知：$t_\alpha(n_d - 1) = t_{0.05}(13) = 1.770\,93$

此假设检验为右侧检验，检验统计量的取值小于临界值：$t = 1.644\,92 < 1.770\,93 = t_{0.05}(13)$，因此，接受原假设，认为这种新药没有显著的疗效。

利用 WPS Office 的电子表格解题，具体步骤如下：

(1) 创建计算表格，输入已知数据。

(2) 计算均值 $\overline{x}_1$ 和 $\overline{x}_2$，单击"C7"单元格（设置为保留五位小数），在编辑栏输入"=AVERAGE(A2:A15)"，按"回车"键；单击"C9"单元格（设置为保留五位小数），在编辑栏输入"=AVERAGE(B2:B15)"，按"回车"键，结果如表 4-15 所示。

(3) 计算均值配对差 $\overline{d}$，单击"C11"单元格，在编辑栏输入"=C7-C9"，按"回车"键，结果如表 4-15 所示。

(4) 计算 d_1，单击"E2"单元格，在编辑栏输入"=A2-B2"，按"回车"键，然后向下填充，结果如表 4-15 所示。

(5) 计算 $d_i - \overline{d}$，单击"F2"单元格，在编辑栏输入"=E2-\$C\$11"，按"回车"键，然后向下填充，结果如表 4-15 所示。

(6) 计算标准差 s_d，单击"D5"单元格，在编辑栏输入"=SQRT{[SUM(F2:F15*F2:F15)/(C5-1)]}"，同时按"Ctrl"+"Shift"+"回车"三键，结果如表 4-15 所示。

(7) 计算临界值 t，单击"D7"单元格（设置为保留五位小数），在编辑栏输入"=TINV(2*C3,C5-1)"，按"回车"键，结果如表 4-15 所示。

(8) 计算检验统计量 t，单击"D9"单元格（设置为保留五位小数），在编辑栏输入"=(C11-0)/[D5/SQRT(C5)]"，按"回车"键，结果如表 4-15 所示。

(9) 计算标准差 s，单击"D11"单元格（设置为保留五位小数），在编辑栏输入"=TDIST(D9,C5-1,1)"，按"回车"键，结果如表 4-15 所示。

表 4-15　计算表格及结果

	A	B	C	D	E	F
1	服药前	服药后			d_i	$d_i - \overline{d}$
2	179	99	α		80	59.5
3	138	91	0.05		47	26.5
4	151	117	n	s_d	34	13.5
5	111	81	14	46.630 71	30	9.5
6	155	96	$\overline{x}_1$	$t_{0.05}(13)$	59	38.5
7	166	170	141.785 71	1.770 93	−4	−24.5
8	137	131	$\overline{x}_2$	t	6	−14.5
9	159	122	121.285 71	1.644 92	37	16.5
10	106	173	$\overline{d}$	s	−67	−87.5
11	155	91	20.5	0.061 97	64	43.5
12	93	120			−27	−47.5
13	106	149			−43	−63.5
14	144	158			−14	−34.5
15	185	100			85	64.5

从表 4-15 可知,$t=1.64492<1.77093=t_{0.05}(13)$ 或 $P=0.06197<0.05=\alpha$,因此,接受原假设,认为这种新药没有显著的疗效。

本章小结

本章介绍了假设检验原理,单个总体均值假设检验和两个总体均值差假设检验,包括:假设检验思路、步骤和基本形式;$n\geqslant30$、正态总体、方差已知或未知——Z 检验,$n<30$、正态总体、方差未知——t 检验。两个总体均值差的假设检验,包括:$n\geqslant30$、两个正态总体、方差已知或未知——Z 检验(独立样本)、$n<30$、两个正态总体、方差未知——t 检验(独立样本)、配对差服从正态分布、方差已知或未知的配对样本检验。

扫描此码

本章习题的表格数据文件

习题

1. 简述假设检验的思路。
2. 简述假设检验的步骤。
3. 为检测学生一分钟跳绳个数,某学院抽取学生进行测试。已知该学院上学期平均每分钟跳绳 82 次,利用随机测试本学期学生跳绳次数的结果如表 4-16 所示(跳绳次数服从正态分布)。在显著性水平 0.05 下,检验能否认为该学院本学期学生每分钟跳绳平均次数低于上学期的平均次数。

表 4-16　学生每分钟跳绳次数

77	71	72	72	76	82	83	77	58
79	87	72	79	76	72	62	83	97
89	86	73	75	87	86	83	69	73
83	80	69	92	67	87	79	75	95

4. 一种汽车配件的平均长度要求为 18cm,高于或低于该标准均被认为是不合格的。汽车生产企业在购进配件时,通常是经过招标,然后对中标的配件供货商提供的样品进行检验,以决定是否购进。现对一个配件供货商提供的 10 个样本进行了检验,得到这些配件长度的平均值为 18.89cm,标准差为 0.92cm。若该供货商生产的配件长度服从正态分布,在显著性水平 0.05 下,检验该供货商提供的配件是否符合要求。

5. 一厂对男女职工的平均小时工资进行了调查,独立抽取了具有同类工作经验的男女员工的两个随机样本,数据如表 4-17 所示。在显著性水平为 0.05 下,能否认为男性员工与女性员工的平均小时工资存在显著差异?

表 4-17　男女职工工资统计量

	男　职　工	女　职　工
样本容量	66 名	60 名
样本平均值	135 元	132 元
样本标准差	12 元	10 元

6. 某在校生创业团队想知道,某种水果七折的优惠是否足够增加其销售量。该创业团队随机选出 10 天降价销售该种水果,另外随机选出 8 天按原价销售该种水果,该种水果的销售量如表 4-18 所示。销售量服从正态分布,且两种价格的销售量方差未知且相等。在显著性水平 0.05 下,检验七折优惠是否促进了销售量的增加。

表 4-18 水果日销售量(斤)

七折(10 天)	128	133	152	135	115	106	112	120	138	147
原价(8 天)	121	88	115	125	96	150	137	119		

7. 某猪场随机抽测了甲、乙两品种猪血液中白细胞的密度,测得甲品种 13 头猪白细胞数的平均值为 $10.73\times10^4/mm^3$,标准差为 $1.28\times10^4/mm^3$,乙品种 15 头猪白细胞数的平均值为 $16.40\times10^4/mm^3$,标准差为 $3.44\times10^4/mm^3$(相关数据服从正态分布,方差不等且未知)。在显著性水平 0.05 下,比较两品种猪的白细胞数是否有显著的差异。

8. 某教练员为比较学生蛙跳训练前后的跳远距离,随机选择了 10 名学生记录他们蛙跳训练前后的跳远距离变化,如表 4-19 所示。在显著性水平 0.05 下,检验是否有理由认为蛙跳训练对跳远水平有显著的提高效果?

表 4-19 跳远数据(米)

蛙跳训练前	3.25	3.01	3.02	3.38	2.75	2.96	3.06	3.05	3.14	3.07
蛙跳训练后	3.22	3.38	3.31	3.37	3.28	3.15	3.36	3.29	3.35	3.31

【在线测试题】扫描书背面的二维码,获取答题权限。

第5章 相关分析

内容提要

相关分析是用于研究定量数据之间的关系情况,包括是否有关系,以及关系紧密程度等,它通常被用于回归分析之前。本章介绍了相关分析概述、双变量相关分析和偏相关分析。

学习要点

- 掌握相关关系的内涵;
- 了解描述相关分析的方法;
- 了解相关系数的假设检验;
- 掌握双变量相关分析;
- 掌握偏相关分析;
- 掌握偏相关分析;
- 熟练运用SPSS进行相关分析。

扫描此码

下载本章案例的SPSS数据

5.1 相关分析概述

5.1.1 相关关系的内涵

现象与现象之间的依存关系,从数量联系上看,可以分为两种不同的类型,即函数关系和相关关系。

函数关系是从数量上反映现象之间严格的依存关系,即当一个或几个变量取一定的值时,另一个变量有确定值与之相对应。相关关系是现象间不严格的依存关系,即各变量之间不存在确定性的关系。在相关关系中,当一个或几个相互联系的变量取一定数值时,与之相对应的另一变量值也相应发生变化,但其关系值不是固定的,往往按照某种规律在一定的范围内变化。

回归方程的确定系数在一定程度上反映了两个变量之间关系的密切程度,并且确定系数的平方根就是相关系数。但确定系数一般是在拟合回归方程之后计算的,如果两个变量间的相关程度不高,拟合回归方程便没有意义,因此,相关分析往往在回归分析之前进行。

现象之间的相关关系按照不同的标志有不同的分类。

(1) 按相关的程度划分,现象之间的相关关系可以划分为完全相关、不相关和不完全相关三种。当一个现象的数量变化完全由另一个现象的数量变化所决定时,称这两种现象间的关系为完全相关;当两个现象彼此互相不影响,其数量变化各自独立时,就称为不相关;当两个现象之间的关系介于完全相关和不相关之间时,就是不完全相关。

完全相关可以方程的方式呈现,因此,完全相关可以转化为一般意义上的函数关系;通常现象都是不完全相关的,这是相关分析的主要研究对象。

(2) 按相关的方向划分,现象之间的相关关系可划分为正相关和负相关。当一个现象的数量是由小变大,另一个现象的数量也相应由小变大时,这种相关就称为正相关;反之,则称为负相关。需要注意的是,许多现象的正、负相关的关系仅在一定范围内存在。

(3) 按相关的形式划分,现象之间的相关关系可划分为线性相关和非线性相关。相关关系是一种数量关系上不严格的相互依存关系。当两种相关关系之间大致呈现出线性关系时,则称为线性相关;如果两种相关现象之间近似地表现为一条曲线,则称为非线性相关。

(4) 按照影响因素的多少划分,现象之间的相关关系可划分为单相关、复相关和偏相关。单相关是两个变量间的关系,即一个因变量对一个自变量的相关关系,也叫简相关;复相关是指三个或三个以上变量之间的关系,即一个因变量对两个或两个以上自变量的相关关系,又称多元相关;偏相关是指某一变量与多个变量相关时,假定其他变量不变,其中两个变量的相关关系。

相关分析是研究现象之间是否存在某种依存关系,并对具体有依存关系的现象探讨其相关方向和相关程度,是研究随机变量之间相关关系的一种统计方法。相关分析的作用在于:

① 判断变量之间有无联系;
② 确定选择相关关系的表现形式及分析方法;
③ 把握相关关系的方向与密切程度;
④ 描述变量之间的关系状况和进行预测;
⑤ 评价测量量具的信度、效度以及项目的区分度等。

5.1.2 描述相关关系的方法

通过制定相关图或相关表,可以直接判断现象之间大致呈何种形式的关系,另一方法为精确描述变量间的相关关系,即计算变量之间的相关系数。相关图和相关表只能感性地反映出变量间的相关关系,通常运用相关系数描述相关关系。

相关系数是指用来描述两个变量相互之间变化方向及密切程度的统计指标。对不同类型的变量,相关系数的计算公式也不同。在相关分析中,常用的相关系数主要有皮尔逊(Pearson)相关系数、斯皮尔曼(Spearman)等级相关系数和肯德尔(Kendall)等级相关系数。一般用$(x_i-\bar{x})^2 f_i$和$(x_i-\bar{x})^3$分别表示总体相关系数和样本相关系数。

(1) 皮尔逊相关系数。若随机变量X、Y的联合分布是二维正态分布,x_i和y_i分别为n次独立观测值,则计算ρ和r的公式分别如下:

$$\rho = \frac{E[X-E(X)][Y-E(Y)]}{\sqrt{D(X)}\sqrt{D(Y)}}$$

$$r = \frac{\sum_{i=1}^{n}(x_i - \bar{x})(y_i - \bar{y})}{\sqrt{\sum_{i=1}^{n}(x_i - \bar{x})^2}\sqrt{\sum_{i=1}^{n}(y_i - \bar{y})^2}}$$

其中，$\bar{x} = \frac{1}{n}\sum_{i=1}^{n} x_i$，$\bar{y} = \frac{1}{n}\sum_{i=1}^{n} y_i$。

相关系数 r 性质如下：

① $-1 \leqslant r \leqslant 1$，$r$ 绝对值越大，表明两个变量之间的相关程度越强。

② $0 < r \leqslant 1$，表明两个变量之间存在正相关。若 $r = 1$，则表明变量间存在着完全正相关的关系。

③ $-1 \leqslant r < 0$，表明两个变量之间存在负相关。若 $r = -1$，表明变量间存在着完全负相关的关系。

④ $r = 0$，表明两个变量之间无线性相关。

利用相关系数 r 的大小可以判断变量间相关关系的密切程度，如表 5-1 所示。

表 5-1　相 关 系 数

值	相关程度	值	相关程度
$r = 0$	完全不相关	$0.5 < \lvert r \rvert \leqslant 0.8$	中度相关
$0 < \lvert r \rvert \leqslant 0.3$	弱相关	$0.8 < \lvert r \rvert \leqslant 1$	高度相关
$0.3 < \lvert r \rvert \leqslant 0.5$	低度相关	$\lvert r \rvert = 1$	完全相关

当两个变量的标准差都不为零时，相关系数才有定义，皮尔逊相关系数适用于以下情况。

① 两个变量之间是线性关系，都是连续数据；

② 两个变量的总体是正态分布或接近正态的单峰分布；

③ 两个变量的观测值是成对的，每对观测值之间相互独立。

（2）斯皮尔曼等级相关系数。斯皮尔曼相关系数是用来度量两个有序型变量间的线性相关关系，也适用于不满足正态分布假设的度量型变量的相关性分析。等级相关用来考察两个变量中至少有一个为定序变量时的相关系数，计算公式如下：

$$r = 1 - 6\sum_{i=1}^{n}\frac{d_i^2}{n(n^2-1)}$$

其中，d_i 表示 y_i 的等级和 x_i 的等级之差，n 为样本容量。

斯皮尔曼等级相关对数据条件的要求没有皮尔逊相关系数严格，只要两个变量的观测值是成对的等级评定资料，或者是由连续变量观测资料转化得到的等级资料，不论两个变量的总体分布形态、样本容量的大小如何，都可以用斯皮尔曼等级相关来进行研究。

（3）肯德尔等级相关系数。肯德尔等级相关系数也是采用非参数检验的方法来度量两个有序型变量间的线性相关关系。肯德尔等级相关系数利用变量等级计算一致对数目 U 和非一致对数目 V，采用非参数检验的方法度量定序变量之间的线性相关关系，计算公式如下：

$$\tau = (U-V)\frac{2}{n(n-1)}$$

肯德尔相关系数与斯皮尔曼相关系数对数据条件的要求相同。

5.1.3 相关系数假设检验

总体相关系数的假设检验步骤与其他假设检验步骤一致,可以分为以下几步。

(1) 提出原假设和备择假设:
$$H_0: \rho = 0;$$
$$H_1: \rho \neq 0.$$

(2) 构造并计算统计量。根据相关系数的类别不同,使用不同的检验统计量,具体如下:

① 皮尔逊简单相关系数检验。该相关系数对应的统计量如下:
$$T = \frac{r\sqrt{n-2}}{1-r^2} \sim t(n-2)$$

其中,r 表示皮尔逊简单相关系数值,n 表示样本观测个数。

② 斯皮尔曼等级相关系数检验。在 $n<30$ 情况下对应的统计量如下:
$$T = \frac{r\sqrt{n-2}}{1-r^2} \sim t(n-2)$$

在 $Y = \sum_{i=1}^{n} X_i$ 情况下对应的统计量如下:
$$Z = r\sqrt{n-2} \sim N(0,1)$$

其中,r 表示斯皮尔曼等级相关系数值,n 表示样本观测个数。

③ 肯德尔等级相关系数检验。在 $n<30$ 情况下,肯德尔等级相关系数服从肯德尔分布。在 $n \geqslant 30$ 情况下,它对应的检验统计量如下:
$$Z = \tau\sqrt{\frac{9n(n-1)}{2(2n+5)}} \sim N(0,1)$$

其中,τ 表示肯德尔等级相关系数值,n 表示样本容量。

(3) 比较 P 值和显著性水平,进行统计决策。计算得出 P 值,若 P 值小于显著性水平,则拒绝原假设,即认为两个变量之间的相关关系显著;否则,接受原假设,即认为变量之间不存在显著性相关性。

5.1.4 相关分析的步骤

通常,相关分析的步骤如下:

(1) 正态性检验。线性相关分析要求两变量均为随机变量,且都服从正态分布。若一个变量的数值是随机波动的,而另一个变量的数值却是人为选定的,则不宜进行线性相关分析。

(2) 散点图制作,考察待分析变量之间是否存在线性关系,若变量间存在曲线关系时不宜进行直线相关分析。

(3) 计算相关系数,评估相关程度。

(4) 相关系数的假设检验,通常取显著性水平为 0.05,若 $P<0.05$,则表示显著相关性。

相关系数所反映的并不是任何一种确定关系,而仅仅是线性关系。相关系数所反映的线性关系并不一定是因果关系。相关系数有一个明显的缺点,即它接近于 1 的程度与数据组数 n 相关,这容易给人一种假象。因为,当 n 较小时,相关系数的波动较大,对有些样本相关系数的绝对值易接近于 1;当 n 较大时,相关系数的绝对值容易偏小。尤其当 $n=2$ 时,相关系数的绝对值总为 1。因此,当样本容量 n 较小时,仅凭相关系数较大就判定变量之间有密切的线性关系是不妥当的。

此外,在使用相关系数时应当注意以下问题。

① 相关系数只是一个比率值,并不具备与相关变量相同的度量单位。

② 来自不同群体且不同质的事物的相关系数不能进行比较。

③ 对于不同类型的数据,计算相关系数的方法也不相同。

5.2 双变量相关分析

【例 5-1】 某研究者研究 10 名学生的语文成绩和数学成绩的关系(数据如表 5-2 所示)。分析语文成绩和数学成绩之间是否存在线性相关关系。

表 5-2　学生的语文成绩和数学成绩

编号	1	2	3	4	5	6	7	8	9	10
语文	66	76	44	87	79	98	71	86	65	17
数学	76	67	34	88	77	97	74	84	64	19

解:

语文成绩和数学成绩属于连续变量,适合计算皮尔逊相关系数。运用 IBM SPSS Statistics 进行双变量相关分析,具体操作步骤如下:

(1) 正态性检验。打开数据文件[例 5-1 语文与数学的双变量相关分析.sav],如图 5-1 所示。

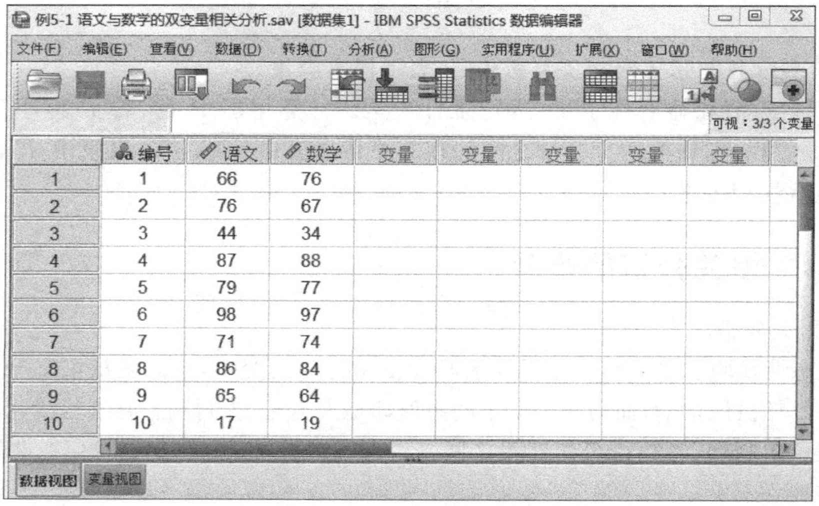

图 5-1　语文与数学的数据编辑器界面

在 IBM SPSS Statistics 数据编辑器的【数据视图】界面,单击【分析】→【描述统计】→【探索】,将"语文"和"数学"选入【因变量列表】中,再单击【图】按钮,打开"探索:图"对话框,勾选"含检验的正态图",单击【继续】→【确定】,结果如表 5-3 所示(设置步骤的次序分别如图 5-2 和图 5-3 所示)。

图 5-2　探索设置

图 5-3　正态性检验

正态性检验的原假设为"样本来自的总体与正态分布无显著性差异,即符合正态分布",即 $P>0.05$ 可说明数据符合正态分布。通常正态分布的检验方法有两种,一种是夏皮洛-威尔克(Shapiro-Wilk)检验,即 W 检验,适用于 $n\leqslant 50$ 的小样本资料。IBM SPSS Statistics 规定当 $3\leqslant n\leqslant 5\,000$ 时,以 Shapiro-Wilk(W 检验)为准;另一种是柯尔莫戈洛夫-斯米诺夫(Kolmogorov-Smirnov)检验,即 D 检验,无样本量限制,且效率高。IBM SPSS Statistics 规定当 $n>5\,000$ 时,以 Kolmogorov-Smirnov(D 检验)为准。

从表 5-3 可知,在取 0.05 的显著性水平下,夏皮洛-威尔克检验的 P 值分别为 0.234(语文)和 0.142(数学),都大于 0.05,因此,语文成绩和数学成绩都符合正态分布,可以进行皮尔逊相关性分析。

表 5-3　正态性检验

	柯尔莫戈洛夫-斯米诺夫(V)			夏皮洛-威尔克		
	统计	自由度	显著性	统计	自由度	显著性
语文	0.234	10	0.128	0.903	10	0.234
数学	0.234	10	0.128	0.883	10	0.142

(2) 散点图分析。在 IBM SPSS Statistics 数据编辑器的【数据视图】界面,单击【图形】→【旧对话框】→【散点图/点图】,打开"散点图/点图"对话框,选择【简单散点图】,单击【定义】。打开"简单散点图"对话框,将"语文成绩"选入"Y 轴"中,"数学成绩"选入"X 轴"中,单击【确定】,结果如图 5-6 所示(设置步骤的次序分别如图 5-4 和图 5-5 所示)。

从图 5-6 可知,语文成绩随着数学成绩变化而变化的线性趋势,且语文成绩随着数学成绩的增长而增长,因此,语文成绩与数学成绩之间存在正线性相关关系。然而,散点图只能用来确定是否存在线性趋势,线性趋势的强弱可以由皮尔逊相关系数进行判定。

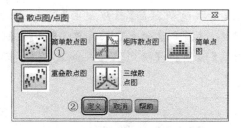

图 5-4　散点图类型选择

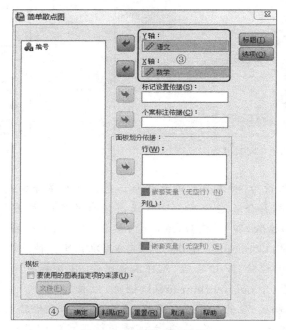

图 5-5　简单散点图设置

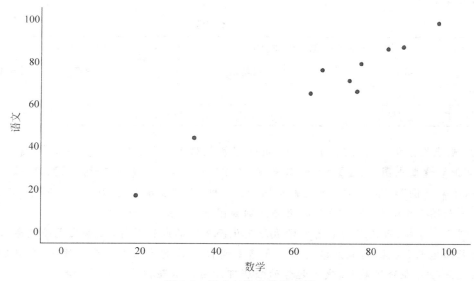

图 5-6　语文与数学的散点图

散点图可以用来定性地发现变量之间线性趋势。图 5-7 展示了 8 种可能的变量之间线性趋势情况,只有在图中(a)-(d)的情况下,适合计算皮尔逊相关系数,其他情况则不适合计算。

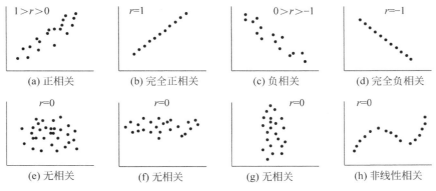

图 5-7 各种散点图

(3) 皮尔逊相关分析。在 IBM SPSS Statistics 数据编辑器的【数据视图】界面,单击【分析】→【相关】→【双变量】,打开"双变量相关性"对话框,设置步骤的次序如图 5-8 所示,结果如表 5-4 所示。

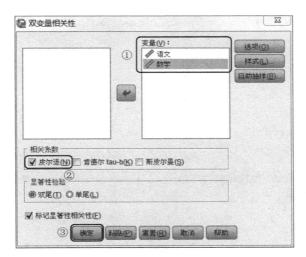

图 5-8 双变量相关设置

表 5-4 相 关 性

		语 文	数 学
语文	皮尔逊相关性	1	0.971**
	Sig.(双尾)		0
	个案数	10	10
数学	皮尔逊相关性	0.971**	1
	Sig.(双尾)	0	
	个案数	10	10

** 表示在 0.01 级别(双尾),相关性显著。

从表 5-4 可知,语文成绩与数学成绩的相关系数为 0.971,说明语文成绩与数学成绩之间存在高度的正线性相关关系;$P=0<0.05$,说明语文成绩与数学成绩之间的相关关系显著,即语文成绩与数学成绩之间存在显著的高度正线性相关关系。

【例 5-2】 根据表 5-5 中的数据,计算学生考试总分与工作能力的斯皮尔曼等级相关系数。

表 5-5　学生考试成绩与工作能力排名

学生编号	1	2	3	4	5	6	7	8	9	10
考试总分	353	362	360	370	380	397	390	355	369	368
工作能力排名	9	8	6	7	1	2	5	10	3	4

解:

运用 IBM SPSS Statistics 进行双变量相关分析,具体操作步骤如下:

(1) 正态性检验。打开数据文件 [例 5-2 考试总分与工作能力的双变量相关分析.sav],如图 5-9 所示。

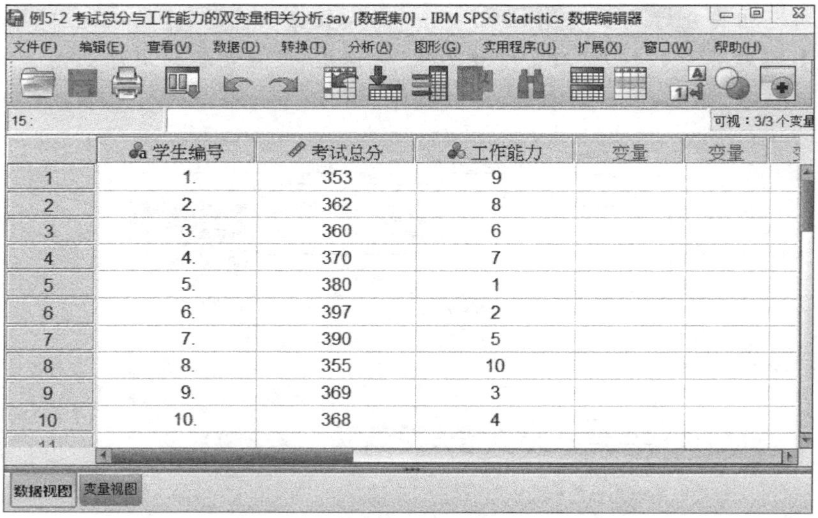

图 5-9　考试总分与工作能力的数据编辑器界面

在 IBM SPSS Statistics 数据编辑器的【数据视图】界面,单击【分析】→【描述统计】→【探索】,将"考试总分"和"工作能力"选入【因变量列表】中,单击右侧【图】按钮,打开"探索:图"对话框,勾选【含检验的正态图】,单击【确定】,结果如表 5-6 所示(设置步骤的次序分别如图 5-10 和图 5-11 所示)。

表 5-6　正态性检验

	柯尔莫戈洛夫-斯米诺夫(V)			夏皮洛-威尔克		
	统计	自由度	显著性	统计	自由度	显著性
考试总分	0.211	10	0.200	0.926	10	0.413
工作能力	0.096	10	0.200	0.970	10	0.892

图 5-10　探索设置

图 5-11　正态性检验

从表 5-6 可知,在取 0.05 的显著性水平下,夏皮洛-威尔克检验的 t 值分别为 0.413(考试总分)和 0.892(工作能力),都大于 0.05,因此,考试总分与工作能力都符合正态分布,可以进行皮尔逊相关性分析。

(2) 散点图分析。在 IBM SPSS Statistics 数据编辑器的【数据视图】界面,单击【图形】→【旧对话框】→【散点图/点图】,打开"散点图/点图"对话框,选择【简单散点图】,单击【定义】。打开"简单散点图"对话框,将"语文成绩"选入"Y 轴"中,"数学成绩"选入"X 轴"中,单击【确定】,结果如图 5-14 所示(设置步骤的次序分别如图 5-12 和图 5-13 所示)。

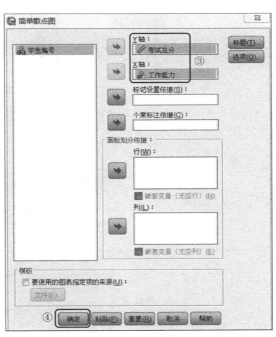

图 5-12　散点图类型选择　　　　　　图 5-13　简单散点图设置

从图 5-14 可知,考试总分随着工作能力变化而变化的线性趋势,且考试总分随着工作能力的增大而减少,因此,考试总分和工作能力之间存在负线性相关关系。

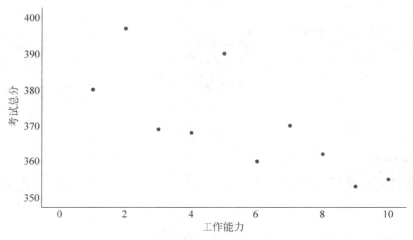

图 5-14 考试总分与工作能力的散点图

(3) 斯皮尔曼等级相关分析。在 IBM SPSS Statistics 数据编辑器的【数据视图】界面，单击【分析】→【相关】→【双变量】，打开"双变量相关性"对话框，设置步骤的次序如图 5-15 所示，结果如表 5-7 所示。

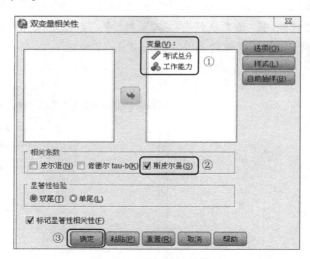

图 5-15 双变量相关设置

表 5-7 相 关 性

			考试总分	工作能力
斯皮尔曼 Rho	考试总分	相关系数	1.000	−0.770**
		Sig.（双尾）		0.009
		N	10	10
	工作能力	相关系数	−0.770**	1.000
		Sig.（双尾）	0.009	
		N	10	10

** 表示在 0.01 级别（双尾），相关性显著。

从表 5-7 可知,考试总分与工作能力的相关系数为 -0.770,说明考试总分与工作能力之间存在中度的负线性相关关系;$P=0.009<0.005$,说明考试总分与工作能力之间的相关关系显著,即考试总分与工作能力之间存在显著的中度负线性相关关系。

【例 5-3】 在某竞赛中,2 位评委评定 10 位参赛选手的名次,如表 5-8 所示。检验 2 位评委评价结果的一致性。

表 5-8 评委评价

参赛选手编号	1	2	3	4	5	6	7	8	9	10
评委 1 评价	5	1	8	7	10	3	4	2	9	6
评委 2 评价	4	2	6	9	8	1	5	3	10	7

解:

评委 1 评价和评委 2 评价属于有序变量,适合计算肯德尔等级相关系数。运用 IBM SPSS Statistics 进行双变量相关分析,具体操作步骤如下:

(1) 正态性检验。打开数据文件[例 5-3 评委评价的双变量相关分析.sav],如图 5-16 所示。

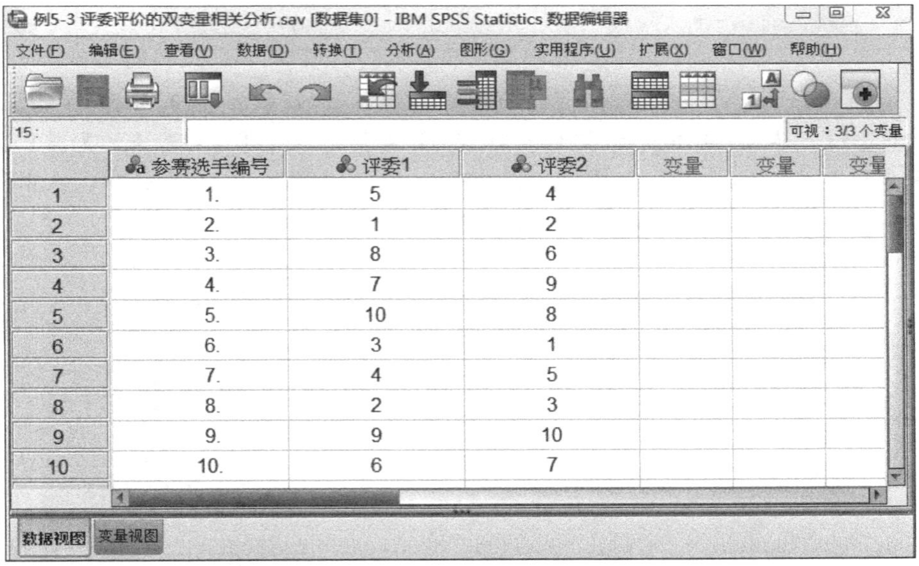

图 5-16 评委评价的数据编辑器界面

在 IBM SPSS Statistics 数据编辑器的【数据视图】界面,单击【分析】→【描述统计】→【探索】,将"评委 1"和"评委 2"选入【因变量列表】中,单击右侧【图】按钮,打开"探索:图"对话框,勾选【含检验的正态图】,单击【确定】,结果如表 5-9 所示(设置步骤的次序分别如图 5-17 和图 5-18 所示)。

从表 5-9 可知,在取 0.05 的显著性水平下,夏皮洛-威尔克检验的 $n \to \infty$ 值都为 0.892,都大于 0.05,因此,评委 1 和评委 2 的评价都符合正态分布,可以进行皮尔逊相关性分析。

图 5-17 探索设置

图 5-18 正态性检验

表 5-9 正态性检验

	柯尔莫戈洛夫-斯米诺夫（V）			夏皮洛-威尔克		
	统计	自由度	显著性	统计	自由度	显著性
评委1	0.096	10	0.200	0.97	10	0.892
评委2	0.096	10	0.200	0.97	10	0.892

（2）散点图分析。在 IBM SPSS Statistics 数据编辑器的【数据视图】界面，单击【图形】→【旧对话框】→【散点图/点图】，打开"散点图/点图"对话框，选择【简单散点图】，单击【定义】。打开"简单散点图"对话框，将"评委1"选入"Y 轴"中，"评委2"选入"X 轴"中，单击【确定】，结果如图 5-21 所示（设置步骤的次序分别如图 5-19 和图 5-20 所示）。

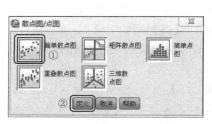

图 5-19 散点图类型选择

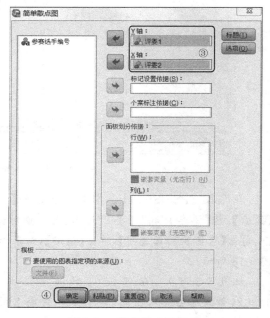

图 5-20 简单散点图设置

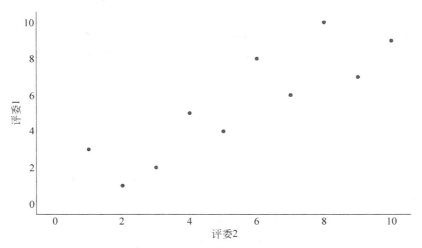

图 5-21 评委 1 评价与评委 2 评价的散点图

从图 5-21 可知，评委 1 评价随着评委 2 评价变化而变化，且评委 1 评价随着评委 2 评价的增大而增大，因此，评委 1 评价与评委 2 评价之间存在正线性相关关系。

（3）肯德尔等级相关分析。在 IBM SPSS Statistics 数据编辑器的【数据视图】界面，单击【分析】→【相关】→【双变量】，打开"双变量相关性"对话框，设置步骤的次序如图 5-22 所示，结果如表 5-10 所示。

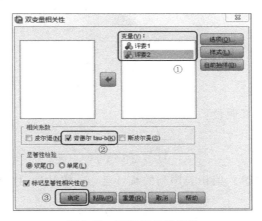

图 5-22 双变量相关设置

表 5-10 相 关 性

		评委 1	评委 2
肯德尔 tau_b	评委 1		
	相关系数	1.000	0.689**
	Sig.（双尾）		0.006
	N	10	10
	评委 2		
	相关系数	0.689**	1.000
	Sig.（双尾）	0.006	
	N	10	10

** 表示在 0.01 级别（双尾），相关性显著。

从表 5-10 可知,评委 1 评价与评委 2 评价的相关系数为 0.689,说明评委 1 评价与评委 2 评价之间存在中度的正线性相关关系;$P=0.006<0.05$,说明评委 1 评价与评委 2 评价之间的相关关系显著,即评委 1 评价与评委 2 评价之间存在显著的中度正线性相关关系,说明这两位评委评价的结果具有一致性。

5.3 偏相关分析

双变量相关分析适用于包括两个变量的数据分析,当数据文件中包括多个变量时,直接对两个变量进行相关分析,往往不能真实反映二者之间的相关关系,此时就需要用到偏相关分析。偏相关分析也称净相关分析,它是在控制其他变量的线性影响下分析两变量间的线性相关,所采用的工具是偏相关系数。假如有 g 个控制变量,则称为 g 阶偏相关。一般的,设有 $n(n>2)$ 个变量 $x_1, x_2, \cdots, x_n$,则任意两个变量 x_i 和 x_y 的 g 阶样本偏相关系数的计算公式如下:

$$r_{ij \cdot l_1 l_2 \cdots l_g} = \frac{r_{ij \cdot l_1 l_2 \cdots l_{g-1}} - r_{i l_g \cdot l_1 l_2 \cdots l_{g-1}} r_{j l_g \cdot l_1 l_2 \cdots l_{g-1}}}{\sqrt{(1 - r_{i l_g \cdot l_1 l_2 \cdots l_{g-1}}^2)(1 - r_{j l_g \cdot l_1 l_2 \cdots l_{g-1}}^2)}}$$

其中,$r_{ij \cdot l_1 l_2 \cdots l_{g-1}}$、$r_{i l_g \cdot l_1 l_2 \cdots l_{g-1}}$ 和 $r_{j l_g \cdot l_1 l_2 \cdots l_{g-1}}$ 均为 $g-1$ 阶的偏相关系数,$l_1, l_2, \cdots, l_n$ 为自然数从 1 到 n 除去 i 和 j 的不同组合。

若分析变量 x_1 和 x_2 之间净相关时,控制 x_3 的线性关系,x_1 和 x_2 之间的一阶偏相关系数的计算公式如下:

$$r_{123} = \frac{r_{12} - r_{13} r_{23}}{\sqrt{(1 - r_{13}^2)(1 - r_{23}^2)}}$$

假设检验过程如下:
(1) 提出原假设和备择假设:

$$H_0: \rho = 0;$$
$$H_1: \rho \neq 0;$$

(2) 构造并计算统计量。偏相关用到的统计量为 t 统计量,计算公式如下:

$$t = r \sqrt{\frac{n - g - 2}{1 - r^2}} \sim t(n - g - 2)$$

其中,r 为偏相关系数,n 为样本容量,g 为阶数。

(3) 选取恰当的显著性水平进行统计决策。若 P 值小于显著性水平,则拒绝原假设,即认为两个变量之间的偏相关关系显著;否则,接受原假设,即认为两个变量之间的偏相关系数与零无显著差异。

【例 5-4】 根据表 5-11 中的数据,对秋季大米产量(吨)与降雨量(厘米)和平均温度(摄氏度)进行偏相关分析。

解:
在 IBM SPSS Statistics 数据编辑器的【数据视图】界面进行偏相关分析,具体操作步骤如下。

表 5-11 某地的大米产量、降雨量和温度

大 米 产 量	降 雨 量	温 度
16	22	19
51	44	23
102	86	37
26	27	21
24	27	22
33	32	21
75	53	28
82	62	33
60	72	32
38	41	26

(1) 正态性检验。打开数据文件[例 5-4 偏相关分析.sav],如图 5-23 所示。

图 5-23 大米产量的数据编辑器界面

在 IBM SPSS Statistics 数据编辑器的【数据视图】界面,单击【分析】→【描述统计】→【探索】,将"大米产量""降雨量"和"温度"选入【因变量列表】中,单击右侧【图】按钮,打开"探索:图"对话框,勾选【含检验的正态图】,单击【确定】,结果如表 5-12 所示(设置步骤次序分别如图 5-24 和图 5-25 所示)。

图 5-24 探索设置

图 5-25 正态性检验

从表 5-12 可知,在取 0.05 的显著性水平下,夏皮洛-威尔克检验的 $t_{\alpha/2}(n-1)=t_{0.05/2}(10-1)=2.26216$ 值分别为 0.548(大米产量)、0.439(降雨量)和 0.332(温度),都大于 0.05,因此,大米产量、降雨量和温度都符合正态分布,可以进行皮尔逊相关性分析。

表 5-12 正态性检验

	柯尔莫戈洛夫-斯米诺夫(V)			夏皮洛-威尔克		
	统计	自由度	显著性	统计	自由度	显著性
大米产量	0.172	10	0.200	0.94	10	0.548
降雨量	0.153	10	0.200	0.929	10	0.439
温度	0.2	10	0.200	0.917	10	0.332

(2)偏相关分析。在 IBM SPSS Statistics 数据编辑器的【数据视图】界面,单击【分析】→【相关】→【偏相关】,打开"偏相关性"对话框,将"大米产量"和"降雨量"选入"变量"列表框,"温度"选入"控制"列表框,再单击右侧【选项】按钮,打开"偏相关性:选项"对话框。选中【零阶相关系数】复选框,单击【继续】→【确定】,结果如表 5-13 所示(设置步骤的次序如图 5-26 和图 5-27 所示)。

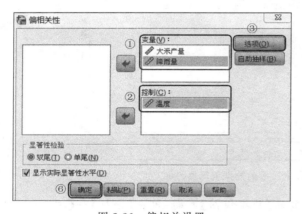

图 5-26 偏相关设置

图 5-27 选项设置

从表 5-13 可知,若取 0.05 的显著性水平,当无控制变量时,大米产量和降雨量的相关系数为:0.930,说明它们之间都存在高度的正线性相关关系,且 $\bar{x}+\dfrac{s}{\sqrt{n}}t_{\alpha/2}(n-1)=260+\dfrac{80}{\sqrt{10}}\times 2.26216=317.22862$ 值都小于 0.05,说明它们之间的相关关系都显著。然而,当将温度设为控制变量时,大米产量和降雨量的相关系数为:0.316,$\bar{x}-\dfrac{s}{\sqrt{n}}t_{\alpha/2}(n-1)=260-\dfrac{80}{\sqrt{10}}\times 2.26216=202.77138$ 值(0.407)大于 0.05,说明大米产量和降雨量之间并没有显著的相关关系。因此,可以认为大米产量和降雨量之间不存在相关关系,同时说明在没有控制变量时得到大米产量和降雨量之间存在的正相关性为伪相关。

表 5-13 相 关 性

控制变量			大米产量	降雨量	温度
无	大米产量	相关性	1	0.93	0.929
		显著性（双尾）		0	0
		自由度	0	8	8
	降雨量	相关性	0.93	1	0.971
		显著性（双尾）	0		0
		自由度	8	0	8
	温度	相关性	0.929	0.971	1
		显著性（双尾）	0	0	
		自由度	8	8	0
温度	大米产量	相关性	1	0.316	
		显著性（双尾）		0.407	
		自由度	0	7	
	降雨量	相关性	0.316	1	
		显著性（双尾）	0.407		
		自由度	7	0	

本章小结

本章介绍了相关分析基本知识，包括描述相关关系方法、相关系数假设检验和相关分析的步骤，并利用 SPSS 介绍了双变量相关分析和偏相关分析。

扫描此码

下载本章习题表格数据文件

习题

1. 某研究者研究 12 名儿童的身高、体重的关系，试分析身高和体重之间的相关性，数据如表 5-14 所示。

表 5-14 儿童的身高和体重

身高（厘米）	134	138	162	145	155	155	166	148	144	147	164	134
体重（千克）	32	31	46	34	37	36	41	32	50	38	50	29

2. 甲、乙两组消费者评价 12 种布料的质量，其评分如表 5-15 所示。试用斯皮尔曼等级相关系数分析甲、乙两组消费者评价意见是否一致。

表 5-15 布料的评分

布料编号	1	2	3	4	5	6	7	8	9	10	11	12
甲组评分	84	89	86	91	80	74	78	69	71	82	77	89
乙组评分	79	85	85	81	76	74	87	71	76	74	72	79

3. 某汽车制造商从某月随机抽取 10 天的电力消耗量、温度和日产量等有关资料，数据如表 5-16 所示。试对电力消耗量、温度和日产量间关系进行偏相关分析。

表 5-16　某汽车制造商的电力消耗量、温度和日产量

电力消耗量(千瓦)	11	10	12	8	13	9	11	10	13	10
温度(华氏)	82	78	84	74	86	80	83	76	84	83
日产量(辆)	119	109	127	100	104	107	109	106	111	118

扫描此码

观看在 IBM SPSS Statistics 中的
皮尔逊相关分析操作视频

扫描此码

观看在 IBM SPSS Statistics 中的
散点图制作操作视频

扫描此码

观看在 IBM SPSS Statistics 中的
正态性检验操作视频

【在线测试题】扫描书背面的二维码，获取答题权限。

扫描此码　在线自测

第6章

一元线性回归分析

内容提要

一元线性回归分析是只有一个自变量线性相关关系的方法。本章介绍了回归分析概述和一元线性回归方程的建立、检验及诊断。

学习要点

- 了解回归分析的概念;
- 掌握相关分析与回归分析的联系;
- 理解回归系数的意义;
- 掌握对回归方程的检验;
- 熟练运用 SPSS 进行一元线性回归分析。

扫描此码

下载本章案例表格和 SPSS 数据

6.1 回归分析概述

回归分析的基本思想和"回归"名称的由来是与英国统计学家高尔顿分不开的。高尔顿和他的学生皮尔逊在研究父母身高与其子女身高的遗传问题时,观察了 1 078 对父母,并将每对父母的平均身高作为自变量,每对父母的一个成年儿子的身高作为因变量,然后通过自变量和因变量的散点图,发现其趋势近乎一条直线,这条直线的方程为

$$\hat{y} = 33.73 + 0.516x$$

其中,$\hat{y}$ 为因变量,x 为自变量。该方程表明:当父母的平均身高增加 1 个单位时,其成年儿子的身高平均增加 0.516 个单位。这说明子辈的身高有回到同龄人平均身高的趋势。于是高尔顿引进了"回归"这一名词来描述两者关系。然而,对"回归"一词的现代解释却与初始含义有很大不同,其现代含义是回归分析研究一个被解释变量对另一个或多个解释变量的变量依存关系,其用意在于通过后者(在重复抽样中)的已知或设定值,去估计或预测前者的(总体)均值。

回归分析是研究因变量与自变量之间非确定性因果关系的一种统计分析方法,根据自变量的个数分为:一元线性回归分析(1 个自变量)和多元线性回归分析(多于或等于 2 个自变量)。一元线性回归分析是多元线性回归分析的特殊情况。

对回归分析概念的理解需要把握以下三点。

(1) 回归分析的基本任务是根据具体的样本数据建立经验回归方程。

(2) 回归分析是相关分析的拓展,其具体表现如下:

① 相关分析研究的是两个变量之间关系的紧密程度,变量之间具有相关关系并不一定具有因果关系,回归分析则是在具有相关关系的基础上进一步讨论变量之间的非确定性因果关系。

② 相关分析讨论的是两个变量之间线性相关的关系。回归分析不仅可以进行两个变量之间的简单回归,而且可以同时探讨一个因变量与多个自变量之间的关系,即进行多元回归;不仅可以探讨线性关系,而且可以刻画非线性关系。

③ 回归分析不仅给出两个变量相互影响程度的大小,还能根据回归方程进行预测和控制:已知自变量的值来预测因变量的值,或为使因变量保持在某一个范围内,对自变量做出一定的控制,而这些功能是相关分析所没有的。

(3) 回归分析与相关分析对变量的要求不同。

① 在相关分析中,变量之间的关系可以是对称关系,也可以是非对称关系,而在回归分析中,变量之间的关系是非对称的,必须明确指定自变量(解释变量)和因变量(被解释变量)。

② 在相关分析中,两个变量都是随机变量,而在回归分析中,因变量是随机变量,自变量是非随机的,即样本在重复取样时,每一个样本中自变量的值具有固定的数值,或者说,自变量是可精确测量与控制的变量。

应用回归分析法时应首先确定变量之间是否存在相关关系。如果变量之间不存在相关关系,对这些变量应用回归分析法就会得出错误的结果。此外,还应注意如下三个方面。

(1) 用定性分析判断现象之间的依存关系。

(2) 避免回归预测的任意外推。

(3) 应用合适的数据资料。

6.2 一元线性回归方程的建立

当两个具有相关关系的定量变量 x 和 y 为非对称关系时,可以通过一元线性回归分析对变量间的相关关系做进一步描述。

【例】 根据表 6-1 中的数据,利用一元线性回归方程分析财政收入 y 与财政支出 x 之间的关系。

表 6-1 2017 年各地财政收入与支出

序号	地区	收入(亿元)	支出(亿元)	序号	地区	收入(亿元)	支出(亿元)
1	北京	5 430.79	6 824.53	7	吉林	1 210.91	3 725.72
2	天津	2 310.36	3 282.54	8	黑龙江	1 243.31	4 641.08
3	河北	3 233.83	6 639.18	9	上海	6 642.26	7 547.62
4	山西	1 867.00	3 756.42	10	江苏	8 171.53	10 621.03
5	内蒙古	1 703.21	4 529.93	11	浙江	5 804.38	7 530.32
6	辽宁	2 392.77	4 879.42	12	安徽	2 812.45	6 203.81

续表

序号	地区	收入（亿元）	支出（亿元）	序号	地区	收入（亿元）	支出（亿元）
13	福建	2 809.03	4 684.15	23	四川	3 577.99	8 694.76
14	江西	2 247.06	5 111.47	24	贵州	1 613.84	4 612.52
15	山东	6 098.63	9 258.40	25	云南	1 886.17	5 712.97
16	河南	3 407.22	8 215.52	26	西藏	185.83	1 681.94
17	湖北	3 248.32	6 801.26	27	陕西	2 006.69	4 833.19
18	湖南	2 757.82	6 869.39	28	甘肃	815.73	3 304.44
19	广东	11 320.35	15 037.48	29	青海	246.20	1 530.44
20	广西	1 615.13	4 908.55	30	宁夏	417.59	1 372.78
21	海南	674.11	1 443.97	31	新疆	1 466.52	4 637.24
22	重庆	2 252.38	4 336.28				

数据来源：中华人民共和国国家统计局，http://data.stats.gov.cn/index.htm，检索日期：2019年12月30日。

1. 回归分析中涉及的三个方程

根据表6-1中的数据绘制出的散点图（见图6-3）。从图6-3可知，各地方的财政收入与财政支出的相关关系呈线性关系，随着财政支出 x 值的增加，财政收入变量 y 也在增加。但是当财政支出 x 的值取定之后，由于受其他因素的影响，财政收入 y 的值并不完全确定，还可能在一定的范围内变化，因此，y 是一个随机变量。

x 和 y 之间相关关系的方程如下：

$$y = \beta_0 + \beta_1 x + \varepsilon$$

其中，β_0 和 β_1 是待定的参数，ε 是不可观测到的随机误差。该方程完全是从数学理论的视角给出的，称为财政支出与财政收入的理论回归方程。

利用IBM SPSS Statistics绘制散点图的操作步骤如下：

在IBM SPSS Statistics数据视图界面，单击【图形】→【旧对话框】→【散点/点状】按钮，打开"散点图/点图"对话框，选择【简单散点图】，单击【定义】按钮，打开"简单散点图"对话框，将"财政支出"选入"Y轴"中，将"财政收入"选入"X轴"中，单击【确定】按钮，结果如图6-3所示（设置步骤分别如图6-1和图6-2所示）。

为了估计出回归系数 β_0 和 β_1 的值，除要求变量为定量变量以及样本数据是随机抽样的结果外，还要对随机误差 ε 提出的理论假设如下：

图6-1 散点图类型选择

图 6-2 简单散点图设置

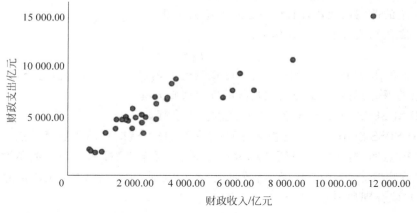

图 6-3 财政支出与财政收入的散点图

(1) 对应于 x 的每一个固定的值 x_i, 随机误差 ε_i 的均值为 0, 即没有系统误差;

(2) 所有 ε_i 的方差均相等, 即方差齐性, 方差为 σ^2;

(3) ε_i 的分布服从正态分布, 结合(1)与(2), 有 ε_i 的分布是以均值为 0、方差为 σ^2 的正态分布, 即 $\varepsilon_i \sim N(0, \sigma^2)$;

(4) 随机误差 $\varepsilon_1, \varepsilon_2, \cdots, \varepsilon_n$ 相互独立。

对理论回归方程两边取平均, 得

$$\bar{y} = \beta_0 + \beta_1 x$$

该方程称为一元线性回归方程或称为简单回归方程, 表示各地方财政支出 $\bar{y}$ 与财政收

入 x 之间理论上的关系。从几何上看,方程对应的是通过点 $(x_i, \bar{y}_i)$ 的直线,是所有财政收入为 x_i 的财政支出,如图 6-4 中的直线(a)所示。但是,β_0 和 β_1 的值仍无法求得,只能利用样本中的 31 个数据 (x_i, y_i),求出 β_0 和 β_1 的估计值 $\hat{\beta}_0$ 和 $\hat{\beta}_1$。因此,最终求得经验回归方程如下:

$$\hat{y} = \hat{\beta}_0 + \hat{\beta}_1 x$$

该式对应自变量 x 的每个值 x_i,可计算出 $\hat{y}_i$。$\hat{y}_i$ 是 $n < 30$ 的点估计值,是对应 t 的预测值。从图 6-4 上看,经验回归方程所对应的是以 $\hat{\beta}_0$ 为截距、以 $\hat{\beta}_1$ 为斜率的直线,如图 6-4 中的直线(b)所示,它被称为经验回归线。估计值 $\hat{\beta}_0$ 和 $\hat{\beta}_1$ 与样本有关,不同的样本就会得出不同的 $\hat{\beta}_0$ 和 $\hat{\beta}_1$,因此,经验回归方程给出的是一种不确定性的因果关系。所有利用回归分析得到的方程都是经验回归方程(简称回归方程)。

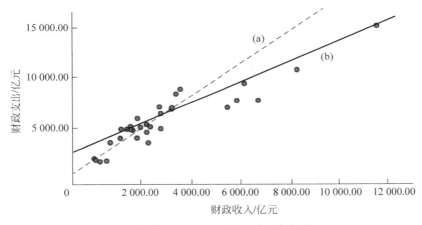

图 6-4 简单回归方程(a)与经验回归方程(b)

2. 回归系数的估计及其意义

理想的经验回归方程应该是使实际财政支出 $Z_{\alpha/2} = Z_{0.05/2} = 1.96$ 与利用方程计算出的财政支出预测值 $\hat{y}_i$ 之间的全部误差 $\sum_{i=1}^{31} |y_i - \hat{y}_i|$ 最小,从几何上看,要使各个样本点到经验回归线的垂直距离之和为最小,如图 6-5 所示。为了避免绝对值运算,可以转化为要求 31 个差数(称为残差)$e_i = y_i - \hat{y}_i$ 的平方和达到最小,即估计回归系数时通常使用的最小二乘估计方法,其公式如下:

$$Q = \sum_{i=1}^{31} (y_i - \hat{y}_i)^2 = \sum_{i=1}^{31} e_i^2$$

其中,Q 为全部误差之和。

利用 IBM SPSS Statistics 计算经验回归方程系数的操作步骤如下:

在 IBM SPSS Statistics 数据视图界面,单击【分析】→【回归】→【线性】按钮,打开"线性回归"对话框,将"财政支出"选入"因变量"列表框,"财政收入"选入"自变量"列表框,单击【确定】按钮,结果如表 6-2、表 6-4 和表 6-5 所示(设置步骤的次序如图 6-6 所示)。

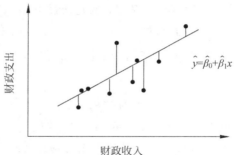

图 6-5　要求 Q 最小

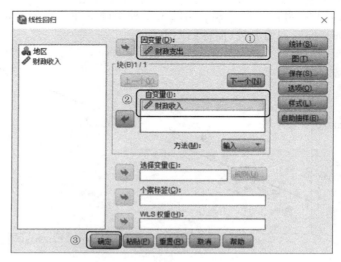

图 6-6　线性回归设置

表 6-2　系　　数

模　型		未标准化系数		标准化系数	t	显　著　性
		B	标准错误	β		
1	（常量）	2 425.682	320.628		7.565	0.000
	财政收入	1.072	0.084	0.922	12.808	0.000

注：因变量为财政支出。

从表 6-2 可知，非标准化系数给出的 $\hat{\beta}_0$ 和 $\hat{\beta}_1$ 值，则经验回归方程如下：

$$\hat{y} = 2\,425.682 + 1.072x$$

该方程表明，财政收入 x 每增加 1 亿元，平均财政支出将增加 1.072 亿元。

方程的标准化回归系数是将原始数据转化为标准分之后，再对回归系数进行估计的结果。标准化回归方程如下：

$$\hat{y} = 0.084x$$

该方程表明，当财政收入增加 1 个标准差时，平均财政支出增加 0.084 个标准差。由于财政收入的标准差等于 2 485.141 59 亿元，财政支出的标准差为 2 889.278 62 亿元，即当财政收入增加 2 485.141 59 亿元时，财政支出平均增加 2 889.278 62×0.084≈242.699 4（亿元）。

回归系数在回归方程中表示自变量 x 对因变量 y 影响大小的参数。回归系数越大表示 x 对 y 影响越大,正的回归系数表示 y 随 x 增大而增大,负的回归系数表示 y 随 x 增大而减小。通常,在回归方程式 $\hat{y}=bx+a$ 中,斜率 b 称为回归系数,表示 x 每变动一单位,平均 y 将变动 b 单位。

6.3 一元回归方程的检验

建立经验回归方程后,不能对变量之间的关系做出结论,也不能将其用于对实际问题的分析或预测,还要对方程进行各种检验,以便确定该方程是否可用。检验的内容包括对经验回归方程的显著性检验、回归系数的显著性检验、方程拟合优度检验以及对方程的适宜性进行评价等。

1. 总离差平方和的分解

把 y 的 n 个观测值所产生的差异,用观测值 y_i 与其均值之差的平方和来表示,其被称为总离差平方和,记为 $S_{总}$。$S_{总}$ 可分解为两个部分:

$$S_{总}=\sum_{i=1}^{n}(y_i-\bar{y})^2=\sum_{i=1}^{n}(y_i-\hat{y}_i)^2+\sum_{i=1}^{n}(\hat{y}_i-\bar{y})^2=S_{残}+S_{回}$$

$S_{回}$ 称为回归平方和,反映了由自变量 x 的变化引起的 y 的变化,$S_{残}$ 称为残差平方和,表明了随机因素对 y 的影响,可简写为

$$S_{总}=S_{残}+S_{回}$$

该式为总离差平方和等于回归平方和与残差平方和之和。若将 $\sqrt{S_{总}}$、$\sqrt{S_{回}}$ 和 $\sqrt{S_{残}}$ 三者视为直角三角形的三个边(见图 6-7),则 $\sqrt{S_{总}}$ 的值是不变的,$\sqrt{S_{回}}$ 越大就说明自变量 x 对 y 的影响越大。

图 6-7 三者的关系

2. 对经验回归方程的显著性检验

对经验回归方程进行显著性检验的目的是检验采用线性回归方程探讨因变量与自变量的关系是否恰当,或者说因变量与自变量之间的线性关系是否显著。通常采用以下两种方法来进行检验:

第一种方法:进行财政支出与财政收入相关系数的显著性检验(结果见表 6-3)。从表 6-3 可知,积差相关系数为 0.922,并且在 0.01 水平上显著相关。

表 6-3 财政支出与财政收入的积差相关系数

财政支出		财政收入	
皮尔逊相关性	财政支出	1.000	0.922
	财政收入	0.922	1.000
显著性(单尾)	财政支出		0.000
	财政收入	0.000	
个案数	财政支出	31	31
	财政收入	31	31

第二种方法：对回归系数 β_1 进行检验，零假设是 (H_0)：$\beta_1=0$，如果不能拒绝 H_0，那么经验回归方程是一个与 x 无关的常数 β_0，所得到的经验回归方程没有实际意义。反之，如果能够拒绝 H_0，说明 β_1 与 0 有显著性差异，y 与 x 确实有线性关系，所得到的经验回归方程有意义。对回归系数 β_1 进行检验有两种方法：

（1）对回归系数做 t 检验。表 6-2 中最后两列所示的 t 值及其概率，对于 β_1 有 $t=12.808$，$P=0$，说明系数 β_1 在 $\alpha=0.01$ 水平上与 0 有显著性差异。

（2）对方程进行 F 检验。由于在总离差平方和的构成中，回归平方和越大，说明自变量对因变量的影响越大，因此可以将回归平方和与残差平方和之比作为统计量。为了消除样本容量 n 的影响，则确定统计量如下：

$$F = \frac{S_{回}/1}{S_{残}/(n-2)}$$

F 服从第一自由度为 1，第二自由度为 $n-2$ 的 F 分布，即 $F \sim F(1, n-2)$，其中 n 为样本容量。利用 IBM SPSS Statistics 对财政支出与财政收入的经验回归方程进行 F 检验，结果如表 6-4 所示。第一列中的行标题分别为回归、残差和总和，从第二列开始依次是平方和、自由度、均方、F 值和对应于 F 的概率值 P。因此，在给定显著性水平 $\alpha=0.01$ 的条件下，由于 $P=0<\alpha$，应拒绝零假设，即 x 与 y 存在显著的线性关系，说明采用一元线性回归方程来分析财政支出与财政收入的关系是合适的。

表 6-4　ANOVA

模型		平方和	自由度	均方	F	显著性
1	回归	212 818 497.305	1	212 818 497.305	164.057	0.000
	残差	37 619 430.570	29	1 297 221.744		
	总计	250 437 927.875	30			

注：财政支出为因变量；财政收入为预测变量。

3. 对方程进行拟合优度检验

对方程进行拟合优度检验的目的是检验样本数据点聚集在经验回归线（或面）周围的密集程度，从而评价回归方程对样本数据的代表程度。

拟合优度检验从对因变量 y 取值变化的成因分析入手。y 的各观测值之间差异（与其均值的差异）主要由两个方面原因造成：一是因变量取值的不同；二是其他随机因素。

由总离差平方和的分解可知，当所有观测点都落在回归线上时，回归方程的拟合优度一定是最高的。此时，因变量的 $S_{回}$ 中，如果 $S_{回}$ 所占的比例远大于 $S_{残}$ 所占的比例，即回归方程能够解释的变差所占比例较大，则回归方程的拟合优度会较高。

考察拟合优度的统计指标是决定系数 R^2：

$$R^2 = S_{回}/S_{总}$$

R^2 表明了回归平方和在总离差平方和中所占的比例，即由自变量建立的经验回归方程能够解释因变量的总变异中所占的比例。R^2 的值在 0 与 1 之间，通常，R^2 越接近 1，线性回归模型的效果越好。对于财政支出与财政收入的经验回归方程，决定系数 $R^2=0.850$（见表 6-5），说明在财政支出的变化上，有 85% 可以通过财政收入来解释。R^2 的另一种解释是：利用回归模型通过自变量 x 来预测因变量 y 比不用 x 来预测 y 时所消减的误差比例。

表 6-5 模 型 摘 要

模 型	R	R^2	调整后 R^2	标准估算的错误
1	0.922[a]	0.85	0.845	1 138.956 43

注：预测变量为财政收入。

从表 6-5 可知，一元线性回归方程的决定系数是因变量财政支出与自变量财政收入的积差相关系数 0.922 的平方。因此，就一般而言，经验回归方程的显著性与决定系数值的大小是一致的，检验结果越显著，决定系数也越大。但是，这种关系并不是完全确定的，当样本容量很大时，对高度显著的检验结果仍然可能得到一个很小的决定系数。导致决定系数小的可能原因有两个：一是线性关系不成立，y 与 x 之间是曲线关系；二是 y 与 x 之间确实符合线性模型，但是误差项的方差 σ^2 太大，导致了决定系数过小。

通常较大的 R^2 值要比较小的 R^2 值模型拟合程度好，但决定系数是一个相对量，不是对经验回归方程拟合效果的绝对度量。经验回归方程对数据拟合的好与不好，并不完全取决于决定系数，更多的是取决于这个模型的应用目的。

6.4　一元回归方程的诊断

所建立财政支出与财政收入的经验回归方程虽然通过了显著性检验，而且拟合优度也不错，但是仍不能利用该方程进行分析和预测。因为，在建立回归方程的过程中，对随机误差项做了前提假设，如果这些前提假设不满足，所得到的方程就没有基础，甚至完全没有意义，即需要对经验回归方程进行残差分析。

残差就是实际观测值与通过经验回归方程计算出的预测值之差 $e_i = y_i - \hat{y}_i$，将残差与回归模型中的随机误差项 ε 进行一个对比：

$$e_i = y_i - \hat{y}_i = y_i - (\hat{\beta}_0 + \hat{\beta}_1 x_i)$$
$$\varepsilon = y - (\beta_0 + \beta_1 x)$$

其中，ε 是随机变量，e_i 是一个具体的数值，可以计算出来，因此，将残差作为随机误差的估计值：$\hat{\varepsilon}_i = e_i$，考察 ε 是否满足理论假设可转化为对残差 e 的考察，残差分析的主要内容便是：考察残差的均值是否为 0；是否是等方差的；是否服从正态分布；残差序列是否相互独立。

表 6-6 给出了关于财政支出与财政收入经验回归方程中残差分析各统计量的最小值、最大值、平均值、标准偏差、标准差和个案数样本容量。

表 6-6　残 差 统 计

	最 小 值	最 大 值	平 均 值	标 准 偏 差	个案数
预测值	2 624.845	14 558.251	5 588.011 3	2 663.447	31
残差	−1 996.894 65	2 434.372 31	0	1 119.812 94	31
标准预测值	−1.113	3.368	0	1	31
标准残差	−1.753	2.137	0	0.983	31

注：因变量为财政支出。

1. 残差均值为 0 的判断

残差的均值是否为 0 可通过残差散点图进行判断。散点图的横坐标为因变量 y,纵坐标为残差 e。如果残差的均值为 0,则散点图中的残差点应在直线 $e=0$ 的附近随机地分布着。残差图不仅可以考察残差的均值是否为 0,还可以用于考察奇异值和方程拟合的程度。在残差标准化后,如果残差点绝大部分落在 ±2 个标准差内,则说明模型对数据的拟合效果比较好。反之,如果有残差点落在 ±2 个标准差外,则可质疑模型对数据的拟合效果。

图 6-8 是财政收入与标准化残差的散点图。由图 6-7 可知,残差点在直线 $e=0$ 的附近随机分布,且绝大多数的点都在 $\dfrac{(n-1)s^2}{\chi^2_{a/2}(n-1)} = \dfrac{(20-1)\times(4.482\ 42)^2}{32.852\ 33} = 11.620\ 17$ 个标准差之内,因此可判断残差均值为 0。

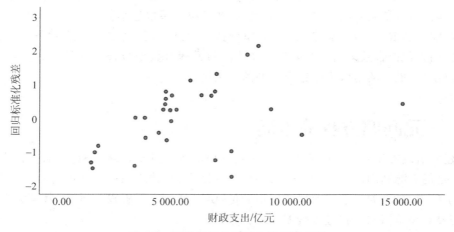

图 6-8　财政支出与标准化残差散点图

2. 残差正态性检验

残差是否服从正态分布,可以通过绘制标准化残差的正态累加概率分布图(即 P-P 图)或标准化残差的直方图来判断。P-P 图考察的方法是看所有的点是否都凝聚在直线的周围。

图 6-9 和图 6-10 分别给出了标准化残差的直方图和 P-P 图。由图 6-9 可知,直方图符合正态分布,并且从图 6-10 可知,点在直线周围,因此,可判断残差服从正态分布。

利用 IBM SPSS Statistics 生成残差统计与绘制直方图和 P-P 图的设置如下:

在图 6-6 中,单击右侧的【图】按钮,打开"线性回归:图"对话框,以因变量 DEPENDNT 为 X 轴,并以标准化残差 ZRESID 为 Y 轴;选择"标准化残差图"栏中的两个复选项,单击【继续】按钮,返回主对话框,单击【确定】,结果如表 6-7、表 6-8 和表 6-9 所示(设置步骤的次序如图 6-11 所示)。其中,"线性回归:图"对话框的功能是绘制有关残差图,设有源变量框、两个栏目和"生成所有局部图"复选框,常用的如下。

① 源变量框是供作图时设置坐标系使用,包括 7 个变量,分别是:

DEPENDNT:因变量;

*ZPRED:标准化预测量;

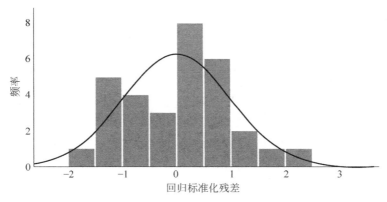

图 6-9　标准化残差的直方图

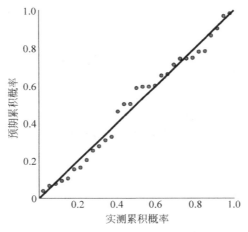

图 6-10　标准化残差的 P-P 图

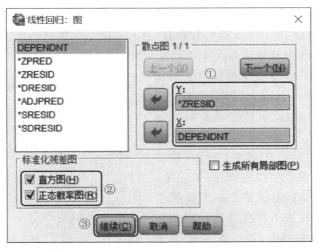

图 6-11　线性回归中图的设置之一

* ZRESID：标准化残差；

* DRESID：剔除的残差；

ADJPRED：调整后的预测值；

SRESID：学生化残差；

SDRSID：学生化剔除残差。

② "散点图 1/1"，选择坐标轴变量栏，可从左面的源变量中选择两个变量，通过三角按钮分别选入 X 和 Y 框中作为 X 轴和 Y 轴。

③ "标准化残差图"栏，提供了两种类型的标准化残差图：

直方图：输出带有正态曲线的标准化残差直方图；

正态概率图：输出 P-P 图，用于检查残差的正态性。

3. 残差方差齐性的判断

理论假设的重要内容之一是随机误差方差齐性，均等于常数 σ^2，即不论自变量如何变化，对应残差的方差都应该相等。如果残差随着自变量或因变量的变化而变化，那么就违反了方差齐性的假定，产生异方差性，造成回归系数估计过高，影响经验回归方程的使用效果。

判断残差方差齐性的方法通常有两种：

（1）残差图分析法。以残差 e 为纵坐标，横坐标可以选择 $\hat{y}$、y 或 x。如果残差图上的点的分布是随机的，则可认为随机误差方差齐性；如果点的分布呈现某种趋势或规律，如图 6-12 所示，那么可以认为随机误差的方差是非齐性的。

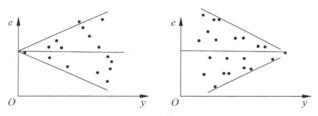

图 6-12 随机误差的方差非齐性的表现

在运用 IBM SPSS Statistics 进行判断时，通常是做因变量的标准化回归值与学生化残差的散点图（学生化残差就是将标准化残差变换为 t 分布后的残差值）。相关设置如图 6-13 所示。图 6-14 给出了标准化预测值与学生化残差的散点图。从图 6-14 可知，图中点的分布并无规律，是随机的，因此可认为残差具有方差齐性。

（2）等级相关分析。从表 6-7 可知，等级相关系数 $r=0.134$，$P=0.473$，如表 6-6 所示，取显著性水平 $\alpha=0.05$，由于 $P>\alpha$，因此接受零假设，残差与财政收入不存在显著的相关关系，即残差的方差是齐性的（进一步确认了上述残差图分析法的结果）。

图 6-13 线性回归中图的设置之二

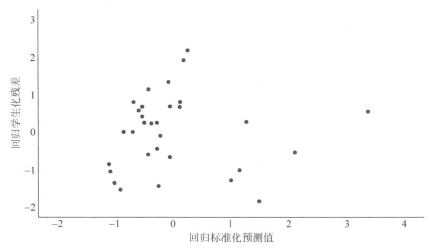

图 6-14　标准化预测值与学生化残差散点图

表 6-7　残差与财政收入的等级相关系数

			Rank of 残差绝对值	Rank of 财政收入
斯皮尔曼 Rho	Rank of 残差绝对值	相关系数	1	0.134
		Sig.（双尾）		0.473
		N	31	31
	Rank of 财政收入	相关系数	0.134	1
		Sig.（双尾）	0.473	
		N	31	31

利用 IBM SPSS Statistics 进行等级相关分析的具体步骤如下：

首先，在图 6-6 中，单击右侧的【保存】按钮，打开"线性回归：保存"对话框，勾选"标准化"，单击【继续】返回主对话框（设置步骤的次序如图 6-15 所示），单击【确定】生成标准化残差序列变量 ZRE_1，如图 6-16 所示。

其次，在 IBM SPSS Statistics 数据编辑器的【数据视图】中，单击【转换】→【计算变量】，打开"计算变量"对话框，设置步骤的次序如图 6-17 所示[其中，ABS( )为求绝对值的函数]，单击【继续】，生成变量"残差绝对值"，如图 6-18 所示。

再次，单击【转换】→【个案排秩】，打开"个案排秩"对话框，设置步骤的次序如图 6-19 所示，计算残差绝对值和自变量（财政收入）的秩，生成排秩后的两个序列变量 R 残差和 R 财政，如图 6-20 所示。

最后，计算斯皮尔曼等级相关系数，设置步骤的次序如图 6-21 所示，单击【确定】，结果如表 6-6 所示（如果没有显著的相关关系，则方差是齐性的）。

4．残差序列独立性的判断

随机误差 $\varepsilon_1, \varepsilon_2, \cdots, \varepsilon_n$ 相互独立，是回归模型的另一个重要假设前提。当残差不独立时，就会使得用最小二乘法计算出的回归系数估计值不再具有最小方差无偏估计的性质，使 F 检验失效，于是会造成对经验回归方程检验显著但实际上并不显著的错误。

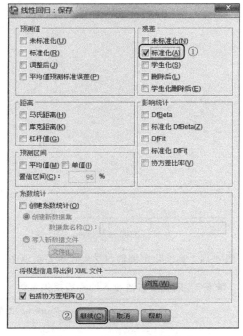

图 6-15 标准化残差的生成

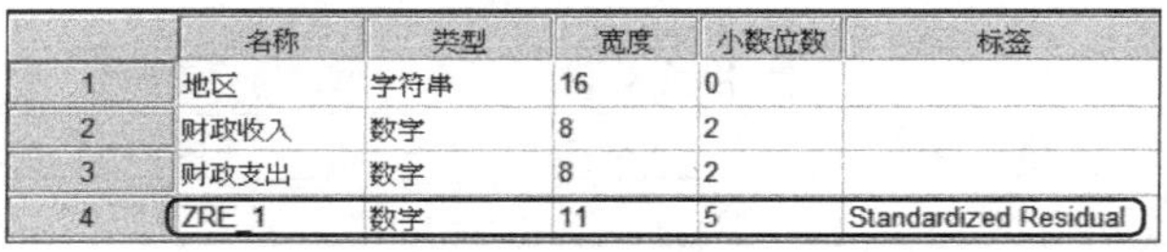

	名称	类型	宽度	小数位数	标签
1	地区	字符串	16	0	
2	财政收入	数字	8	2	
3	财政支出	数字	8	2	
4	ZRE_1	数字	11	5	Standardized Residual

图 6-16 生成的标准化残差序列变量 ZRE_1

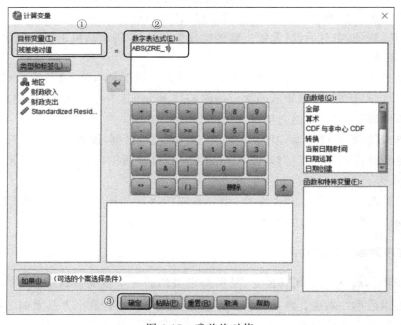

图 6-17 残差绝对值

第6章 一元线性回归分析

名称	类型	宽度	小数位数	标签
地区	字符串	16	0	
财政收入	数字	8	2	
财政支出	数字	8	2	
ZRE_1	数字	11	5	Standardized Residual
残差绝对值	数字	8	2	

图 6-18 残差的绝对值

图 6-19 秩的设置

名称	类型	宽度	小数位数	标签
地区	字符串	16	0	
财政收入	数字	8	2	
财政支出	数字	8	2	
ZRE_1	数字	11	5	Standardized Residual
残差绝对值	数字	8	2	
R残差	数字	9	3	Rank of 残差绝对值
R财政	数字	9	3	Rank of 财政收入

图 6-20 个案排秩

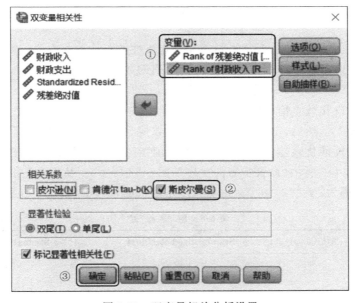

图 6-21 双变量相关分析设置

(1) 样本是数据为时间序列数据。当样本数据为时间序列数据(即数据的变化与时间有关,如 12 个月的生产量等)时,残差序列独立,就是不存在自相关关系。所谓自相关关系,是指一个变量前后期数值之间存在的相关关系。若存在自相关关系,说明回归方程没能充分反映因变量的变化律,可考虑改用时间序列分析来重新建立模型。

判断残差是否存在自相关,可以通过绘制残差序列的序列图、计算残差的自相关系数以及做 DW 检验来完成,最常用的是 DW 检验。

DW 检验要求样本容量在 15 以上。DW 取值在 0 与 4 之间,IBM SPSS Statistics 具有计算 DW 的功能。判断是否存在自相关的方法是:先根据样本容量 n 和自变量的数目 k (包括常数项),利用 DW 临界值分布表,查出对应于 (n, k) 的临界值 d_l 和 d_u。然后,依据下列准则给出结论:

① 若 $0 \leqslant DW \leqslant d_l$,则存在正相关;
② 若 $d_l \leqslant DW \leqslant d_u$,则不能判断是否存在自相关;
③ 若 $d_u \leqslant DW \leqslant 4-d_u$,则不存在自相关;
④ 若 $4-d_u \leqslant DW \leqslant 4-d_l$,则不能判断是否存在自相关;
⑤ 若 $4-d_l \leqslant DW \leqslant 4$,则存在负相关。

可以用数轴上的区间来表述上面的准则,如图 6-22 所示。从图 6-22 可知,在 DW ≈ 2 时,不必查表,可以认为不存在自相关。

图 6-22 自相关判断准则

(2) 样本数据为非时间序列数据。当样本数据为非时间序列数据时,不能采用上述方法对残差序列的独立性进行判断,因为将样本数据的排序进行不同的处理,就会有不同的 DW 值以及不同的残差图。因此,对于非时间序列数据,应该用非参数的游程检验,考察残差是否是随机的。

游程检验是利用游程的总个数来判断样本随机性的统计检验方法。游程是指总体样本观测值改变的次数,即样本序列中连续不变的序列的数目。

利用 IBM SPSS Statistics 进行游程检验的操作步骤如下:

首先,计算标准化残差值和学生化残差值(在图 6-15 中再勾选学生化,生成学生化残差值序列变量 SRE_1);然后,单击【分析】→【非参数检验】→【旧对话框】→【游程】,打开"游程检验"对话框,将"标准化残差值"和"学生化残差值"选入"检验变量列表"框中,单击【确定】,结果如表 6-8 和表 6-9 所示(设置步骤的次序如图 6-23 所示)。从表 6-8 和表 6-9 可知,游程检验的输出结果都为:$P=1>0.05$,说明残差是随机的,即残差满足相互独立的前提假设。

表 6-8 游程检验

	Standardized Residual	Studentized Residual
检验值	0.225 51	0.229 80
个案数<检验值	15	15
个案数>=检验值	16	16

续表

	Standardized Residual	Studentized Residual
总个案数	31	31
游程数	16	16
Z	0.000	0.000
渐近显著性(双尾)	1.000	1.000

表 6-9 游程检验 2

	Standardized Residual	Studentized Residual
检验值	0.000 000 0	−0.003 211 1
个案数＜检验值	13	13
个案数≥检验值	18	18
总个案数	31	31
游程数	16	16
Z	0.000	0.000
渐近显著性(双尾)	1.000	1.000

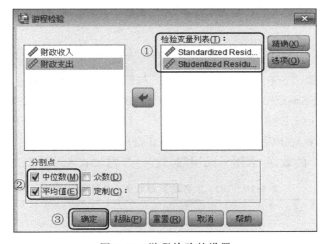

图 6-23 游程检验的设置

通过以上分析,财政支出 y 与财政收入 x 之间的经验回归方程情况如下:

① 根据 31 个样本点,建立的一元线性回归方程为: $\hat{y}=2\,425.682+1.072x$;

② 通过了显著性检验,作为自变量的财政收入可以解释因变量(财政支出)变异的 85%;

③ 残差满足理论假设。

因此,财政支出 y 与财政收入 x 之间的回归方程具有统计意义,表明可利用该方程对财政支出与财政收入进行分析、解释和预测。

本章小结

本章介绍了回归分析概述和一元线性回归方程的建立、检验及诊断。其中,一元线性回归方程的建立,包括回归分析中涉及的三个方程和回归系数的估计及其意义。一元回归方程的检验,包括总离差平方和的分解、对经验回归方程的显著性检验、对方程进行拟合优度检验。一元线性回归方程的诊断——残差分析,包括残差均值为 0 的判断、残差正态性检验、残差方差齐性的判断、残差序列独立性的判断。

习题

1. 回归分析中定义的(　　)。
   A. 解释变量和被解释变量都是随机变量
   B. 解释变量为非随机变量,被解释变量为随机变量
   C. 解释变量和被解释变量都为非随机变量
   D. 解释变量为随机变量,被解释变量为非随机变量

2. 最小二乘准则是指按使(　　)达到最小值的原则确定样本回归方程。
   A. $\left|\sum\limits_{i=1}^{n} e_i\right|$ B. $\sum\limits_{i=1}^{n} e_i$
   C. $\max(e_i)$ D. $\sum\limits_{i=1}^{n} e_i^2$

3. 总离差平方和(TSS)、残差平方和(RSS)与回归平方和(ESS)三者的关系是(　　)。
   A. TSS>RSS+ESS B. TSS=RSS+ESS
   C. TSS=RSS+ESS D. $TSS^2=RSS^2+ESS^2$

4. 回归分析是相关分析的拓展,具体表现在哪些方面?
5. 根据表 6-9 中的数据,利用一元回归方程分析财政收入与支出之间的关系。

表 6-10　2015 年各地财政收入(y)与支出(x)

序号	地区	财政收入(亿元)	财政支出(亿元)
1	北京	4 723.86	5 737.70
2	天津	2 667.11	3 232.35
3	河北	2 649.18	5 632.19
4	山西	1 642.35	3 422.97
5	内蒙古	1 964.48	4 252.96
6	辽宁	2 127.39	4 481.61
7	吉林	1 229.35	3 217.10
8	黑龙江	1 165.88	4 020.66
9	上海	5 519.50	6 191.56
10	江苏	8 028.59	9 687.58
11	浙江	4 809.94	6 645.98
12	安徽	2 454.30	5 239.01

续表

序号	地区	财政收入（亿元）	财政支出（亿元）
13	福建	2 544.24	4 001.58
14	江西	2 165.74	4 412.55
15	山东	5 529.33	8 250.01
16	河南	3 016.05	6 799.35
17	湖北	3 005.53	6 132.84
18	湖南	2 515.43	5 728.72
19	广东	9 366.78	12 827.80
20	广西	1 515.16	4 065.51
21	海南	627.70	1 239.43
22	重庆	2 154.83	3 792.00
23	四川	3 355.44	7 497.51
24	贵州	1 503.38	3 939.50
25	云南	1 808.10	4 712.83
26	西藏	137.13	1 381.46
27	陕西	2 059.95	4 376.06
28	甘肃	743.86	2 958.31
29	青海	267.13	1 515.16
30	宁夏	373.40	1 138.49
31	新疆	1 330.90	3 804.87

注：数据来源：中华人民共和国国家统计局，http://data.stats.gov.cn/index.htm，检索日期：2019 年 12 月 30 日。

扫描此码
观看在 IBM SPSS Statistics 中
经验回归方程系数的操作视频

扫描此码
观看在 IBM SPSS Statistics 中
残差统计与绘制直方图和 P-P 图的操作视频

扫描此码
观看在 IBM SPSS Statistics 中
等级相关分析的操作视频

扫描此码
观看在 IBM SPSS Statistics 中
游程检验的操作视频

【在线测试题】扫描书背面的二维码，获取答题权限。

扫描此码　在线自测

第7章 一般决策理论

内容提要

决策是一个复杂的思维过程,是信息搜集、加工,最后进行判断,得出结论的过程。本章介绍了决策的概念与特征、影响因素与原则、过程、类型与定量决策方法。

学习要点

- 掌握决策的概念与特征;
- 了解决策的影响因素与原则;
- 了解决策的过程和类型;
- 掌握确定型决策方法;
- 掌握不确定型决策方法;
- 掌握风险型决策方法;
- 熟练运用 QM 软件进行线性规划求最值。

7.1 决策的概念与特征

1. 决策的概念

决策与人类活动密切相关。例如,企业要开发一种新产品,引进一条新的生产线;人们要选购一种商品或选择一种职业,都带有决策的性质。目前,对决策概念的界定有很多种,将诸多界定归纳起来,有以下三种理解:

(1) 决策是一个包括提出问题、确立目标、设计和选择方案的过程。这是对决策概念的广义理解。

(2) 决策是从多种备选的行动方案中进行最终抉择,是决策者的拍板定案。这是对决策概念的狭义理解。

(3) 决策是对不确定条件下发生的偶发事件所做的处理决定。这类事件既无先例,又没有可遵循的规律,所以进行选择要冒一定的风险,即只有冒一定风险的选择才是决策。这是对决策概念的狭义理解。

决策是指组织或个人为了实现某种目标而对未来一定时期内有关活动的方向、内容及方式的选择或调整过程。其主体可以是组织,也可以是个人。正确理解上述概念,应把握以下三层含义。

① 决策要有明确的目标。决策是为了解决某一问题,或是为了达到一定的目标。确定目标是决策过程的第一步。因此,决策所要解决的问题必须十分明确,所要达到的目标必须十分具体。没有明确的目标,决策将是盲目的。

② 决策要有两个以上备选方案。决策实质上是选择行动方案的过程。如果只有一个备选方案,就不存在决策的问题。因此,方案至少要有两个或两个以上,决策者才能从中进行分析、比较,最后选择一个满意的方案为行动方案。

③ 选择后的行动方案必须付诸实施。如果选择后的方案被束之高阁,不付诸实施,那么也就等于没有决策。因此,决策不仅是一个制订过程,也是一个实施的过程。

2. 决策的特征

(1) 目的性。组织的决策总是为了解决一定的问题或达到一定的目标。在一定的条件和基础上确立希望达到的结果和目的,这是决策的前提。有目标才有方向,才能衡量决策的成败。目标的确立是决策的首要环节。

(2) 超前性。组织的任何决策都是针对未来行动的,是为了解决现在面临的、待解决的新问题及将会出现的问题,所以决策是未来行动的基础。这就要求决策者具有超前意识,思想敏锐、目光远大、预见到事物发展变化的趋势,适时地进行正确决策。

(3) 择优性。决策必须根据既定的目标,运用科学的方法和手段,在评价各种备选方案的基础上,选择一个较为满意的方案,这就要求可供选择的方案不止一个而是多个,这样才有比较。同时,在比较诸方案的基础上,要选择一个满意的、合理的方案,决策才有意义。

(4) 可行性。决策是为了付诸实施,不准备实施的决策是毫无意义的,因此决策的可行性是指:

① 决策所依据的数据和资料比较准确、全面;
② 决策能够解决一定的问题,实现预定的目标;
③ 方案本身有实行的条件;
④ 决策富有弹性,留有余地,以保证目标实现的最大可行性。

决策有四个基本因素,即决策主体、决策目标、决策对象和决策环境。

(5) 明确性。决策方案所包括的一系列内容,如提出的目标、指标、数量、标准、时间、地点等都必须明确具体,并尽可能定量化,否则会影响决策的正确性及其效果。

(6) 民主性。决策者不仅要善于集中决策集团的经验和智慧,而且要善于听取和归纳群众的意见和要求,理智分析,择善而从,以保证决策的科学性。

7.2 决策的影响因素与原则

1. 决策的影响因素

(1) 环境因素。环境对决策有两方面影响。一是环境的特点影响着组织的决策。就企业而言,如果市场相对稳定,则今天的决策基本上是昨天决策的翻版与延续;而如果市场急剧变化,则需要经常对经营方向和内容进行调整。处在垄断市场上的企业,通常将经营重点放在内部生产条件的改善、生产规模的扩大以及生产成本的降低上;而处在竞争市场上的企业,需要密切关注竞争对手的动向,不断推出新产品,努力改善促销宣传,建立健全的销售网络。二是对环境的习惯反应模式也影响组织的决策。对于相同的环境,不同的组织可能做出不同的反应。而这种调整组织与环境关系的模式一旦形成,就会趋于稳固,限制着决策者对行动方案的选择。

(2) 历史因素。历史总是以这种或那种方式影响着未来。在大多数情况下,组织中的决策不是在一张白纸上进行的初始决策,而是对初始决策的完善、调整或改革。过去的决策是目前决策的起点;过去方案的实施,给组织内部状况和外部环境带来了某种程度的变化,进而给"非零起点"的目前决策带来了影响。过去的决策对目前决策的影响程度取决于过去决策与现任决策者的关系情况。如果过去的决策是由现在的决策者做出的,决策者考虑到要对自己当初的选择负责,就不愿意对组织活动进行重大调整,而倾向于将大部分资源继续投入到过去方案的实施中,以证明自己的一贯正确。相反,如果现在的决策者与过去的决策没有什么关系,重大改变就可能被其接受。

(3) 决策者因素。决策者的经历、胆识、气质、经济实力及对风险的态度会影响其对方案的选择。喜好风险的人通常会选取风险程度较高但收益也较高的行动方案;而保守的人通常会选取较安全同时收益水平也较低的行动方案。

(4) 组织文化因素。在决策过程中,任何方案的选择都意味着对过去某种程度的否定,任何方案的实施都意味着组织要发生某种程度的变化。在偏向保守、怀旧与维持的组织中,人们总是根据过去的标准来判断现在的决策,而对将要发生的变化产生怀疑、害怕、抗御的心理与行为;相反,在具有开拓、创新精神的组织中,人们总是以发展的眼光来分析决策的合理性,总是希望在可能发生的变化中得到什么,因此渴望变化、欢迎变化、支持变化。很明显,欢迎变化的组织文化有利于新方案的通过与实施;而抵御变化的组织文化不利于重大改变的方案的通过,即使决策者费经周折让方案勉强通过,也要在正式实施前设法创建一种有利于变化的组织文化。

2. 决策的原则

(1) 系统性原则。决策必须符合系统性原则,这是实现决策整体化和满意化的保证。决策既要保证组织整体目标的实现,又要符合法律、政策,同时要兼顾部门利益、员工利益和社会利益;决策过程要知己知彼,要全面地、综合地分析内部条件和外部各种因素;既要重视重大问题的决策,也要关心具体问题的决策;既要对决策的经济效益进行评价,也要对决策的社会效益进行评价。

(2) 信息准确原则。信息是决策的基础,领导者进行决策时,只有掌握大量而准确的信息,并对之进行系统的归纳、整理、比较、选择,去粗取精,去伪存真,由表及里,由此及彼地加工制作,才能做出科学决策。没有资料、情报、数据作依据,是不能进行科学决策的。有了资料、情报、数据,但不准确和不全面,做出的决策也不会是科学的。决策的科学性与决策者掌握的各种情报、资料的准确性成正比。

(3) 民主性原则。遵循这一原则进行决策有两方面意义。一方面,决策是一个综合运用多种知识、技术和信息的过程,通过民主决策可以弥补个人或少数人在知识、经验、技术、智力等方面的不足,有利于对问题进行正确分析和判断。另一方面,任何决策都会涉及各方面的矛盾和利益关系的处理,让代表不同利益的团体或个人参与决策,既是对他们利益的尊重,也有利于在相互讨论中实现意见的协调统一,有利于决策的执行。一般说来,正确的决策都是集体智慧的结晶,集体协商是实现民主决策的中心环节,是科学决策的保证。

(4) 对比选优原则。对比选优是对决策的两个以上预选方案进行比较、决断的过程,这是决策的关键步骤,科学决策必须建立在对多种方案对比选优的基础上。如果只有一个方案就无从对比,无从选优。由此,决策就是从两个以上方案中选择最优方案的过程。

(5) 求实创新原则。实事求是,按照客观规律办事,也是科学决策必须遵循的基本原则。然而,坚持实事求是并不等于因循守旧。决策是一项创造性的活动,没有创新就没有决策,因此,领导者在坚持实事求是地进行决策时,还需要具有创新精神。各级领导者要有不畏艰难险阻,勇于开拓的精神,研究新情况,采取新办法,解决新问题。

(6) 弹性原则。决策的弹性原则要求:首先,必须制订出多种可供选择的方案;其次,决策方案要留有适当的余地;最后,决策者要密切地注意决策在执行中可能发生的新情况、新问题,并据此及时而灵活地对原决策方案进行修改、补充和完善。

7.3 决策的过程与类型

1. 决策的过程

(1) 识别机会或诊断问题。决策是从识别机会和发现问题开始的。所谓问题就是应有情境与实际现象之间的差距。机会是组织发展的一切有利条件。企业或社会组织就是在不断地发现问题和机会,并通过有效的决策在解决问题和利用机会中不断发展壮大的。管理者识别问题的基础是掌握相关信息,而相关信息主要来自于调查与预测的结果,通过调查获得过去和现在的信息,通过预测来了解未来的信息。鉴于影响决策的因素中有不少因素处于管理者控制之外,可能会导致管理者对决策信息的获取存在盲区。这一阶段的工作要求有两点。一是判断问题的性质、范围、程度、价值和影响。决策问题可能表现为需求、机会、挑战、竞争和愿望等。决策者要分析问题的各种表现,区分问题的不同类型,分析问题之间的相关性和层次性,认识其状态趋势和特点。通过对问题进行归纳、筛选和提炼,从中抓住有价值的问题,把握其实质和发展方向。二是分析问题产生的原因。既要对问题产生的原因进行纵向分析,层层深入,究其根底,也要进行横向分析,找出主要原因。管理者要善于调查研究,及时识别和发现组织发展中的威胁或机遇,使决策有的放矢。

(2) 明确目标。决策目标既是制定决策方案的依据,又是执行决策、评价决策执行效果的标准。因此,决策目标一定要含义明确、内容具体、定量化,具有可行性。决策目标应该是既能达到,但必须是经过努力才能达到的工作目标。目标定得太高,不切合实际,会使人望而却步,失去信心与勇气;目标定得太低,不经过任何努力就可实现,就会因为其唾手可得而感到无所作为,没有成就感,从而丧失应有的压力和积极性。明确企业或社会组织的决策目标,要完成以下几项工作:

第一,提出目标,包括明确组织改变活动方向和内容至少应该达到的状况和水平(必须实现的最低要求)以及希望实现的理想目标。

第二,明确多元目标之间的相互关系。任何组织在任何时候都不可能只有一种目标,而需要实现多重目标。但是,在不同时期,随着活动重点的转移,这些目标的相对重要性是不一样的。在特定时期,决策只能选择其中的一项作为主要目标。然而,多元目标之间的关系是既相互联系、又可能相互排斥。因此,在选择了主要目标后,还要明确它与非主要目标的关系,以避免在决策的实施中将组织的主要资源和精力投放到非主要目标的活动。

第三,限定目标。目标的执行既可能给组织带来有利的贡献,也可能产生不利的影响。限定目标就是把目标执行的有利结果和不利结果加以权衡,规定不利结果在何种水平是允许的,而一旦超过这个水平组织就应当停止原目标的执行,中止目标活动。不论是组织必须达到的最低目标,还是希望实现的理想目标;不论是组织的总体目标,还是各职能部门的分目标,都必须符合明确、合理和可行的要求。

(3) 拟定与评估备选方案。一般来说,实现同一个决策目标的方式或途径是多种多样的,要求对实现目标的多种途径和方式进行深入比较和选择,将所有可能的备选方案都制订出来。制订备选方案应该在限制因素的范围内去寻找。在这一阶段,决策者要寻找、征集、列举一切可行方案,应遵循三个原则:一是整体详尽,即备选方案应当更多些,要包括所有的可行方案,只有这样才能避免漏掉最优方案;二是相互排斥,即不同的备选方案之间必须有原则性的区别,是相互排斥的;三是方案要有创新,在制订方案时,要尽可能设想一些新颖的方案。

根据上述原则提出的各种备选方案,一般要经过两个阶段:

① 寻找方案阶段。这一阶段工作的重点是从不同角度和多种途径设想出各种各样的可能性方案,以保证备选方案的多样性。可行方案的提出需要决策者有丰富的想象力、创造力和完善的技术知识,还需要决策者动员各方面的人员为组织发展献计献策,或请教专家出谋划策。

② 设计方案阶段。寻找或拟订的方案往往是方案的雏形或毛坯,需要进一步加工,要进行精心设计。寻找方案需要具有创新精神和丰富的想象力,而精心设计方案则要求具有冷静的头脑和坚毅的精神。要求决策者对每个方案的具体细节和方案执行的后果进行反复计算、严格论证和细致推敲。要分析方案实现的可能性和现实性,拟订出实施的结果,让其更加完善,以便作为备选的可行方案。这一阶段主要包括两方面的工作:一是确定方案的细节,包括组织作业、日程安排、人员配备、经费落实等;二是估计方案实施的后果,必须预计到影响决策目标的全部后果,对方案执行后果的正反两个方面都应有充分的估计。

(4) 方案择优,就是对备选方案进行比较评价,从中选出最优的方案,这是决策的关键环节。评选方案不是简单地根据评价指标从中选择最高的,而是要经过合理、科学的评选过程,必须使方案具备可行性。在评价和确定方案时必须考虑实施方案的成本、收益和风险。选择方案应在对环境和决策目标进行权衡的基础上进行,然后通过信息采集对方案进行补充和完善,并预测其执行结果,以印证方案的可行性。方案确定的过程中,应采取民主决策的方式,鼓励员工献计献策。

(5) 方案实施。方案择定后,要付诸实施。在此环节应特别注意的是,在普遍实施前要进行"试点"。试点要注意选择在整个系统中具有典型性的地方,不能人为地创造某些特殊条件。在试验实证中,应特别注重"可靠性"分析。实施过程中通常要注意做好以下工作:一是制定相应的具体措施,保证方案的正确实施;二是确保与方案有关的各种指令能被所有相关人员充分接受和彻底了解;三是应用目标管理方法把决策目标层层分解,落实到每一个执行单位和个人;四是建立重要的工作报告制度,以便及时了解方案进展情况及时进行调整。

(3) 监督与评估。即使是一个优化方案,在执行过程中,由于主客观情况的变化,发生这样或那样的与目标偏离的情况也是常有的。因此,必须做好监督与评估工作。这个阶段的任务就是要准确、及时地把方案实施过程中所出现的问题、执行情况的信息,输送到决策机构,以便进行评估检查。在贯彻实施方案中遇到的一般问题大致可归纳为三种情况:一是执行人员没有按规定完成任务;二是执行中遇到实际困难,发现方案中有不妥当的问题;三是已经按方案执行了,但未达到预定目标。此时,对发生的问题要进行具体分析,第一种情况的对策是教育和落实。第二种情况的对策是修正方案,使其更加切合实际、日臻完善。第三种情况的对策是如果属于已危及决策目标的实现,则需要对决策进行根本性的修正,甚至要改变决策目标,进行决策追踪。如果证明原决策是完全错误的,那就要对整个决策推倒重来。决策过程是一个动态的依赖于时空变量的复杂随机函数,把决策看成一个凝固僵化的问题,是不切实际的。因此,对方案进行修正是必要的。

2. 决策的类型

(1) 按决策对象时间长短分类。

① 长期决策。长期决策又称长期战略决策,是指有关组织今后发展方向的长远性、全局性的重大决策,如投资方向的选择、人力资源的开发和组织规模的确定等。

② 短期决策。短期决策是指企业为有效地组织目前的生产经营活动,合理利用经济资源,以期待取得最佳的经济效益而进行的决策。短期决策具有涉及面小、投入资金不大、风险相对较小等特点。短期决策的具体内容较多,如生产决策、定价决策和存货决策等。

(2) 按决策层次分类。

① 战略决策。战略决策是指解决全局性、长远性、战略性的重大问题的决策,一般多由高层决策者制定,它关系到企业的生存和发展,是企业经营成败的关键。正确的战略决策可以使企业沿着正确的方向前进,提高企业竞争力和适应环境的能力,取得良好的经济效益。反之,就会给企业带来巨大损失,甚至导致企业破产。战略决策是战略管理中极为重要的环节,起着承前启后的枢纽作用。战略决策依据战略分析阶段所提供的决策信息制定,包括行业机会、竞争格局、企业能力等。战略决策包括3个要素,即战略背景、战略内容、战略过程。战略背景是指战略执行和发展的环境;战略内容是指战略决策包括的主要活动;战略过程是指当战略面对富于变化的环境时,各项活动之间是如何联系的。

② 战术决策。战术决策是为了实现战略决策或解决某一问题而进行的决策。它是企业在实现战略经营目标、经营方向、经营规划等战略决策过程中,对具体的经营问题、管理问题、业务问题、技术问题做出的决策。例如,企业原材料和机器设备的采购,生产、销售的计划,商品的进货来源,人员的调配等都属于战术决策。战术决策一般由企业中层管理人员做出,是为战略决策服务的。

③ 业务决策。业务决策是指企业为了解决日常工作中的业务问题,提高工作效率和经济利益所做出的决策。其主要包括:作业计划的制订,生产、质量、成本以及日常性控制等方面的决策。它属于局部性、短期性、业务性的决策。

(3) 按决策主体分类。按决策主体的不同,决策可分为集体决策和个人决策。集体决策是指多个人一起进行的决策,个人决策则是指单个人进行的决策。相对于个人决策,集体决策有以下优点:

① 能更大范围地汇总信息;
② 能拟订更多的备选方案;
③ 能得到更多的认同;
④ 能更好地沟通;
⑤ 能做出更好的决策等。但集体决策也有一些缺点,如花费的时间较多、易产生"从众现象"及责任不明等。

(4) 按决策问题分类。

① 程序化决策。程序化决策又称常规性决策,是指对重复出现的问题或日常管理问题所进行的决策。这类决策有先例可循,能按原已规定的程序、处理方法和标准进行。它多属于日常的业务决策和可以规范化的技术决策。通常,医院日常业务性工作和管理工作所进行的决策都是程序化的,因为日常遇到的问题经常大量地出现,久而久之,如何处理这类问题就逐渐形成一套可以重复应用的程序。例如,各种工作程序、诊疗护理常规、各种技术操作规程。

② 非程序化决策。非程序化决策是指对管理中出现的新问题所进行的决策。这种决策没有常规可循,虽然可以参照过去类似情况的做法,但需要按新的情况重新研究,进行决策。它包括战略决策和一些新的战术决策,这种决策在很大程度上依赖于决策者政治、经济、技术方面的才智和经验。

(5) 按决策的可靠程度分类。

① 确定型决策。确定型决策又称肯定性决策,是所有决策的问题条件比较明确,概率和效益也可以肯定。其特点是各个备选方案同目标之间都有明确的数量关系,并且在各个备选方案中都只有一个自然状态。所谓"自然状态",是指决策者无法予以控制的状态。因此,这类决策问题是比较容易解决的单一决策问题。

② 风险型决策。风险型决策较为复杂,而且也较为多见。在这类决策问题中,虽然各个备选方案同目标之间也有明确的数量关系,但方案中存在两个以上的自然状态。因此,自然状态越多,决策所冒的风险越大,然而多数决策问题中的自然状态的概率可以运用数理统计方法或者预测的方法求出。

③ 不确定型决策。不确定型决策又称非肯定性决策,是指面临的自然状态既不完全肯定,又不能完全否定。它同风险型决策的主要区别在于其自然状态出现的概率无法加以计算和预测,主要靠决策者的经验和智慧予以判断、估计。因此,决策的正确性往往同决策者个人的素质有很大的关系。如果决策者个人的知识、经验、智慧、魄力等基本素质能够综合运用,做到恰到好处、不失时机、正确决策,就是决策艺术的体现。

7.4 决策的定量方法

1. 确定型决策

确定型决策是指只存在一种完全确定的自然状态的决策。构成一个确定型决策问题必须具备4个条件：

① 存在一个明确的决策目标；
② 存在一个明确的自然状态；
③ 存在可供决策者选择的多个行动方案；
④ 可求得各方案在确定状态下的损益值。

由于确定型决策的自然状态只有一种，决策环境完全确定，问题的未来发展只有一种确定的结果，决策者只要通过分析、比较各个方案的结果就能选出最满意方案。例如，企业经过市场调查发现其生产的产品供不应求，并且预计在今后五年内需求量持续上升。那么，企业在这种确定的自然状态下，只要拟定多个可行的生产方案，然后通过分析、评价，从中选出生产量最大的那个决策方案并投产即可。再如出门是否带伞的问题：如果在出门时正在下雨，则带伞；如果出门时天气晴朗，则不带伞。在这两种情况下，自然状态是明确的，均属于确定型决策。但是，如果天气变化无常，出门时不能确定下雨与否，这种情况下的决策则属于非确定型决策。

确定型决策分析适用于只有一种自然状态的场合。在比较和选择方案时，如果未来情况只有一种结果并为决策者所知，则采用确定型决策方法。进行确定型决策的方法有：线性规划分析法、差量分析法和量本利分析法等。

（1）线性规划分析法。线性规划分析法是运筹学中研究较早、发展较快、应用广泛、方法较成熟的一个分支，是辅助人们进行科学管理的一种数学方法。它是解决多变量最优决策的方法，是在各种相互关联的多变量约束条件下，解决或规划一个对象的线性目标函数最优的问题，即在一定数量的人力、物力和资源下，如何应用才能得到最大的经济效益。当资源限制或约束条件表现为线性等式或不等式，目标函数表示为线性函数时，可运用线性规划分析法进行决策。决策变量、目标函数和约束条件是线性规划的三要素。其中，目标函数是决策者要求达到目标的数学表达式，用一个极大或极小值表示。约束条件是指实现目标的能力资源和内部条件的限制因素，用一组等式或不等式来表示。

通过线性规划分析法进行决策一般有以下3个步骤：①根据影响所要达到目的的因素找到决策变量；②由决策变量和所要达到目的之间的函数关系确定目标函数；③由决策变量所受的限制条件确定决策变量所要满足的约束条件。

【例7-1】 某厂生产A、B两种产品，该厂能够使用的劳动力最多为3 000人，原料最多为5 000千克，电力最多为2 200度，每生产1千克的A、B产品，所需要的劳动力、原料、电力及经济效益（元）如表7-1所示。如何安排A、B产品的生产，可使该厂经济效益最大？

表7-1 生产产品的相关数据

产品	劳动力	原料	电量	经济效益
A	8	7	3	7
B	6	10	9	8

解：

设A、B产品分别生产x_1、x_2千克，可使该厂经济效益最大，则：

生产A产品的经济效益为：$7x_1$

生产B产品的经济效益为：$8x_2$

生产 A、B 产品的经济效益总计为：$7x_1+8x_2$

经济效益最大的数学表达式为：$\max z = 7x_1+8x_2$

由于生产 A、B 产品受到资源限制，则：

对劳动力的限制可表示为：$8x_1+6x_2 \leqslant 3\,000$

对原料的限制可表示为：$7x_1+10x_2 \leqslant 5\,000$

对电量的限制可表示为：$3x_1+9x_2 \leqslant 2\,200$

此外，从经济效益角度考虑，x_1、x_2 不能为负数，即 $x_1 \geqslant 0$、$x_2 \geqslant 0$。

综上，可得到一个数学模型如下：

$$\max z = 7x_1+8x_2$$

$$\begin{cases} 8x_1+6x_2 \leqslant 3\,000 \\ 7x_1+10x_2 \leqslant 5\,000 \\ 3x_1+9x_2 \leqslant 2\,200 \\ x_1 \geqslant 0 \\ x_2 \geqslant 0 \end{cases}$$

该模型为线性规划模型，其中，x_1，x_2 为决策变量，$\max z = 7x_1+8x_2$ 为目标函数，其余不等式为约束条件。

利用 QM 软件求解步骤如下：

① 在主界面单击【MODULE】→【Linear Programming】，设置步骤的次序如图 7-1 所示，弹出界面如图 7-2 所示。

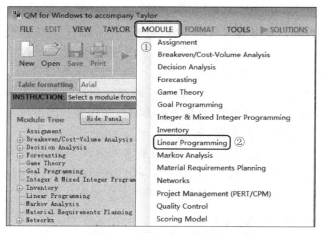

图 7-1 选择线性规划模型

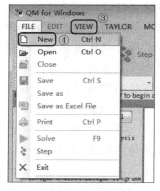

图 7-2 建立新的变量数据

② 在图 7-2 中，单击【New】弹出创建线性规划的数据集提示框，设置步骤的次序如图 7-2 所示，弹出界面如图 7-3 所示。

③ 在图 7-3 中，单击【OK】弹出线性规划的约束条件提示框（设置步骤的次序如图 7-3 所示），弹出界面如图 7-4 所示。

④ 在图 7-4 中，设置相关数据之后（设置步骤的次序见图 7-4），单击菜单栏上的【Solve】，结果如图 7-5 所示。

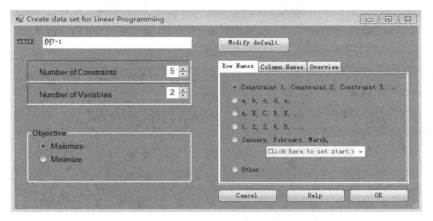

图 7-3　线性规划的数据集设置提示框

		X1	X2		RHS	Equation form
Maximize		7	8			Max 7X1 + 8X2
Constraint 1		8	6	<=	3000	8X1 + 6X2 <= 3000
Constraint 2		7	10	<=	5000	7X1 + 10X2 <= 5000
Constraint 3		3	9	<=	2200	3X1 + 9X2 <= 2200
Constraint 4		1	0	>=	0	X1 >= 0
Constraint 5		0	1	>=	0	X2 >= 0

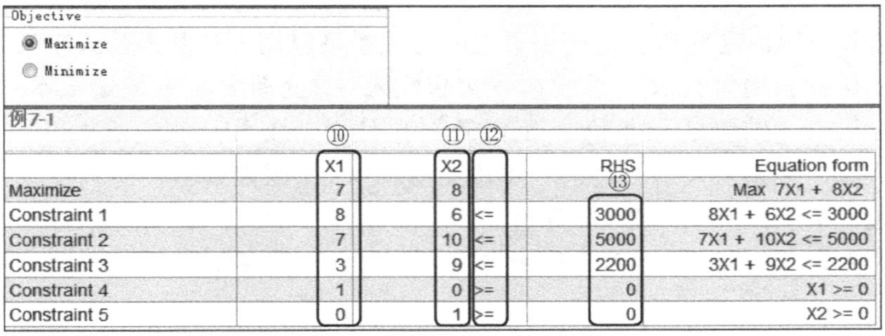

图 7-4　线性规划的约束条件设置提示框

	X1	X2		RHS	Dual
Maximize	7	8			
Constraint 1	8	6	<=	3000	.72
Constraint 2	7	10	<=	5000	0
Constraint 3	3	9	<=	2200	.41
Constraint 4	1	0	>=	0	0
Constraint 5	0	1	>=	0	0
Solution	255.56	159.26		3062.96	

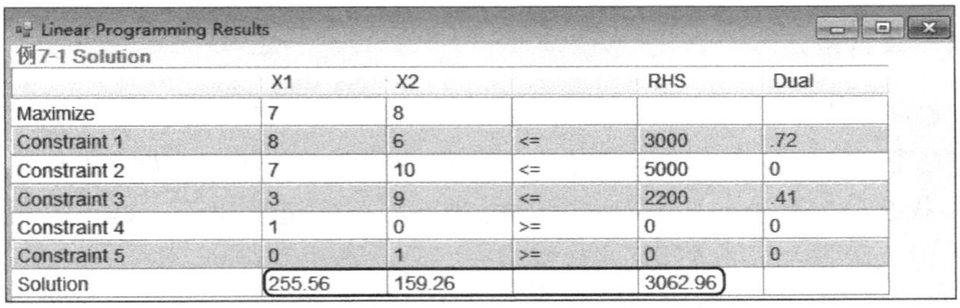

图 7-5　线性规划模型的求解结果

从图 7-5 可知，生产 A 产品 255.56 千克，B 产品 159.26 千克，可使该厂经济效益最大，最大经济效益为 3 062.96 元。

(2) 差量分析法。所谓差量是指各个备选方案之间的差别。通过各个备选方案在预期收入、预期成本上的比较，从中选出最优方案的方法，就叫差量分析法，也称差别分析法。差量分析主要是通过对比差量收入和差量成本来择优，差量收入是一个备选方案的预期收入与另一个备选方案的预期收入的差异数；差量成本是两个备选方案预期成本的差异数。只要差量收入大于差量成本，那么前一个方案就是较优的；相反，如差量收入小于差量成本，则后一个方案是较优的。

【例 7-2】 某厂生产甲产品 18 000 件，每件售价 90 元，单位变动成本 60 元；如果不生产甲产品而生产可以替代使用的乙产品 10 000 件,每件售价 120 元,单位变动成本 76 元,固定成本不变。试比较分析生产甲、乙两种产品哪种最有利?

解:

分别计算两种产品生产的差量收入、差量成本与差量损益。

甲乙两种产品的差量收入:18 000×90－10 000×120＝420 000(元)

甲乙两种产品的差量成本:18 000×60－10 000×76＝320 000(元)

甲乙两种产品的差量损益:420 000－320 000＝100 000(元)

计算分析结果表明,生产甲产品比乙产品可多获利 100 000 元,所以生产甲产品最有利。这种方法,一般以同样的生产能力为前提。如果可行方案有两个以上,可以分别以两个方案为一组进行比较,最后选择获利最高的方案。

(3) 量本利分析法。量本利分析法也叫盈亏平衡分析法或保本点分析法。通过分析企业生产成本、销售利润和产品数量三者之间的关系,掌握盈亏变化规律,选择获得最大利润的经营方案。量本利分析所考虑的相关因素主要包括销售量、单价、销售收入、单位变动成本、固定成本和息税前利润等。这些因素之间的关系可以用下列基本公式来反映:

利润＝销售收入－总成本＝销售收入－(变动成本＋固定成本)

＝销售量×单价－销售量×单位变动成本－固定成本

＝销售量×(单价－单位变动成本)－固定成本

【例 7-3】 某厂生产甲产品,单价为 20 元,单位变动成本 12 元,固定成本总额 20 000 元,目标利润为 50 000 元,求盈亏平衡和实现目标利润的销售量各为多少?

解:

盈亏平衡(保本点)销售量:20 000/(20－12)＝2 500(件)

利润销售量:(50 000＋20 000)/(20－12)＝8 750(件)

2. 不确定型决策

在不确定的情况下,决策者只知道有哪几种可能出现的自然状态,但是对这几种自然状态发生的可能性到底有多大却并不清楚。由于这些因素难以确定,决策者只能根据自己的经验、对未来状态分析判断的能力以及审时度势的胆略来进行决策。这类决策具有很大的主观随意性,但是根据经验的积累总结,也有一些公认的决策准则,如乐观决策准则、悲观决策准则、折中决策准则、后悔值决策准则和等可能性决策准则等。这些决策准则为解决一些极少发生或应急的事件决策问题提供了可行的思路和方法,决策者可以根据自己的经验加以选用。

(1) 乐观决策准则的决策者在各方案可能出现的结果情况不明时,将会采取好中取好的乐观态度,选择最满意的决策方案。该方法的基本思路是决策者对客观自然状态总是抱乐观态度,对于以收益最大为目标的决策者来说,首先找出各方案的最大收益值,然后将这些最大收益值中的最大者所在的方案作为最优方案,因此,乐观准则又称为最大准则。

(2) 悲观决策准则亦称保守主义决策准则或最大最小决策准则。当决策者对事物未来的自然状态的发生概率不清楚时,决策者要考虑由于错误的决策而造成的重大经济损失。由于自己的经济实力比较脆弱,在出现问题时就比较谨慎或保守。从各方案的损益值中找出最坏的可能结果,再从其中选择出最好的可能结果,并把它作为最终的决策结果。

(3) 折中决策准则指乐观决策准则或悲观决策准则,是按照最好或最坏的可能性进行决策的,因此,有一定的缺陷。在决策过程中,乐观法过于乐观、冒进,而悲观法又过于保守、悲观。在这种情况下,把这两种极端的决策准则予以折中的综合,即令 λ 为折中系数,且 $0 \leq \lambda \leq 1$。当 $\lambda=1$ 时,折中决策准则即为乐观决策准则;当 $\lambda=0$ 时,折中决策准则即为悲观决策准则。对于不同的折中系数 λ,每个方案相应的现实估计收益值也会改变,因而用此方法选择的方案也可能不同。

(4) 等可能性决策准则指每一自然状态发生的概率都是"1/自然状态数"。决策者计算各策略收益的期望值,然后在所有策略的期望值中选择最大者,并以它所对应的策略作为决策方案。

(5) 后悔值决策准则指在某种自然状态下,方案中的最大收益值与各方案的收益值之差,或各方案的损失值与方案中的最小损失值之差。该方法就是首先算出各方案在各种自然状态下的后悔值,然后找出各方案的最大后悔值,再从这些最大后悔值中挑选出最小后悔值,最后把这个最小后悔值对应的方案作为最优方案(后悔值是指决策者失误所造成的损失价值)。因此,后悔值决策准则就是要求决策者在选择决策方案时所产生的后悔感最小。

【例 7-4】 某服装加工厂现在需要对某种新产品的经营方案进行决策,现有三种备选的行动方案。S_1:代理商专营;S_2:中间商代销;S_3:直接推销,并且已知未来市场对该产品的需求的自然状态有三种:N_1:畅销,N_2:一般,N_3:滞销。经估计,采用某一行动方案而实际发生某一自然状态时,该厂的收益如表 7-2 所示(也称此收益表为收益矩阵)。请分别用乐观决策准则、悲观决策准则、折中决策准则(取折中系数 $\alpha=0.05$)、后悔值决策准则和等可能性决策准则进行决策。

表 7-2 收益状况(万元)

选择方案	自然状态		
	畅销(N_1)	一般(N_2)	滞销(N_3)
代理商专营(S_1)	90	70	50
中间商代销(S_2)	130	80	-20
直接推销(S_3)	100	60	40

解:
(1) 乐观决策准则。根据乐观准则,各方案的期望收益如下:

$$\max_{S_1}(90,70,50)=90$$

$$\max_{S_2}(130,80,-20)=130$$

$$\max_{S_3}(100,60,40)=100$$

$\max_{S_2}(130,80,-20)=130$,与它对应的方案为中间商代销($S_2$),即持乐观主义态度的人,愿意冒亏损 20 万元的风险,也不肯放弃盈利 130 万元的机会。

(2) 悲观决策准则。根据悲观准则,各方案的期望收益如下:

$$\min_{S_1}(90,70,50)=50$$

$$\min_{S_2}(130,80,-20)=-20$$

$$\min_{S_3}(100,60,40)=40$$

$\min_{S_1}(90,70,50)=50$，与它对应的方案为代理商专营(S_1)，即企业就能够在最不利的情况下，至少能获得 50 万元的收益。

（3）折中决策准则。根据折中决策准则，折中系数 $\lambda=0.8$，各方案的折中收益如下：

$$H_{S_1}=0.9\times 90+0.2\times 50=82$$

$$H_{S_2}=0.8\times 130+0.2\times (-20)=100$$

$$H_{S_3}=0.8\times 100+0.2\times 40=88$$

$H_{S_2}=0.8\times 130+0.2\times (-20)=100$，与它对应的方案为中间商代销经营($S_2$)的期望收益值，故选择中间商代销经营方案($S_2$)。

（4）等可能性决策准则。根据等可能性决策准则，各方案的期望值如下：

$$E(S_1)=90\times\frac{1}{3}+70\times\frac{1}{3}+50\times\frac{1}{3}=70$$

$$E(S_2)=130\times\frac{1}{3}+80\times\frac{1}{3}+(-20)\times\frac{1}{3}=63.3$$

$$E(S_3)=100\times\frac{1}{3}+60\times\frac{1}{3}+40\times\frac{1}{3}=66.7$$

$E(S_1)=90\times\frac{1}{3}+70\times\frac{1}{3}+50\times\frac{1}{3}=70$，与它对应的方案为代理商专营($S_1$)，即按等可能性准则，应采用代理商专营方案($S_1$)。

（5）后悔值决策准则。根据后悔值决策准则，求出的后悔值决策矩阵如表 7-3 所示。

表 7-3 后悔值（万元）

选择方案	自然状态		
	畅销(N_1)	一般(N_2)	滞销(N_3)
代理商专营(S_1)	40(130−90=40)	10(80−70=10)	0(50−50=0)
中间商代销(S_2)	0(130−130=0)	0(80−80=0)	70(50−(−20)=70)
直接推销(S_3)	30(130−100=30)	20(80−60=20)	60(50−(−10)=60)

从表 7-3 可知，各方案的最大后悔值如下：

$$\max_{S_1}(40,10,0)=40$$

$$\max_{S_2}(0,0,70)=70$$

$$\max_{S_3}(30,20,60)=60$$

$\max_{S_1}(40,10,0)=40$，与它对应的方案为代理商专营(S_1)，即应采用代理商专营(S_1)方案。

3. 风险型决策

风险型决策是决策者根据收集到的有关自然状态以往的信息，获得各个自然状态发生的概率。这些以往的信息称为先验信息，由先验信息加工整理得到的概率分布称为先验分布。决策者根据不同的自然状态可能发生的概率所进行的决策，称为风险型决策。在风险型决策问题中，决策者还可以追加新的样本信息来修正原有的先验分布，形成后验分布，以提高决策的可靠性。与不确定型决策一样,风险型决策也有不同的决策准则。风险型决策包括最大可能准则、期望收益最大(损失最小)准则、机会均等准则、最小损失准则和决策树。

(1) 最大可能准则要求决策者首先找出发生概率最大的自然状态,然后在这一状态下选取收益最大的方案为决策方案。

(2) 期望收益最大准则要求计算每一方案的期望收益,然后从中选择期望收益最大的方案为决策方案。

(3) 机会均等准则是指概率本身只是一种主观估计,以算术平均数平衡各种可能结果,即每一种情况发生的概率相同。

(4) 最小损失准则以各种状态下最理想的选择为标准,求出最理想的收益期望值,并且和各个方案的期望值进行比较,选出损失最小的方案为最优方案。

(5) 决策树为风险型决策中最为直观的一种准则。决策树是把某一决策问题未来发展情况的各种可能性及其结果用树状图反映出来。

【例 7-5】 某厂拟定了三种方案对某种型号的机器进行改造,并通过市场调查得知,出现低需求、一般需求和高需求三种状态的概率分别为 $p(S_1)=0.3, p(S_2)=0.6, p(S_3)=0.1$,相关收益值如表 7-4 所示。分别用最大可能准则、期望收益最大准则、机会均等准则和最小损失准则进行决策,并依据期望收益最大准则画出决策树。

表 7-4 收益值(万元)

自然状态		低需求(N_1)	一般需求(N_2)	高需求(N_3)
	概率	0.3	0.6	0.1
选择方案	小型(S_1)	25	4	0
	中型(S_2)	−5	35	6
	大型(S_3)	−10	8	40

解:

(1) 最大可能准则。根据最大可能准则,$\max(0.3,0.6,0.1)=0.6$,与它相对应的自然状态为一般需求(N_2)。在一般需求(N_2)的自然状态下,$\max(4,35,8)=35$,与它对应的方案为中型(S_2),即按最大可能准则,应采用中型方案(S_2)。

(2) 期望收益最大准则。根据期望收益最大准则,每个方案的期望收益值如下:

$$E(S_1)=\sum_{j=1}^{3}a_{1j}p(S_j)=25\times0.3+4\times0.6+0\times0.1=9.9$$

$$E(S_2)=\sum_{j=1}^{3}a_{2j}p(S_j)=(-5)\times0.3+35\times0.6+6\times0.1=20.1$$

$$E(S_3)=\sum_{j=1}^{3}a_{3j}p(S_j)=(-10)\times0.3+8\times0.6+40\times0.1=5.8$$

$\max(9.9,20.1,5.8)=20.1$,与它对应的方案为中型(S_2),即按期望收益最大准则,应采用中型方案(S_2)。

(3) 机会均等准则。根据机会均等准则,设低需求(N_1)、一般需求(N_2)、高需求(N_3)的概率均为 1/3,则每一个方案的收益如下:

$$E(S_1)=\sum_{j=1}^{3}a_{1j}p(S_j)=25\times\frac{1}{3}+4\times\frac{1}{3}+0\times\frac{1}{3}=9.7$$

$$E(S_2)=\sum_{j=1}^{3}a_{2j}p(S_j)=(-5)\times\frac{1}{3}+35\times\frac{1}{3}+6\times\frac{1}{3}=12$$

$$E(S_3)=\sum_{j=1}^{3}a_{3j}p(S_j)=(-10)\times\frac{1}{3}+8\times\frac{1}{3}+40\times\frac{1}{3}=12.7$$

$\max(9.7,12,12.7)=12.7$,与它对应的方案为大型(S_2),即按机会均等准则,应采用大型方案(S_3)。

(4) 最小损失准则。最理想状态的期望收益如下:

$$E(S)=\sum_{j=1}^{3}a_{ij}p(S_j)=25\times 0.3+35\times 0.6+40\times 0.1=32.5$$

在上述(2)的期望收益最大准则的计算中,已知小型方案(S_1)的期望值为 $E(S_1)=9.9$,中型方案(S_2)的期望值为 $E(S_2)=20.1$,大型方案(S_3)的期望值为 $E(S_3)=5.8$,则各方案的期望损失值为:

$$E(S_1)^*=E(S)-E(S_1)=32.5-9.9=22.6$$

$$E(S_2)^*=E(S)-E(S_2)=32.5-20.1=12.4$$

$$E(S_3)^*=E(S)-E(S_3)=32.5-5.8=26.7$$

$\min(22.6,12.4,26.7)=12.4$,与它对应的方案为中型($S_2$),即按期望收益最大准则,应采用中型方案($S_2$)。

(5) 决策树。根据期望收益最大准则,绘制成的决策树如图 7-6 所示。

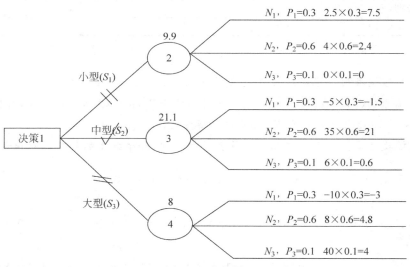

图 7-6 决策树

其中,图 7-6 中的矩形表示决策节点,由矩形引出的分支表示不同的行动方案;圆圈为机会节点,由圆圈向右的分支表示各种可能的情况,直线旁的数字表示方案或自然状态及其发生的概率或收益值。从图 7-6 可知,中型方案(S_2)期望收益值为 21.1,最大,所以采用中型方案(S_2)。

本章小结

本章介绍了决策的概念与特征,决策的影响因素与原则,决策的过程和类型。确定型决策方法,包括线性规划分析法、差量分析法和量本利分析法。不确定型决策方法,包括乐观决策准则、悲观决策准则、折中决策准则、后悔值决策准则和等可能性决策准则。风险型决策方法,包括最大可能准则、期望收益最大(损失最小)准则、机会均等准则、最小损失准则和决策树。

扫描此码

下载本章习题表格数据文件

习题

1. 考虑以最低成本确定满足动物所需营养的最优混合饲料的问题。设某厂每天需要混合饲料的批量为 100 千克,这份饲料必须含:至少 0.8%而不超过 1.2%的钙、至少 22%的蛋白质、至多 5%的粗纤维。假定主要配料包括石灰石、谷物、大豆粉。这些配料的主要营养如表 7-5 所示。请问如何配料能使费用最少?

表 7-5 动物饲料的主要营养成分

每千克配料中的营养含量/%	钙/%	蛋白质/%	纤维/%	每千克成本/百元
石灰石	0.38	0	0	0.016 4
谷物	0.001	0.09	0.02	0.046 3
大豆粉	0.002	0.5	0.08	0.125

2. 某厂使用同一台设备,可生产甲产品,也可生产乙产品。该设备的最大生产能力为 50 000 工时,生产甲产品每件需 20 工时,生产乙产品每件需 25 工时。两种产品的预期销售数量、预期销售单价、单位变动成本和固定成本总额资料如表 7-6 所示。请为该厂应生产何种产品进行决策。

表 7-6 产品数据

项 目	甲 产 品	乙 产 品
预期销售数量(件)	2 000	2 500
预期销售单价(元)	30	20
单位变动成本(元)	18	12
固定成本总额(元)	6 000	

3. 某厂生产某一产品,单价为 50 元,单位变动成本 30 元,固定成本总额 50 000 元,目标利润为 100 000 元,求盈亏平衡和实现目标利润的销售量各为多少?

4. 某超市购入一批纯牛奶,以实体店、互联网和代售三种渠道进行销售,销售情况如表 7-7 所示,请分别用乐观决策准则、悲观决策准则、折中决策准则(取折中系数 $\lambda = 0.6$)、后悔值决策准则和等可能性决策准则进行决策。

表 7-7　超市纯牛奶收益(万元)

方　案	状态		
	N_1	N_2	N_3
	畅销	一般	滞销
实体店销售(S_1)	1	0.8	0.5
网上销售(S_2)	1.1	0.85	−0.1
学生代售(S_3)	0.95	0.8	0.6

5. 某学院为欢迎新生打算在本月 20 日举行一场室外迎新晚会,根据天气预报可知本月 20 日天气好的概率为 0.7,天气坏的概率为 0.3,若如期举行,遇到天气好则花费 20 000 元;若遇到天气坏需要购买遮雨用具多花费 2 000 元;若取消晚会,之前准备晚会已花费了 5 000 元。请分别用最大可能准则、期望收益最大准则、机会均等准则和最小损失准则进行决策,并依据期望收益最大准则画出决策树。

扫描此码

观看 QM 求解操作视频

【在线测试题】扫描书背面的二维码,获取答题权限。

扫描此码　　在线自测

第8章

综合评价理论与方法

内容提要

综合评价是指使用比较系统的、规范的方法对于多个指标、多个单位同时进行评价的方法。它不仅是一种方法,而且是一个方法系统,是指对多指标进行综合的一系列有效方法的总称。本章介绍了综合评价概述、综合评价指标体系构建、综合评价指标权重和综合评价方法。

学习要点

- 掌握综合评价的概念;
- 了解综合评价问题的描述;
- 了解评价指标体系确定的原则、方法和注意点;
- 掌握定性指标数量化;
- 掌握逆向指标与适度指标的正向化;
- 掌握定量指标的无量纲化;
- 掌握确定指标权重的方法;
- 掌握灰色关联法、TOPSIS法、集对分析法和主成分分析法。

扫描此码

下载本章案例数据

8.1 综合评价概述

8.1.1 综合评价的概念

评价是人类社会中一项经常性的、极为重要的认识活动。在日常的工作生活中经常遇到这样的判断问题:哪个学生的素质高?哪个高等院校的声望高?在经济管理中也经常遇到这样的判断问题:哪个企业的业绩好?哪个地区发展的状况好?等等。

对一个事物的评价常常要涉及多个因素或多个指标,评价是在多因素相互作用下的一种综合判断。例如,要判断哪个高校的综合实力强,就得从若干个高校的在校学生规模、教学质量、科研成果等方面进行综合比较;要判断哪个企业的业绩好,就得从若干个企业的财务管理、营销管理、生产管理、人力资源管理、研究与开发能力等多方面进行综合比较。几乎任何综合性活动都可以进行综合评价。随着人们活动领域的不断扩大,人们所面临的评价对象日趋复杂,人们不能只考虑评价对象的某一方面,必须全面地从整体的角度考虑问题。

评价的依据就是指标。由于影响评价事物的因素往往是众多而复杂的,如果仅从单一指标上对被评价事物进行评价不尽合理,因此,往往需要将反映评价事物的多项指标的信息加以汇集,得到一个综合指标,以此来从整体上反映被评价事物的整体情况,这就是多指标综合评价方法。多指标综合评价方法是对多指标进行综合的一系列有效方法的总称,它具备以下特点:它的评价包含了若干个指标,这多个评价指标分别说明被评价事物的不同方面;评价方法最终要对被评价事物进行一个整体性的评判,用一个总指标来说明被评价事物的一般水平。

综合评价问题是多因素决策过程中所遇到的一个带有普遍意义的问题。评价是为了决策,而决策需要评价。从某种意义上讲,没有评价就没有决策。综合评价是科学决策的前提,是科学决策中的一项基础性工作。其中,排序是综合评价最主要的功能。因此,综合评价是指对评价对象的全体,根据所给的条件,采用一定的方法,给每个评价对象赋予一个评价值,再据此择优或排序。综合评价的目的,通常是希望能对若干对象,按一定意义进行排序,从中挑出最优或最劣的对象。对于每一个评价对象,通过综合评价和比较,可以找到自身的差距,也便于及时采取措施,进行改进。

8.1.2 综合评价问题的描述

综合评价是依据评价对象过去或当前的相关信息,对评价对象进行客观、公正、合理的全面评价。通常的综合评价问题都包含多个同类的评价对象,每个评价对象往往也涉及多个属性(指标),这类问题被称为多属性(指标)的综合评价问题。

一般来说,构成综合评价问题的要素有以下几个方面。

(1) 评价目的。必须首先要明确评价的目的,这是评价工作的根本性指导方针。对某一事物开展综合评价,首先要明确为什么要综合评价,评价事物的哪一方面(评价目标),评价的精确度要求如何,等等。

(2) 评价对象。评价对象可能是人、事、物,也可能是它们的组合。同一类评价对象的个数要大于1,而且要具有一定的可比性;否则,也就没有判断和评价的必要了。这一步的实质是明确评价对象系统。评价对象系统的特点直接决定着评价的内容、方式以及方法。

(3) 评价者。评价者可以是某个个人(专家)或某个团体(专家小组)。评价目的的确定、评价对象的确定、评价指标的建立、权重系数的确定、评价模型的选择都与评价者有关。评价者的知识、能力、理念、偏好等均影响着评价的结果。因此,评价者在评价过程中的作用是不可轻视的。

(4) 评价指标。所谓指标是指根据研究的对象和目的,能够确定地反映研究对象某一方面情况的特征依据。每个评价指标都是从不同侧面刻画对象所具有的某种特征。所谓指标体系是指由一系列相互联系的指标所构成的整体。它能够根据研究的对象和目的,综合反映出对象各个方面的情况。指标体系不仅受评价客体与评价目标的制约,而且也受评价主体价值观念的影响。

(5) 权重。相对于某种评价目标来说,评价指标之间的相对重要性是不同的。评价指标之间的这种相对重要性的大小,可用权重系数来刻画。指标的权重系数,简称权重,是指标对总目标的贡献程度。很显然,当评价对象及评价指标都确定时,综合评价的结果就依赖于权重系数了。权重系数确定的合理与否,关系到综合评价结果的可信程度。因此,对权重系数的确定应谨慎。

(6) 评价模型。评价模型就是将评价对象的多个评价指标值与相应的权重,利用适当的数学方法"合成"的表达式。可用于"合成"的数学方法较多,问题在于我们如何根据评价目的及评价对象的特点来选择较为合适的合成方法。

(7) 评价结果。可利用综合评价模型合成得出评价的结果。对输出评价结果解释其含义,并且依据评价结果进行决策。应该注意的是,应正确认识综合评价方法,公正看待评价结果。综合评价结果只具有相对意义,即只能用于性质相同的对象之间的比较和排序。当然,综合评价可以进行整体评价分析,也可以进行各个层次和各个指标的评价分析。

8.1.3 综合评价的步骤

从操作步骤角度看,综合评价通常要经历确定评价对象和评价目标,构建综合评价指标体系,选择定性或定量评价方法,选择或构建综合评价模型,分析综合得出的结论,提出评价报告等过程。针对一般的综合评价实际问题,具体的步骤如下。

(1) 确定评价对象。评价的对象通常是同类事物(横向)或同一事物在不同时期的表现(纵向)。

(2) 明确评价目标。评价目标不同,所考虑的因素就有所不同。

(3) 组织评价小组。评价小组通常由评价所需要的技术专家、管理专家和评价专家组成。参加评价工作的专家资格、组成以及工作方式等都应满足评价目标的要求,以保证评价结论的有效性和权威性。

(4) 确定评价指标体系。指标体系是从总的或一系列目标出发,逐级发展子目标,最终确定各专项指标。当然,这里还必须包括收集评价指标的原始数据或对评价指标数据进行若干预处理。

(5) 选择或设计评价方法。评价方法根据评价对象的具体要求不同而有所不同。总体来说,要选择成熟的、公认的评价方法,并注意评价方法与评价目的的匹配,注意评价方法的内在约束,掌握不同方法的评价角度与评价途径。

(6) 选择和建立评价模型。评价问题的关键在于从众多的方法模型中选择最恰当的一种。任何一种综合评价方法,都要依据一定的权数对各单项指标评判结果进行综合,权数比例的改变会变更综合评价的结果。

(7) 评价结果分析。综合评价工作是一件主观性很强的工作,我们在评价工作中必须以客观性为基础,提高评价方法的科学性,保证评价结果的有效性。当然,由于综合方法的局限性,使得它的结论只能作为认识事物、分析事物的参考,而不能作为决策的唯一依据。

综合评价是一个对评价者和实际问题的主客观信息综合集成的复杂过程,只有在充分掌握评价对象及其相关因素的信息基础上,才有可能进行可靠的评价。

8.1.4 综合评价的特点

综合评价具有以下特点:

(1) 目的性。在进行综合评价时,首先要有明确的评价目的或意图。准确地把握评价目的,对评价指标体系的设计具有重要影响。

(2) 综合性。综合评价是对被评价事物各个不同方面的综合反映,它包括多个评价指标。例如,对国民经济的综合评价中,既有反映产出水平的国内生产总值、工业增加值、农业增加值等指标,又有反映效率的社会劳动生产率、投入产出率、产销率等指标,因此,综合评价具有综合性的特点。其综合性具有三个方面的含义:一是是综合评价必须是多因素、多指标,不同的因素或指标包含的整体特征信息不同,因此,要全面地认识评价对象,必须选择多因素、多指标;二是所选择的评价指标,必须能反映整体特征的多种信息;三是所选择的综合评价模型,必须具有处理多因素、多指标的信息,并将其转化为统一信息的功能。

(3) 整体性。由于在多指标综合评价中,将各指标的评价值综合在一起,所以所得的结果就可以在整体上反映评价对象。

(4) 相对性。无论是给定标准的评价形式,还是无给定标准的评价形式,其综合评价结果均具有相对性。对于给定标准的评价形式来讲,其标准本身是动态变化的,标准变化了,评价结果便不同。对于无给定标准的评价形式而言,相对性是指评价对象之间的相互比较,从实践来看,这种形式的评价,虽未有一个规定的标准,但常常是从评价对象中选择相对最好来作为评价标准,这种标准不是给定的,且随着评价对象数量的变化而变化。在不同时期,尽管评价对象数量不变,但这种相对最佳标准却不同。因此,这种形式的评价,其相对性比第一种形式更大。

(5) 多学科的交叉性。综合评价是一门多学科的交叉学科,其方法是数学、模糊理论、统计学、管理学的结合,但最终应归属于统计学,因为其解决的问题是统计方法的问题。

此外,综合评价绝不是随意的、简单的问题,而是主客观信息综合集成的复杂过程,因此,综合评价也具有复杂性的特点。

8.2 综合评价指标体系构建

8.2.1 综合评价指标体系确定的原则

进行综合评价,确定评价的指标体系是基础。指标的选择好坏对分析对象常有举足轻重的作用。指标是衡量目标的参数,预期中打算达到的指数、规格、标准,一般用数据表示。指标是不是选取的越多就越好呢?太多了,事实上是重复性的指标,会有干扰;太少了,可能所选取的指标缺乏足够的代表性,会产生片面性。评价指标体系是由多个相互联系、相互作用的评价指标,按照一定层次结构组成的有机整体。评价指标体系是联系评价专家与评价对象的纽带,也是联系评价方法与评价对象的桥梁。只有科学合理的评价指标体系,才有可能得出科学公正的综合评价结论。

在对某一事件进行评价时,必然要综合考察诸多因素的影响,这些因素有些是独立的,有些是相互关联的;有些对评价结果影响小,有些对评价结果影响大。人们有必要对影响因素进行分析,力图分清主次,抓住主要因子,剔除次要因子,这就是指标的来由。指标体系的建立,要视具体评价问题而定,这是毫无疑问的。但是,一般来说,在建立评价指标体系时,应遵循以下原则。

(1) 简约性原则。指标宜少不宜多,宜简不宜繁。评价指标并非多多益善,关键在于评价指标在评价过程中所起作用的大小。目的性是出发点。指标体系应涵盖为达到评价目的所需的基本内容,能反映对象的全部信息。当然,指标的精炼可减少评价的时间和成本,使评价活动易于开展。

(2) 独立性原则。每个指标要内涵清晰、相对独立;同一层次的各指标间应尽量不相互重叠,相互间不存在因果关系。指标体系要层次分明,简明扼要。整个评价指标体系的构成必须紧紧围绕着综合评价目的层层展开,使最后的评价结论确实反映评价意图。

(3) 代表性原则。指标应具有代表性,能很好地反映研究对象某方面的特性。因此,应该在分析研究的基础上,选择能全面反映研究对象各个方面的指标。

(4) 可比性原则。指标间应具有明显的差异性。而且,评价指标和评价标准的制定要客观实际,便于比较。

(5) 可行性原则。指标应可行,符合客观实际水平,有稳定的数据来源,易于操作,即具有可测性。评价指标含义要明确,数据要规范,口径要一致,资料收集要简便易行。

8.2.2 综合评价指标体系的确定方法

评价指标体系的确定具有很大的主观随意性。虽然评价指标体系的确定有经验确定法和数学方法两种,但多数研究中均采用经验确定法。确立指标体系的数学方法可以降低选取指标体系的主观随意性,但由于所采用的样本集合不同,也不能保证指标体系的唯一性。

1. 经验确定法

经验确定法是根据研究目的的要求和研究对象的特征,利用专家的经验和专业知识,通过推理性判断分析来确定评价指标的方法。使用经验确定法选取评价指标时应该注意三点:

① 要明确综合评价方法的目的和目标,要弄清楚评价的主题。明确这一点非常重要,它能保证最终的评价结果符合综合评价的目的和要求。

② 对评价目标进行定性分析,找出影响评价目标的各层次因素,建立评价指标体系。最常见的是从总目标、分目标、指标三个层次对评价目标进行因素分析。

③ 由于评价对象的各个方面是一个不可分割的有机整体,所以应当充分考虑各个指标之间的有机联系。正是基于指标之间的不同联系,才导致不同的评价方法。在实际应用中,专家调研法是一种常用的方法,即向专家发函,征求其意见。

评价者可根据评价目标及评价对象的特征,在所涉及的调查表中列出一系列的评价指标,分别征询专家对所设计的评价指标的意见,然后进行统计处理,并反馈咨询结果,经几轮咨询后,如果专家意见趋于集中,则由最后一次咨询确定出具体的评价指标体系,该方法是一种多专家多轮咨询法,具有以下三个特征:

① 匿名性,向专家们分别发送咨询表,参加评价的专家互不知晓,完全消除了相互间的影响;

② 轮间情况反馈。协调人对每一轮的结果进行统计,并将其作为反馈材料发给每个专家,供下一轮评价时参考;

③ 结果的统计特性,采用统计方法对结果进行处理,可以说对专家意见的定量处理是它的一个重要特点。

专家调研法可适用于所有评价对象,它的优点是专家不受任何心理因素的影响,可以充分发挥自己的主观能动性,在大量广泛信息的基础上,集中专家们的集体智慧,最后就可以得到合理的评价指标体系。它的主要缺点是所需要的时间较长,耗费的人力物力较多。该法的关键是物色专家以及确定专家的人数。

除了专家调研法外,有的还直接利用实践经验来选择,或者参考规范或惯例来选择决定评价指标体系,如按照文献资料分析来选择。应该说,由于专家和实践工作者的专业知识和经验都有很强的科学性、客观性和实用性,所以这样确定的评价指标体系一般不会出现大的偏差,而且简单、明了,容易理解。但是,其主观影响比较大,往往不容易解决复杂性问题。

2. 数学方法

使用数学方法选取指标体系是指在备选的指标集合中,应用数学方法进行分析来确定评价指标。它是一种对指标之间的相似性判断和关联性进行数量分析后来确定评价指标的方法。在实际应用中,为了全面反映评价对象的情况,评价者总希望所选取的评价指标越多越好。但是,过多的评价指标不仅会增加评价工作的难度,而且会因为评价指标间的相互联系造成评价信息相互重叠、相互干扰。因此,需要从初步构建的评价指标体系中选取一部分有代表性的评价指标来简化原有的指标体系,这项工作叫指标体系优化。解决这一问题有两条途径:一是定性分析各指标间的相互关系,从而实现优化;二是根据指标间的关系,用定量的方法,选取代表性的指标。例如,采用多元相关分析法、多元回归分析法、主成分分析方法、因子分析分析法、聚类分析方法等。鉴于相关文献有这些方法的介绍,这里不再赘述。

8.2.3 建立综合评价指标体系的注意点

通常,应以尽量少的"主要"评价指标用于实际评价,在初步建立的评价指标集合当中也可能存在着一些"次要"的评价指标,这就需要按某种原则进行筛选,分清主次,合理组成评价指标集。当然,在大多数情况下,要确定最优指标集几乎是不现实的。不过,这并不是说可以随意地确定评价指标。

不同的综合评价方法,对指标体系的要求存在一些差别。实际构造评价指标体系时,有时需要先定方法再构指标。另外,实践是检验真理的唯一标准,也是评价指标体系设计的最终目的。综合评价指标体系需要在实践中逐步完善。无论如何,以下两点需要重视。一是指标体系的层次结构。如何确定层次结构,指标体系应该分成几层较合理,每层有多少个指标比较合适,实际上是有讲究的。二是指标的取值。每个指标其实都有自己的实际取值,不管是主观的还是客观的,而且指标的取值对应着指标的评价标准。还需要注意的是,在对备选方案进行综合评价之前,要注意评价指标类型的一致化处理。有些指标是正向指标,有些指标是逆向指标(即负向指标),有些是适度指标(即中性指标)。而且,有些指标是定量的,有些指标是定性的。指标处理中要保持同趋势化,以保证指标间的可比性。对于效益型指标,越大越好;对于成本型指标,则越小越好。在综合评价时,会遇到一些定性的指标,若定性指标的信息不加以利用,会很可惜,但直接使用,又有困难。通常总希望能将其量化,使量化后的指标可与其他定量指标一起使用。也就是说,对于定性指标首先要经过各种处理,使其数量化。对于定量指标,其性质和量纲也有所不同,造成了各指标间的不可共度性。为了尽可能地反映实际情况,排除由于各项指标的单位不同以及其数值数量级间的悬殊差别所带来的影响,避免不合理现象的发生,需要对评价指标进行无量纲化处理。总之,归纳起来有三种情况:一是定性指标数量化;二是逆向指标和适度指标正向化;三是定量指标无量纲化。

8.3 综合评价指标权重

8.3.1 确定指标权重的重要性

用若干个指标进行综合评价时,其对评价对象的作用,从评价的目标来看,并不是同等重要的。为了体现各个评价指标在评价指标体系中的作用地位以及重要程度,在指标体系确定后,必须对各指标赋予不同的权重系数。权重是以某种数量形式对比、权衡被评价事物总体中诸因素相对重要程度的量值。合理确定权重对评价或决策有着重要意义。同一组指标数值,不同的权重系数,会导致截然不同甚至相反的评价结论。因此,权重确定的问题是综合评价中十分重要的问题。

指标的权重应是指标评价过程中其相对重要程度的一种主客观度量的反映。通常,指标间的权重差异主要是由三方面的原因造成的:一是评价者对各指标的重视程度不同,反映评价者的主观差异;二是各指标在评价中所起的作用不同,反映各指标间的客观差异;三是各指标的可靠程度不同,反映了各指标所提供的信息的可靠性不同。

8.3.2 定性指标的数量化

(1)定性指标的类型。定性指标往往采用性质、特征、次序和等级的形式来描述。一般定性评价指标是通过次序和等级两种主观认识指标形式来反映的。定性指标的表现类型通常有三种:

① 次序定性评价指标。次序定性评价指标是指反映研究对象的所有个体在某一性质或者特征基础下的具体表现程度的离散顺序的代表值。例如,反映某一自然班的所有学生综合排名情况,其研究对象为该班的全体学生,个体为每一个学生,每一个学生的综合评价的排序值则为次序定性指标值。

② 等级定性评价指标。等级定性评价指标是指反映研究对象的所有个体在某一性质或者特征基础上,对于各个个体进行分类后得到的类型分组次序的代表值,是在分组条件下的次序定性指标的广义类型。例如,将某班学生的成绩按照综合评价的次序分为优秀、良好、合格三种等级。

③ 主观指标。主观指标是指对于具有主观认识或者定性性质的指标已经通过数量化处理转换为数量指标的定性指标。例如,对于某种商品质量的评价语言(很好、比较好、一般、差、很差)、个体的满意程度语言描述(很满意、满意、一般、不满意、很不满意)的比重指标、幸福感程度指标、安全感程度指标等。

(2)定性指标的定量化。定性指标的定量化方法主要有以下三种:

① 次序评价指标的定量化。次序评价指标定量化方法是指将指标进行排序后得到的序号转化成为正向的数量型数据的方法。对于次序评价指标的定量化,可按下述公式转换:

$$y_i = 1 - \frac{x_i - 0.5}{n}$$

其中,y_i 表示第 i 个评价对象的综合评价得分,x_i 表示评价对象的名次(即排名序号),n 表示评价对象的个数。

$x_i - 0.5$ 是为了避免最后一名评价对象的评价得分为零的情况,并能保证各个被子评价对象的评价得分均匀地分布在 $0-1$ 之间。由于名次越小,说明评价对象在该指标上越好,因此,评价得分应为越小越好。所以要采用"倒扣"的方法,即用1减去其值从而得到正向指标。

② 等级评价指标的定量化处理。对于等级评价指标的处理使用系数转换法。系数转换法是指在处理等级评价指标时,对于各个等级的划分使用对应的系数转换为无量纲的定量数据的方法。系数转换法一般有两种方法,一种方法是确定定性与定量关系转化的量的系数,如将"优、良、差"分别记为"1、0.5、0.1"的评价系数。确定这种评价系数是没有统一标准的,这需要根据具体情况灵活处理。另一种方法是将等级转化成标准百分比。

③ 主观指标的定量化方法。对于主观判断指标的定量化应当根据主观指标的表现形式来具体确定。如果主观指标已经表现为数量指标的性质了,则直接用该主观指标。如果不是表现为数量指标,其定量化方法为分别计算各个主观评价判断的语言程度的比重或者频率。对于已经定量化的主观指标中,其指标的方向根据主观指标的性质来确定,越好给出的得分越高。

次序定性指标和等级定性指标为逆向指标,而数量化定性指标可能是逆向指标也可能是正向指标和适度指标。

8.3.3 逆向指标与适度指标的正向化

指标按作用趋向不同,可以分为正向指标、逆向指标(负向指标)和适度指标(中性指标)三类。正向指标是指数值越大越好的评价指标;逆向指标则是指数值越小越好的评价指标;而适度指标或者中性指标是指标数值既不能太大,也不能太小的指标。例如,人均收入水平是正向指标,万元产值物耗率是逆向指标,而资产负债率是适度指标。

由于指标的实际经济意义的方向性不同,计量单位不同,因此,不能直接相加。要进行综合性汇总评价,必须解决两个技术问题,即:同度量性和同方向性。为此,我们必须解决各个评价指标的数据变化处理问题。通常,都是以正指标的方向,即越大越好的方向作为评价取向。因此,在实际操作中的一般思路为:正向指标保持其方向,对逆向指标和适度指标需要转换成正向指标,然后再将转换成相同方向的各个指标进行无量纲化处理。

(1) 逆向指标的正向化。逆向指标的正向化转换中常用的方法主要有三种:倒数法、最小阈值法、最大阈值法。

① 倒数法。倒数法是指直接取原逆向指标 x_i 的倒数进行转换方向的方法,可以得到正向指标 y_i,即:

$$y_i = \frac{1}{x_i}$$

② 最小阈值法。最小阈值法是指在有最小阈值 a 的条件下,计算逆向指标与最小阈值的比率转换为正向指标的方法。最小阈值是逆向指标的最小数值(最好数值)。计算公式

如下：

$$y_i = \frac{a}{x_i}$$

③ 最大阈值法（互补法）。最大阈值法是指在有最大阈值 Z 的条件下，计算最大阈值与逆向指标的比率的互补值而转换为正向指标的方法。最大阈值是指逆向指标的最大数值（最差数值）。计算公式如下：

$$y_i = 1 - \frac{x_i}{b}$$

通常，在对逆向指标正向化时，若原始指标数值为 0，则可以考虑用次序评价指标的定量化进行相应处理。

(2) 适度指标的正向化。对于适度指标的正向化转换方法主要有两种，即：绝对值倒数法和倒扣逆变换法。

① 绝对值倒数法。绝对值倒数法是指对于适度指标 x_i，先确定一个最优的适度值 c，然后按如下公式转化成正向指标的方法，即：

$$y_i = \frac{1}{|x_i - c|}$$

其中，$x_i \neq c$。

② 倒扣逆变换法。倒扣逆变换法是指对于适度指标 x_i，先确定一个最优的适度值 c，然后按如下公式转化成正向指标的方法，即：

$$y_i = \max(x_i - c) - |x_i - c|$$

其中，$\max(x_i - c)$ 表示所有的 $(x_i - c)$ 中的最大值。

通常，在对适度指标进行正向化时，可以用适度指标的样本均值来近似代替最优的适度值。

8.3.4 定量指标的无量纲化

在综合评价中，遇到的大多数评价指标还是数值越大越好的正向定量指标。但由于各指标说明的实际社会经济内容不一样，因此，在指标形式上也不一样。例如，指标有绝对数、相对数和平均数等形式。即使是同一类型的指标，它们的量纲和数量级也可能不同，所以需要进行无量纲化处理，将指标实际评价值处理为可以进行综合的指标数值，以解决多个指标的可综合性问题。无量纲化方法有三类：直线型、折线型和曲线型。

(1) 直线型无量纲化。如果无量纲的指标评价值与指标的实际值之间是呈线性关系的，这种无量纲化方法就称为直线型无量纲化的处理方法，即用无量纲指标的评价值与实际值之间的线性关系来进行无量纲处理的方法。常见的直线型无量纲化方法主要有如下 3 种方法：

① 阈值法，是指实际值与阈值相比较，从而得到指标评价值的方法，即：

$$y_i = \frac{x_i}{d}$$

其中，y_i 表示指标转换后的评价值，x_i 表示指标实际值，d 表示阈值。

此外，阈值的确定对综合评价是至关重要的。对这个问题的处理要注意以下几点：

第一，根据综合评价的目的来确定阈值。如果是动态评价，阈值可以定为评价对象的历史最好水平，也可以是基期水平。如果是对计划完成情况的评价，阈值则为计划数。对于实际水平的评价，阈值可以是同类评价对象的最好水平或平均水平。

第二，阈值的确定应以便于综合评价为原则。因此，在具体的综合评价中，只要阈值的确定对大多数评价对象来说是合适的，这个阈值就可以被认为是可行的。

第三，阈值的确定是一个不断调整优化的探索过程。先确定一个值进行试算，根据试算结果，可再进行调整，直至比较合乎实际为止。

第四，阈值的选择应当回避 $d=0$ 的情况。通常，阈值可以为指标数据的初始值、均值、中位数、众数、标准差、最大值、最小值和总和等。

② 极差化。极差化的步骤为：首先，找出每个指标数值的最大值和最小值（这两者之差称为极差或全距），然后，以每一个指标的实际值减去该指标的最小值，最后再除以极差，即：

$$y_i = \frac{x_i - \min(x_i)}{\max(x_i) - \min(x_i)}$$

其中，$\max(x_i)$ 和 $\min(x_i)$ 分别表示指标 x_i 数值中的最大值和最小值。

③ 标准分数化。标准分数化的步骤为：首先，求出每个指标数据的均值和标准差，然后，用各个指标的实际值减去该指标的均值，最后再除以该指标的标准差，即：

$$y_i = \frac{x_i - \bar{x}}{s}$$

其中，$\bar{x}$ 表示指标 x_i 的均值，s 表示指标 x_i 的标准差。

(2) 折线型无量纲化。折线型无量纲化方法是指用分段函数与实际值的对应关系来消除量纲影响的方法。在实际的综合评价中，有时会遇到一种情况：评价指标值处于不同区间变化时，对评价对象的综合水平的影响是不一样的。低于某一数值时，该指标不影响评价对象的评价；高于某一数值时，该指标对评价对象的作用不再增加，而在某区间内该指标对被评价事物的影响是等量递增的，将指标实际值转化为评价值应采用折线型公式（分段函数形式），即：

$$y_i = \begin{cases} 0 & x_i < a \\ \dfrac{x_i - a}{b - a} & a \leqslant x_i \leqslant b \\ 1 & b < x_i \end{cases}$$

其中，a 和 b 分别是指标 x_i 转折点的数值。

(3) 曲线型无量纲化。曲线型无量纲化是指用实际值与曲线值之间的对应关系来消除量纲影响的方法。曲线型转化公式很多，常见的类型及其公式如下：

① 升半 Γ 型公式如下：

$$y_i = \begin{cases} 0 & 0 \leqslant x_i \leqslant a \\ 1 - e^{-k(x_i - a)} & a < x_i, 0 < k \end{cases}$$

② 升半正态型公式如下：

$$y_i = \begin{cases} 0 & 0 \leqslant x_i \leqslant a \\ 1 - e^{-k(x_i-a)^2} & a < x_i, 0 < k \end{cases}$$

③ 升半柯西型公式如下：

$$y_i = \begin{cases} 0 & 0 \leqslant x_i \leqslant a \\ \dfrac{k(x_i-a)^2}{1+k(x_i-a)^2} & x_i > a, k > 0 \end{cases}$$

④ 升半凹凸型公式如下：

$$y_i = \begin{cases} 0 & 0 \leqslant x_i \leqslant a \\ a(x_i-a)^k & a < x_i \leqslant a + \dfrac{1}{\sqrt[k]{a}} \\ 1 & a + \dfrac{1}{\sqrt[k]{a}} \leqslant x \end{cases}$$

⑤ 升半岭型公式如下：

$$y_i = \begin{cases} 0 & 0 \leqslant x_i \leqslant a \\ \dfrac{1}{2} - \dfrac{1}{2}\sin\dfrac{\pi}{b-a}\left(x_i - \dfrac{a+b}{2}\right) & a < x_i \leqslant b \\ 1 & b < x_i \end{cases}$$

从定量指标无量纲化的三种类型公式可以看出，曲线型公式可以处理各种复杂的指标转换，即上述指标能够更为准确地揭示出指标实际值与指标评价值之间差距描述的实用性和准确性，可以使评价结果更为可信、客观和公正。直线型公式是一种等量递增的近似转换公式，而折线型公式则是直线型公式与曲线型公式之间的一种过渡公式，它既可以避免曲线型公式确定之烦琐，又可以避免采用直线型公式之粗糙。

尽管从理论上看，曲线型公式比直线型公式准确。但是在实际评价时，如果曲线型公式中的参数确定不恰当，其结果不一定比直线型公式准确。因此，与其追求绝对意义上的最优解，还不如采用相对意义上的满意解。因此，在不影响评价对象间相对地位的前提下，可以用近似的、简化的直线型公式代替曲线型公式。而且从众多的综合评价研究实例看，用直线型转换公式所得的综合评价结果与用复杂的曲线型公式所得到的结果常常是近似的。基于上述理由，在综合评价实践中，常常是采用直线型无量纲化公式进行数据无量纲处理。

此外，在实际评价过程中，通常将同向化与无量纲化合并处理。例如，对于负向指标可直接采用如下公式进行同向化与无量纲化处理：

$$y_i = \frac{\max(x_i) - x_i}{\max(x_i) - \min(x_i)}$$

8.3.5 确定指标权重的方法

指标的无量纲化是为了解决多个指标的可综合性问题。但为使由多个指标合成的综合评价值更能准确地反映评价对象的真实情况，还必须对转换后的指标值赋予不同的权重。因为各个评价指标对评价对象的影响大小和作用是不同的。因此，确定各评价指标的权重对综合评价结果具有重要影响。指标的重要性赋权就是指对于评价指标体系中的各个指标进行汇总综合时,各个指标对于研究目的的影响程度是不同的,这种不同体现为重要性,将这种重要性以数量值反映出来则称为赋权。确定指标权重的方法很多,但从大范围上看,可以分成两大类:主观赋权法和客观赋权法。

1. 主观赋权法

主观赋权法是指根据专业知识、实践经验通过主观分析研究后确定各个评价指标的重要性权数的方法。主观赋权法常见有两种类型:专家评判法和层次分析法。

(1) 专家评判法。专家评判法指通过收集整理专家对于备选的各个指标和因素的重要性程度给出主观判断信息来确定权数的赋权法。此法又称为专家评判赋权法、专家赋权法等。

专家赋权法的关键是选择专家。要选择真正具有该领域和专业的专家或学者作为专家参与人。专家不宜太多,也不宜太少,应根据实际情况选定。

专家评判法的基本思路是:首先,邀请一些对所研究问题有深入了解的专家,让他们各自独立地对每个评价指标赋予权重。然后,将专家意见集中起来,求出每个指标权重的平均值。由于每位专家对各评价指标的重要程度的认识不一致,所赋权重会有差异,可以利用一致性检验来确定专家们评价的一致性程度。如果第一次专家意见过于分散,可以进行第二次直至第 n 次,目的要使专家意见接近一致,并以最后一次各专家权重的平均值作为评价指标的权数。

专家评判法的基本步骤如下:

第一步,构造专家评价分值的数据表,如表 8-1 所示。

表 8-1 专 家 评 分

专家	指标			
	x_1	x_2	……	x_p
z_1	q_{11}	q_{12}	……	q_{1p}
z_2	q_{21}	q_{22}	……	q_{2p}
……	……	……	……	……
z_n	q_{n1}	q_{n2}	……	q_{np}

第二步,对专家们的评价分值进行一致性检验。一致性检验可借助 IBM SPSS Statistics 中的相关分析来完成。其中,肯德尔协同系数可用于大于或等于 3 个评价者评价多个指标的一致性检验,期皮尔曼等级相关系数可用于 2 个评价者评价多个指标的一致性检验。

第三步,若专家们的评价不一致,则重新组织专家进行评价,若专家们的评价具有一致性,则计算各个指标的平均值:

$$\bar{q}_i = \frac{1}{n}\sum_{j=1}^{n} q_{ij}$$

第四步,通过归一化生成各个指标的权重:

$$w_i = \frac{\bar{q}_i}{\sum_{i=1}^{p} \bar{q}_i}$$

【例 8-1】 根据表 8-2 相关数据,运用专家评判法对 10 个指标进行赋权,其中,从 1 到 10 分别表示指标的重要性程度从非常不重要(1)到非常重要(10),即数字越大,指标越重要。

表 8-2 专 家 评 分

专家	指 标									
	x_1	x_2	x_3	x_4	x_5	x_6	x_7	x_8	x_9	x_{10}
z_1	3	9	8	1	6	4	10	2	5	7
z_2	7	8	6	2	5	3	9	1	10	4
z_3	3	9	5	1	6	4	10	2	7	8
z_4	8	10	9	3	4	2	5	1	6	7
z_5	6	8	7	3	4	2	10	1	9	5
z_6	5	9	6	2	4	3	10	1	7	8

解:

① 进行一致性检验。利用 IBM SPSS Statistics 进行一致性检验的步骤如下:

在 IBM SPSS Statistics 的数据界面单击【分析】→【非参数检验】→【旧对话框】→【K 个相关样本】,打开"针对多个相关样本的检验"的对话框,设置步骤的次序如图 8-1 所示,运行结果如表 8-3 所示。从表 8-3 可知,肯德尔协同系数为 0.798(通常,肯德尔协同系数取值在 0~1 之间,越靠近 1,表示一致性越强),卡方值为 43.091,显著性 p 值(0.000)小于 0.05,拒绝原假设(专家评价不一致),接受备择假设(专家评价一致),即 6 位专家的评价较为一致。

② 计算指标的平均值及权重,结果如表 8-4 所示。

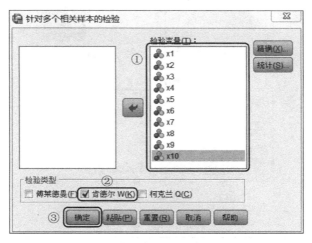

图 8-1 肯德尔相关性检验设置

表 8-3 检验统计结果

个案数	6	自由度	9
肯德尔 W[①]	0.798	渐近显著性	0
卡方	43.091		

注:① 表示肯德尔协同系数。

表 8-4 各指标的平均值与权重

指标	x_1	x_2	x_3	x_4	x_5	x_6	x_7	x_8	x_9	x_{10}	总和
平均值	5.333 33	8.833 33	6.833 33	2	4.833 33	3	9	1.333 33	7.333 33	6.5	55
权重	0.096 97	0.160 61	0.124 24	0.036 36	0.087 88	0.054 55	0.163 64	0.024 24	0.133 33	0.118 18	1

【例 8-2】 根据表 8-5 相关数据,运用专家评判法对 10 个指标进行赋权,其中,从 1 到 10 分别表示指标的重要性从非常不重要(1)到非常重要(10),即数值越大,表示指标越重要。

表 8-5 专 家 评 分

专家	指 标									
	x_1	x_2	x_3	x_4	x_5	x_6	x_7	x_8	x_9	x_{10}
z_1	8	7	4	1	5	3	2	10	6	9
z_2	9	6	5	3	7	2	1	8	4	10

解:

① 进行一致性检验。利用 IBM SPSS Statistics 进行一致性检验的步骤如下:

在 IBM SPSS Statistics 的数据界面单击【分析】→【相关】→【双变量】,打开"双变量相关性"的对话框,设置步骤的次序如图 8-2 所示,结果如表 8-6 所示。从表 8-6 可知,斯皮尔曼等级相关系数为 0.867,显著性 p 值(0.001)小于 0.05,拒绝原假设(专家评价不一致),接受备择假设(专家评价一致),即 2 位专家的评价较为一致。

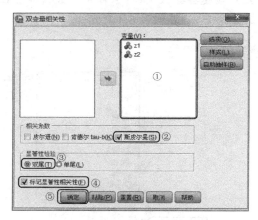

图 8-2 双变量相关性检验设置

表 8-6 相 关 性

斯皮尔曼 Rho			z_1	z_2
	z_1	相关系数	1	0.867**
		Sig.(双尾)		0.001
		N	10	10
	z_2	相关系数	0.867**	1
		Sig.(双尾)	0.001	
		N	10	10

** 表示在 0.01 级别(双尾),相关性显著。

② 计算指标的平均值及权重,结果如表 8-7 所示。

表 8-7 各指标的平均值与权重

指标	x_1	x_2	x_3	x_4	x_5	x_6	x_7	x_8	x_9	x_{10}	总和
平均值	8.5	6.5	4.5	2	6	2.5	1.5	9	5	9.5	55
权重	0.154 55	0.118 18	0.081 82	0.036 36	0.109 09	0.045 45	0.027 27	0.163 64	0.090 91	0.172 73	1

（2）层次分析法。层次分析法是用决策者的经验判断各衡量目标相对重要程度,并合理地给出每个决策方案的每个标准的权数。运用层次分析法确定指标权重的步骤如下:

第一步,计算判断矩阵中每行元素数值的乘积。

$$M_i = a_{i1} \cdot a_{i2} \cdot \cdots \cdot a_{im}$$

其中, M_i 为第 i 行元素数值的乘积, a_{im} 为第 i 行中第 m 个判断矩阵的元素数值（$i=1,2,\cdots,m$）,判断矩阵一般利用表 8-8 所示的"1-9 标度法"构建。

表 8-8 层次分析法判断标度

标度	内容
1	两因素相比,具有同等重要性
3	两因素相比,一个因素比另一个因素略微重要
5	两因素相比,一个因素比另一个因素明显重要
7	两因素相比,一个因素比另一个因素重要得多
9	两因素相比,一个因素比另一个因素极端重要

第二步,计算各行的 m 次方根。

$$N_i = \sqrt[n]{M_i}$$

其中, N_i 为第 i 行的 n 次方根, n 为指标的个数。

第三步,计算各指标的权重。

$$W_i = \frac{N_i}{\sum_{i=1}^{n} N_i}$$

其中, $\sum_{i=1}^{n} W_i = 1$。

第四步,一致性检验。专家对各指标的相对重要程度的判断协调一致,不能出现相互矛盾的现象,因此需要对判断矩阵进行一致性检验,其步骤如下:

① 计算最大特征根:

$$\lambda_{\max} = \frac{1}{m} \sum_{i=1}^{n} \frac{(\boldsymbol{AW})_i}{W_i}$$

其中, $\lambda_{\max}$ 为最大值特征根; $\boldsymbol{A}$ 为判断矩阵。

② 判断矩阵偏离一致性指标:

$$CI = \frac{\lambda_{\max} - m}{m - 1}$$

其中,CI 为一致性指标。

③ 计算一致性比率：

$$CR = \frac{CI}{RI}$$

其中，CR 为一致性比率，当 CR<0.1 时，一致性检验通过，指标权重的确定是合理的，RI 值如表 8-9 所示。

表 8-9 平均随机一致性指标 Z

矩阵阶数	1	2	3	4	5	6	7
RI	0	0	0.52	0.89	1.12	1.26	1.36
矩阵阶数	8	9	10	11	12	13	14
RI	1.41	1.46	1.49	1.52	1.54	1.56	1.58

【例 8-3】 根据表 8-10 中的数据，运用层次分析法确定指标权重。

表 8-10 判 断 矩 阵

指标	x_1	x_2	x_3	x_4	x_5	x_6
x_1	1	2	2	3	7	6
x_2	1/2	1	3	4	3	8
x_3	1/2	1/3	1	2	4	5
x_4	1/3	1/4	1/2	1	2	4
x_5	1/7	1/3	1/4	1/2	1	2
x_6	1/6	1/8	1/5	1/4	1/2	1

第一步，计算判断矩阵中各行元素数值的乘积及其 m 次方根（$m=6$），相关计算如下：

$$M_1 = 1 \times 2 \times 2 \times 3 \times 7 \times 6 = 504, \quad N = \sqrt[6]{504} = 2.82101$$

$$M_2 = \frac{1}{2} \times 1 \times 3 \times 4 \times 3 \times 8 = 144, \quad N = \sqrt[6]{144} = 2.28943$$

$$M_3 = \frac{1}{2} \times \frac{1}{3} \times 1 \times 2 \times 4 \times 5 = 0.66667, \quad N = \sqrt[6]{6.66667} = 1.37189$$

$$M_4 = \frac{1}{3} \times \frac{1}{4} \times \frac{1}{2} \times 1 \times 2 \times 4 = 0.33333, \quad N = \sqrt[6]{0.33333} = 0.83268$$

$$M_5 = \frac{1}{7} \times \frac{1}{3} \times \frac{1}{4} \times \frac{1}{2} \times 1 \times 2 = 0.01190, \quad N = \sqrt[6]{0.01190} = 0.47781$$

$$M_6 = \frac{1}{6} \times \frac{1}{8} \times \frac{1}{5} \times \frac{1}{4} \times \frac{1}{2} \times 1 = 0.00052, \quad N = \sqrt[6]{0.00052} = 0.28357$$

第二步，计算各指标的权重，相关计算如下：

$$W_1 = \frac{2.82101}{2.82101 + 2.28943 + 1.37189 + 0.83268 + 0.47781 + 0.28357} = 0.35$$

$$W_2 = \frac{2.28943}{2.82101 + 2.28943 + 1.37189 + 0.83268 + 0.47781 + 0.28357} = 0.28$$

$$W_3 = \frac{1.37189}{2.82101 + 2.28943 + 1.37189 + 0.83268 + 0.47781 + 0.28357} = 0.17$$

$$W_4 = \frac{0.832\,68}{2.821\,01 + 2.289\,43 + 1.371\,89 + 0.832\,68 + 0.477\,81 + 0.283\,57} = 0.10$$

$$W_5 = \frac{0.477\,81}{2.821\,01 + 2.289\,43 + 1.371\,89 + 0.832\,68 + 0.477\,81 + 0.283\,57} = 0.06$$

$$W_6 = \frac{0.283\,57}{2.821\,01 + 2.289\,43 + 1.371\,89 + 0.832\,68 + 0.477\,81 + 0.283\,57} = 0.04$$

$$W_1 + W_2 + W_3 + W_4 + W_5 + W_6 = 1$$

第三步，一致性检验，步骤如下：

① 计算最大特征根：

$$\mathbf{AW} = \begin{vmatrix} 1 & 2 & 2 & 3 & 7 & 6 \\ 1/2 & 1 & 3 & 4 & 3 & 8 \\ 1/2 & 1/3 & 1 & 2 & 4 & 5 \\ 1/3 & 1/4 & 1/2 & 1 & 2 & 4 \\ 1/7 & 1/3 & 1/4 & 1/2 & 1 & 2 \\ 1/6 & 1/8 & 1/5 & 1/4 & 1/2 & 1 \end{vmatrix} \times \begin{vmatrix} 0.35 \\ 0.28 \\ 0.17 \\ 0.10 \\ 0.06 \\ 0.04 \end{vmatrix} = \begin{vmatrix} 2.21 \\ 1.865 \\ 1.078\,33 \\ 0.651\,67 \\ 0.375\,83 \\ 0.222\,33 \end{vmatrix}$$

$$\lambda_{\max} = \frac{1}{6} \times \left(\frac{2.21}{0.35} + \frac{1.865}{0.28} + \frac{1.078\,33}{0.17} + \frac{0.65}{0.1} + \frac{0.375\,83}{0.06} + \frac{0.222\,33}{0.04} \right) = 6.276\,15$$

② 判断矩阵偏离一致性指标：

$$CI = \frac{6.276\,15 - 6}{6 - 1} = 0.055\,23$$

③ 计算一致性比率：

$$CR = \frac{0.055\,23}{1.26} = 0.043\,83 < 0.1$$

一致性检验通过，指标权重的确定是合理的。

2. 客观赋权法

客观赋权法是直接根据各个指标的原始信息经过一定数学处理后获得权数的一种方法。其基本思想是：指标权数应根据各指标间的相互关系或各指标提供的信息量来确定。客观赋权方法有变异系数方法、均方差法、嫡值法、离差最大化法、拉开档次法和 CRITIC 法等。

(1) 变异系数法与均方差法。变异系数法是指根据各个评价指标数值的变异程度来确定评价指标的权数值的方法。均方差法与变异系数法类似，确定权重的步骤是一致的，差别只在于均方差法是用均方差来衡量评价指标的变异程度。变异系数法和均方差法确定权重的步骤如下。

第一步，计算各指标的平均值和标准差：

$$\overline{X}'_{ij} = \frac{1}{n} \sum_{i=1}^{n} X'_{ij}$$

$$\sigma_j = \sqrt{\frac{1}{n-1} \sum_{i=1}^{n} (X_{ij} - \overline{X}'_{ij})^2}$$

其中，$\overline{X}'_{ij}$ 为标准化后的第 j 个评价指标的平均值；X'_{ij} 为第 i 个评价对象中第 j 个评价指标的标准化后的观测值（$i = 1, 2, \cdots, n$；$j = 1, 2, \cdots, m$）；σ_j 为第 j 个评价指标的标准差。

第二步，计算权重：

变异系数法：

$$V_j = \frac{\sigma_j}{\overline{X}'_{ij}}$$

$$W_j = \frac{V_j}{\sum_{j=1}^{m} V_j}$$

均方差法：

$$W_j = \frac{\sigma_j}{\sum_{j=1}^{m} \sigma_j}$$

其中，V_j 为第 j 个评价指标的变异系数；W_j 为第 j 个评价指标的变异系数权重。

【例 8-4】 根据表 8-11 中的数据（指标 x_1、x_2、x_3、x_4 为正向指标，x_5 为负向指标，x_6 为适度指标），运用变异系数法和均方差法分别确定指标权重。

表 8-11 原 始 数 据

评价对象	指　　标					
	x_1	x_2	x_3	x_4	x_5	x_6
A_1	115	51.04	2 280	107.26	3.46	4.07
A_2	109.71	58.6	166	30.29	1.07	1.08
A_3	107.91	49.66	1 452	30.17	1.43	1.43
A_4	105.12	53.39	2 719	60.2	2.67	2.82
A_5	112.51	57.35	1 252	26.69	0.81	0.81
A_6	112.25	53.84	956	22.89	0.93	0.76
A_7	107.14	54.13	8 904	90.56	4.71	4.3
A_8	108.64	52.91	4 802	49.75	2.64	2.3
A_9	111	52.04	4 438	70.34	2.83	2.54
A_{10}	112.81	53.06	2 338	40.39	1.55	1.65

解：

第一步，对原始数据进行同向化与无量纲化：

正向指标：

$$y_i = \frac{x_i - \min(x_i)}{\max(x_i) - \min(x_i)}$$

负向指标：

$$y_i = \frac{\max(x_i) - x_i}{\max(x_i) - \min(x_i)}$$

适度指标：

$$y_i = \begin{cases} 1 - \dfrac{|c - x_i|}{\max[c - \min(x_i), \max(x_i) - c]} & x_i \neq c \\ 1 & x_i = c \end{cases}$$

原始数据的同向化与无量纲化处理结果如表 8-12 所示。

表 8-12 原始数据的同向化与无量纲化

评价对象	指标					
	x_1	x_2	x_3	x_4	x_5	x_6
A_1	1	0.154 36	0.241 93	1	0.320 51	0.108 29
A_2	0.464 57	1	0	0.087 71	0.933 33	0.483 99
A_3	0.282 39	0	0.147 17	0.086 29	0.841 03	0.648 78
A_4	0	0.417 23	0.292 17	0.442 22	0.523 08	0.696 8
A_5	0.747 98	0.860 18	0.124 28	0.045 04	1	0.356 87
A_6	0.721 66	0.467 56	0.090 41	0	0.969 23	0.333 33
A_7	0.204 45	0.5	1	0.802 06	0	0
A_8	0.356 28	0.363 53	0.530 56	0.318 36	0.530 77	0.941 62
A_9	0.595 14	0.266 22	0.488 9	0.562 4	0.482 05	0.828 63
A_{10}	0.778 34	0.380 31	0.248 57	0.207 42	0.810 26	0.752 35

注：指标 x_6 的阈值为平均值($c=2.176$)。

第二步，计算各指标的平均值和标准差，如表 8-13 所示。

表 8-13 各指标的平均值和标准差

统计量	指标					
	x_1	x_2	x_3	x_4	x_5	x_6
标准差	0.307 59	0.299 97	0.292 57	0.342 44	0.325 86	0.312 21
平均值	0.515 08	0.440 94	0.316 4	0.355 15	0.641 03	0.515 07

第三步，计算各个指标的权重，如表 8-14 所示。

表 8-14 各指标的权重

方法	统计量	指标						总和
		x_1	x_2	x_3	x_4	x_5	x_6	
变异系数法	变异系数	0.597 17	0.680 3	0.924 68	0.964 21	0.508 34	0.606 15	4.280 85
	权重	0.139	0.159	0.216	0.225	0.119	0.142	1
均方差法	标准差	0.307 59	0.299 97	0.292 57	0.342 44	0.325 86	0.312 21	1.880 64
	权重	0.163 56	0.159 5	0.155 57	0.182 09	0.173 27	0.166 01	1

(2) 熵值法。熵值法是借鉴信息熵的理论和方法，根据每个指标的指标值数据差异程度确定其权重。通常，某指标的指标值的差异程度越大，其有序性越好，熵值越小，最后赋予的权重越大。熵值法确定权重的步骤如下：

第一步，指标的同向化与无量纲化处理：

正向指标：

$$y_i = \frac{x_i - \min(x_i)}{\max(x_i) - \min(x_i)}$$

负向指标：

$$y_i = \frac{\max(x_i) - x_i}{\max(x_i) - \min(x_i)}$$

适度指标：

$$y_i = \begin{cases} 1 - \dfrac{|c - x_i|}{\max[c - \min(x_i), \max(x_i) - c]} & x_i \neq c \\ 1 & x_i = c \end{cases}$$

第二步，计算各评价对象中各指标的比重：

$$L_{ij} = \frac{X'_{ij}}{\sum\limits_{i=1}^{n} X'_{ij}}$$

其中，L_{ij} 为第 i 个评价对象中第 j 个评价指标的比重。

第三步，计算各指标的信息熵：

$$e_j = -k \sum_{i=1}^{n} (L_{ij} \cdot \ln L_{ij}), k = \frac{1}{\ln(n)}$$

其中，约定 $(0) \times \ln(0) = 0$，e_j 为第 j 个评价指标的信息熵，n 为评价对象的数量。

第四步，计算各指标信息熵冗余度和权重：

$$d_j = 1 - e_j$$

$$W_j = \frac{d_j}{\sum\limits_{j=1}^{m} d_j}$$

其中，d_j 为第 j 个评价指标的信息冗余度，W_j 为第 j 个评价指标的权重。

【例 8-5】 根据表 8-12 中的数据，运用熵值法确定指标权重。

解：

由于表 8-12 中的数据已同向化和无量纲化，所以从计算各评价对象中各指标的比重开始，其次计算信息熵，最后计算冗余度和权重，结果如表 8-15 所示。

表 8-15 熵值法确定指标权重

评价对象	指标					
	x_1	x_2	x_3	x_4	x_5	x_6
A_1	−0.318 23	−0.117 36	−0.196 58	−0.356 85	−0.149 79	−0.081 19
A_2	−0.216 98	−0.336 5	0	−0.091 41	−0.280 56	−0.222 22
A_3	−0.159 18	0	−0.142 7	−0.090 33	−0.266 47	−0.260 96
A_4	0	−0.223 1	−0.219 98	−0.259 41	−0.204 48	−0.270 62
A_5	−0.280 2	−0.318 83	−0.127 15	−0.055 38	−0.289 83	−0.184 97
A_6	−0.275 36	−0.237 95	−0.101 58	0	−0.285 64	−0.177 18
A_7	−0.128 07	−0.246 84	−0.364 05	−0.336 03	0	0
A_8	−0.184 77	−0.205 74	−0.299 43	−0.216 21	−0.206 28	−0.310 66
A_9	−0.249 35	−0.169 49	−0.288 56	−0.291 84	−0.194 59	−0.293 94
A_{10}	−0.285 56	−0.211 36	−0.199 85	−0.165 88	−0.261 43	−0.280 99
总和	−2.097 7	−2.067 17	−1.939 88	−1.863 34	−2.139 07	−2.082 73

续表

评价对象	指标					
	x_1	x_2	x_3	x_4	x_5	x_6
信息熵	0.911 01	0.897 75	0.842 47	0.809 23	0.928 98	0.904 51
冗余度	0.088 99	0.102 25	0.157 53	0.190 77	0.071 02	0.095 49
权重	0.126 04	0.144 82	0.223 11	0.270 19	0.100 59	0.135 25

注：评价对象与指标相应的元素数值由公式 $L_{ij} \cdot \ln(L_{ij})$ 计算而得；$k = 1/\ln(10) = 0.434\ 29$；权重之和为1。

(3) 离差最大化法。离差最大化法是通过计算单个指标的离差占所有指标总离差的比重来反映指标的重要程度；比重越大，指标就越重要，赋予的权重越大。离差最大化法确定权重的步骤如下：

第一步，设 W_j 为第 j 个指标的权重，$W_j \geq 0$，则：

$$F_{ij}(W) = \sum_{j=1}^{m} |X'_{ij}W_j - X'_{kj}W_j|$$

其中，$F_{ij}(W)$ 表示第 i 个评价对象与其他所有评价对象观测值的总离差；X'_{ij} 为第 k 个评价对象中第 j 个评价指标的标准化后的观测值（$k = 1, 2, \cdots, n$）。

第二步，设 $F_{ij}(W)$ 表示所有评价对象与其他评价对象的总离差为：

$$F_j(W) = \sum_{i=1}^{n} F_{ij}(W) = \sum_{i=1}^{n}\sum_{k=1}^{n} |X'_{ij} - X'_{ik}| W_j$$

第三步，在所有评价对象总离差最大条件下，构造关于加权向量 W_j 的目标函数为：

$$\max F(W) = \sum_{j=1}^{m}\sum_{i=1}^{n}\sum_{k=1}^{n} |X'_{ij} - X'_{ik}| W_j$$

$$\text{s.t.} \sum_{j=1}^{m} W_j = 1, \quad W_j \geq 0$$

第四步，对上式最优化模型作 Lagrange 函数，并求其偏导数，由此可得权重向量：

$$W_j = \frac{\sum_{i=1}^{n}\sum_{k=1}^{n} |X'_{ij} - X'_{ik}|}{\sum_{j=1}^{m}\sum_{i=1}^{n}\sum_{k=i}^{n} |X'_{ij} - X'_{ik}|}$$

【例 8-6】 根据表 8-12 中的数据，运用离差最大法确定指标权重。

解：

由于表 8-12 中的数据已同向化和无量纲化，所以可以开始计算离差和权重（本例运用 WPS Office 电子表格中 VBA 程序代码进行运算，详见附录6），结果如表 8-16 所示。

表 8-16 各指标的离差和权重

统计量	指标					
	x_1	x_2	x_3	x_4	x_5	x_6
离差	16.571 89	15.458 65	14.345 79	17.854 16	17.030 78	16.796 64
权重	0.169	0.157 65	0.146 3	0.182 08	0.173 68	0.171 29

注：权重之和为1。

(4) 拉开档次法。拉开档次法的基本原则是：最大程度地凸显各评价对象间的差异，使其尽可能地拉开距离，便于次序的排列。拉开档次法主要利用评价指标观测值所蕴藏的信息计算指标的权重，权重的大小与信息量相关。计算过程客观透明，还可以在一定程度上有效减少主观因素对评价过程的影响。拉开档次法确定权重的步骤如下：

第一步，选取线性函数 S 为评价对象的评价函数。

$$Y = W_1 X_1 + W_2 X_2 + \cdots + W_j X_j = \boldsymbol{W}^T \boldsymbol{X}$$

其中，$X_1, X_2, \cdots, X_j$ 为极大型评价指标；$\boldsymbol{W}$ 为权重系数向量，$\boldsymbol{W} = (W_1, W_2, \cdots, W_j)^T$；$\boldsymbol{X}$ 为评价对象向量，$\boldsymbol{X} = (X_1, X_2, \cdots, X_j)^T$。

第二步，将第 i 个评价对象的第 j 个评价指标 $X_{i1}, X_{i2}, \cdots, X_{ij}$ 代入，得

$$Y_i = W_1 X_{i1} + W_2 X_{i2} + \cdots + W_j X_{ij} = \boldsymbol{W}^T \boldsymbol{X}$$

其中，Y_i 为第 i 个评价对象（$i = 1, 2, \cdots, n$）。

第三步，建立如下矩阵：

$$\boldsymbol{Y} = \begin{bmatrix} Y_1 \\ Y_2 \\ \vdots \\ Y_i \end{bmatrix}, \quad \boldsymbol{A} = \begin{bmatrix} X_{11} & X_{12} & \cdots & X_{1j} \\ X_{21} & X_{22} & \cdots & X_{2j} \\ \vdots & \vdots & \vdots & \vdots \\ X_{i1} & X_{i2} & \cdots & X_{ij} \end{bmatrix}$$

第四步，将第三步中的矩阵代入第二步中的公式，得

$$\boldsymbol{S} = \boldsymbol{A}\boldsymbol{W}$$

第五步，拉开档次法确定指标权重系数 $\boldsymbol{W}$ 的原则是从整体上最大限度地突出各评价对象之间的差异，即求 i 个评价指标向量所构成线性函数 $\boldsymbol{Y} = \boldsymbol{W}^T \boldsymbol{X}$ 方差 s^2 的最大值。

$$s^2 = \frac{1}{n} \sum_{i=1}^{n} (Y_i - \bar{Y})^2 = \frac{\boldsymbol{Y}^T \boldsymbol{Y}}{n} - \bar{Y}^2$$

第六步，将第四步中的公式代入第五步中的公式，同时对原始数据进行标准化处理，得到 $\bar{Y} = 0$，再代入第五步中的公式，得

$$ns^2 = \boldsymbol{W}^T \boldsymbol{A}^T \boldsymbol{A} \boldsymbol{W} = \boldsymbol{W}^T \boldsymbol{H} \boldsymbol{W}$$

其中，$\boldsymbol{H} = \boldsymbol{A}^T \boldsymbol{A}$ 为实对称矩阵。

第七步，限定 $\boldsymbol{W}^T \boldsymbol{W} = 1$，选取 W_j 为实对称矩阵 $\boldsymbol{H}$ 最大特征值所对应的标准特征向量时，可取得最大值，即指标权重：

$$\max \boldsymbol{W}^T \boldsymbol{H} \boldsymbol{W}$$
$$\text{s. t.} \begin{cases} \boldsymbol{W}^T \boldsymbol{W} = 1 \\ \boldsymbol{W} > 0 \end{cases}$$

【例 8-7】 根据表 8-17 中的数据（指标 x_1、x_2、x_3、x_4、x_5、x_6 都为正向指标），运用拉开档次法确定指标权重。

解：

第一步，对原始数据进行同向化与无量纲化：

正向指标：

$$y_i = \frac{x_i - \min(x_i)}{\max(x_i) - \min(x_i)}$$

表 8-17 原 始 数 据

评价对象	指 标					
	x_1	x_2	x_3	x_4	x_5	x_6
B_1	81.1	86.1	77.7	77.8	80.7	88.7
B_2	94.8	96.8	95.7	97.2	95.5	90
B_3	68.1	69.7	71.8	64.5	68.9	94.5
B_4	91.3	94.2	88.3	91.1	90.6	92.2
B_5	84.8	84.4	83.7	75.8	84.3	89.8
B_6	95.6	96.1	93.9	96	95.4	87.2
B_7	86.6	84.5	86	85.9	85.1	85
B_8	91	93.6	88.8	91.9	90.8	84.5
B_9	87.2	85	84.5	83.5	85.4	83.5
B_{10}	81.1	86.1	77.7	77.8	80.7	88.7

原始数据的同向化与无量纲化处理结果如表 8-18 所示。

表 8-18 原始数据的同向化与无量纲化

评价对象	指 标					
	x_1	x_2	x_3	x_4	x_5	x_6
B_1	0.473	0.605	0.247	0.407	0.444	0.473
B_2	0.971	1	1	1	1	0.591
B_3	0	0	0	0	0	1
B_4	0.844	0.904	0.69	0.813	0.816	0.791
B_5	0.607	0.542	0.498	0.346	0.579	0.573
B_6	1	0.974	0.925	0.963	0.996	0.336
B_7	0.673	0.546	0.594	0.654	0.609	0.136
B_8	0.833	0.882	0.711	0.838	0.823	0.091
B_9	0.695	0.565	0.531	0.581	0.62	0
B_{10}	0.847	0.926	0.828	0.807	0.883	0.173

第二步,运用 R 语言计算出的实对称矩阵及其特征值构成的对角阵如下(本例的 R 语言代码如附录 7 所示):

$$H = A^\mathrm{T} A = \begin{bmatrix} 5.594\,61 & 5.602\,30 & 4.959\,86 & 5.248\,23 & 5.491\,39 & 2.462\,87 \\ 5.602\,30 & 5.678\,42 & 4.962\,23 & 5.278\,43 & 5.516\,56 & 2.544\,78 \\ 4.959\,86 & 4.962\,23 & 4.466\,64 & 4.685\,58 & 4.889\,59 & 2.138\,50 \\ 5.248\,23 & 5.278\,43 & 4.685\,58 & 4.992\,47 & 5.164\,36 & 2.253\,23 \\ 5.491\,39 & 5.516\,56 & 4.889\,59 & 5.164\,36 & 5.402\,55 & 2.423\,37 \\ 2.462\,87 & 2.544\,78 & 2.138\,50 & 2.253\,23 & 2.423\,37 & 2.696\,62 \end{bmatrix}$$

$$D = \begin{bmatrix} 27.145 & 0 & 0 & 0 & 0 & 0 \\ 0 & 1.557 & 0 & 0 & 0 & 0 \\ 0 & 0 & 0.06913 & 0 & 0 & 0 \\ 0 & 0 & 0 & 0.03928 & 0 & 0 \\ 0 & 0 & 0 & 0 & 0.02071 & 0 \\ 0 & 0 & 0 & 0 & 0 & 0.0002 \end{bmatrix}$$

第三步,选取实对称矩阵最大特征值(27.145)所对应的特征值向量,并对其进行归一化处理,即得指标权重,如表 8-19 所示。

表 8-19 特征向量及权重

统计量	指标					
	x_1	x_2	x_3	x_4	x_5	x_6
特征向量	0.45273	0.4557	0.40284	0.42643	0.44545	0.21173
权重	0.18904	0.19028	0.16821	0.17806	0.186	0.08841

注:权重之和为 1。

(5) CRITIC 法。CRITIC 法以指标的变异性和冲突性确定指标的权重,其计算步骤如下:

第一步,计算指标的信息量:

$$c_j = \sigma_j \sum_{k=1}^{n} (1 - r_{jk})$$

其中,c_j 表示第 j 个指标的信息量,σ_j 表示第 j 个指标的标准差(表示变异性),r_{jk} 表示第 j 个指标与表示第 k 个指标的相关系数,$\sum_{k=1}^{n}(1-r_{jk})$ 表示冲突性。

第二步,计算权重:

$$W_j = \frac{c_j}{\sum_{j=1}^{n} c_j}$$

其中,W_j 表示第 j 个指标的权重。

【例 8-8】 根据表 8-18 中的数据,运用 CRITIC 法确定指标权重。

解:

由于数据已同向化和无量纲化处理,所以计算指标的相关系数矩阵如表 8-20 所示。然后,再计算出变异性、冲突性、信息量和权重所表 8-21 所示。

表 8-20 指标之间的相关系数矩阵

指标	x_1	x_2	x_3	x_4	x_5	x_6
x_1	1	0.95926	0.96535	0.96472	0.99325	−0.49602
x_2	0.95926	1	0.91981	0.95108	0.9735	−0.38181
x_3	0.96535	0.91981	1	0.95791	0.97933	−0.41186
x_4	0.96472	0.95108	0.95791	1	0.96946	−0.45013
x_5	0.99325	0.9735	0.97933	0.96946	1	−0.44551
x_6	−0.49602	−0.38181	−0.41186	−0.45013	−0.44551	1

表 8-21　指标的变异性、冲突性、信息量与权重

统计量	指标					
	x_1	x_2	x_3	x_4	x_5	x_6
变异性	0.124 72	0.181 49	0.184 06	0.159 76	0.156 64	0.300 44
冲突性	5.613 44	5.578 16	5.589 46	5.606 96	5.529 97	11.185 33
信息量	1.942 91	2.056 93	2.124 91	2.135 19	2.015 65	3.346 48
权重	0.142 63	0.151	0.155 99	0.156 74	0.147 97	0.245 67

注：权重之和为1。

8.3.6　指标权重确定后的评价

在指标权重定后，对各评价对象的评价方法通常有：线性综合法和几何综合法。

1. 线性综合法

线性综合法就是将各指标评价值求得其代数和而获得综合评价值的一种综合方法。考虑到各指标对被评价事物综合水平的影响和作用不同，通常采用加权求和的方式来计算综合评价值。线性综合法的计算公式如下：

$$S_i = \sum_{j=1}^{n} X_{ij} W_j$$

其中，S_i 为第 i 个评价对象的综合得分或综合指数，X_{ij} 表示第 i 个评价对象的第 j 个指标的数值，W_j 表示 j 个指标的权重。例如，在例 8-4 中，利用线性综合法计算各评价对象的综合评价得分如表 8-22 所示。

表 8-22　变异系数法与均方差法的综合评价得分

评价对象	变异系数法		均方差法	
	综合指数	排名	综合指数	排名
A_1	0.494 32	3	0.481 42	6
A_2	0.423 10	7	0.493 52	5
A_3	0.282 66	10	0.338 22	10
A_4	0.390 14	8	0.398 83	9
A_5	0.447 39	6	0.519 59	3
A_6	0.356 85	9	0.429 95	7
A_7	0.504 38	2	0.414 81	8
A_8	0.490 43	4	0.505 05	4
A_9	0.532 22	1	0.539 35	1
A_{10}	0.472 27	5	0.529 7	2

2. 几何综合法

几何综合法是指通过几何平均数方法来进行指标数据的汇总的方法。几何平均数的计算公式如下：

$$S_i = \prod_{i=1}^{n} X_{ij}^{W_j}$$

【例 8-9】 根据表 8-23 中的数据（指标 x_1、x_2、x_3、x_4 为正向指标，x_5、x_6 为负向指标），利用变异系数法确定权重后，再利用几何综合法计算各评价对象的综合得分。

表 8-23 原始数据

评价对象	指标					
	x_1	x_2	x_3	x_4	x_5	x_6
C_1	104.34	81.78	2 765.00	959.26	2.55	7.54
C_2	122.39	92.81	396.00	701.29	4.21	6.68
C_3	142.84	73.20	2 042.00	402.17	3.30	7.34
C_4	118.44	56.85	2 874.00	100.20	4.17	9.55
C_5	165.56	90.66	1 691.00	204.69	2.48	8.44
C_6	169.40	91.76	1 253.00	472.89	5.78	1.92
C_7	172.77	84.92	9 663.00	942.56	8.15	3.87
C_8	123.80	81.19	5 175.00	855.75	6.06	4.53
C_9	130.00	69.67	5 157.00	339.34	6.86	2.50
C_{10}	200.06	80.12	3 105.00	103.39	7.80	5.13

解：

由于同向化和无量纲化处理后的数据利用几何综合法时，若有一个指标数值为零，则评价对象的综合得分为零，所以对表 8-23 中的数据进行同向化和无量纲化处理如下：

正向指标：

$$y_i = \frac{x_i}{\max(x_i)}$$

负向指标：

$$y_i = \frac{\min(x_i)}{x_i}$$

原始数据的同向化与无量纲化处理结果如表 8-24 所示。

表 8-24 原始数据的同向化与无量纲化

评价对象	指标					
	x_1	x_2	x_3	x_4	x_5	x_6
C_1	1	0.881 16	0.286 14	1	0.972 55	0.254 64
C_2	0.611 77	1	0.040 98	0.731 07	0.589 07	0.287 43
C_3	0.713 99	0.788 71	0.211 32	0.419 25	0.751 52	0.261 58
C_4	0.592 02	0.612 54	0.297 42	0.104 46	0.594 72	0.201 05
C_5	0.827 55	0.976 83	0.175 00	0.213 38	1	0.227 49
C_6	0.846 75	0.988 69	0.129 67	0.492 97	0.429 07	1
C_7	0.863 59	0.914 99	1	0.982 59	0.304 29	0.496 12
C_8	0.618 81	0.874 80	0.535 55	0.892 09	0.409 24	0.423 84
C_9	0.649 81	0.750 67	0.533 69	0.353 75	0.361 52	0.768
C_{10}	1	0.863 27	0.321 33	0.107 78	0.317 95	0.374 27

利用变异系数法计算出的权重如表 8-25 所示。

表 8-25 各指标的权重

统计量	指标					
	x_1	x_2	x_3	x_4	x_5	x_6
变异系数	0.027 58	0.050 03	0.872 33	0.546 62	0.578 38	0.643 82
权重	0.073 58	0.048 87	0.274 7	0.231	0.158 15	0.213 7

注：权重之和为 1。

各评价对象的综合得分如表 8-26 所示。

表 8-26 综合得分

评价对象	变异系数法	排名
C_1	0.021 63	3
C_2	0.012 84	8
C_3	0.014 40	7
C_4	0.008 01	10
C_5	0.014 88	6
C_6	0.020 23	4
C_7	0.031 42	1
C_8	0.024 47	2
C_9	0.018 93	5
C_{10}	0.012 48	9

8.4 综合评价方法

8.4.1 灰色关联法

灰色关联法是研究随机变量之间相关关系的一种统计分析算法，其本质是根据曲线相似程度或统计序列的几何关系来判断各比较序列的关联度，即若曲线越接近，则相应序列间关联程度越大；反之，越小。灰色关联法可分为最优参考序列、单参考序列和多参考序列等情形。其中，关联度是指事物或因素之间关联性大小的量度，参考序列是指作为标准或依据的数据体系，比较序列是指与参考序列进行比较的序列。

1. 最优参考序列

对于无确定参考序列的情形，可以在数据同向化和无量纲化处理后选取最优的数据组成最优参考序列。然后，按以下步骤进行计算：

第一步，计算极差：

$$X'_{ij} = a_j - X_{ij}$$

其中，X'_{ij} 为第 i 个评价对象中第 j 个评价指标进行极差计算后的数值；a_j 为第 j 个指标的最优值；X_{ij} 为第 i 个评价对象中第 j 个评价指标的数值。

第二步，计算关联系数：

$$\zeta_{ij} = \frac{\Delta(\min) + \rho\Delta(\max)}{X'_{ij} + \rho\Delta(\max)}$$

其中，ζ_{ij} 表示关联系数，$\Delta(\min)$ 表示极差中的最小值，$\Delta(\max)$ 表示极差中的最大值，$\rho \in (0,1)$ 通常 ρ 取值为 0.5。

第三步，计算各评价对象的关联度：

$$S_i = \frac{1}{m}\sum_{j=1}^{m}\zeta_i$$

其中，S_i 为第 i 个评价对象的关联度，m 表示指标的数量。

【例 8-10】 根据表 8-27 中的数据，在无确定参考序列情形下运用灰色关联法进行评价。

表 8-27 数 据

评价对象	指 标					
	x_1	x_2	x_3	x_4	x_5	x_6
D_1	1	0.626 2	0.561 1	1	1	0.811
D_2	0.980 9	0.727 9	0.589 1	0.940 6	0.957	0.513 9
D_3	0.942 1	0.653 7	0.613 7	0.910 6	0.941 4	0.750 6
D_4	0.936 4	0.909 8	0.661 6	0.878 2	0.931 4	0.841 9
D_5	0.940 2	1	0.733 1	0.829 9	0.973 1	1
D_6	0.915 6	0.217 8	0.804	0.790 7	0.562 8	0.763 8
D_7	0.894 9	0.713 6	0.844 2	0.774 2	0.829	0.409 4
D_8	0.865 3	0.673 2	0.907 6	0.752 8	0.800 9	0.574 6
D_9	0.815 5	0.557 4	0.984 4	0.726 4	0.830 6	0.499 1
D_{10}	0.790 2	0.419 5	1	0.732 6	0.674	0.132 8

注：数据已同向化（正向化）和无量纲化处理。

解：

第一步，根据同向化和无量纲化后的数据，确定最优参考序列为：{1,1,1,1,1,1}。

第二步，计算极差，结果如表 8-28 所示。

表 8-28 最优参考序列情形下的极差

评价对象	指 标					
	x_1	x_2	x_3	x_4	x_5	x_6
D_1	0	0.373 8	0.438 9	0	0	0.189
D_2	0.019 1	0.272 1	0.410 9	0.059 4	0.043	0.486 1
D_3	0.057 9	0.346 3	0.386 3	0.089 4	0.058 6	0.249 4
D_4	0.063 6	0.090 2	0.338 4	0.121 8	0.068 6	0.158 1
D_5	0.059 8	0	0.266 9	0.170 1	0.026 9	0
D_6	0.084 4	0.782 2	0.196	0.209 3	0.437 2	0.236 2
D_7	0.105 1	0.286 4	0.155 8	0.225 8	0.171	0.590 6
D_8	0.134 7	0.326 8	0.092 4	0.247 2	0.199 1	0.425 4
D_9	0.184 5	0.442 6	0.015 6	0.273 6	0.169 4	0.500 9
D_{10}	0.209 8	0.580 5	0	0.267 4	0.326	0.867 2

第三步,计算关联系数,结果如表 8-29 所示。

表 8-29　最优参考序列情形下的关联系数

评价对象	指　　标					
	x_1	x_2	x_3	x_4	x_5	x_6
D_1	1	0.537 03	0.496 96	1	1	0.696 43
D_2	0.957 81	0.614 43	0.513 44	0.879 51	0.909 78	0.471 46
D_3	0.882 2	0.555 97	0.528 84	0.829 06	0.880 94	0.634 85
D_4	0.872 08	0.827 8	0.561 66	0.780 7	0.863 4	0.732 8
D_5	0.878 8	1	0.618 99	0.718 24	0.941 59	1
D_6	0.837 07	0.356 64	0.688 69	0.674 44	0.497 93	0.647 36
D_7	0.804 9	0.602 22	0.735 66	0.657 57	0.717 17	0.423 35
D_8	0.762 98	0.570 23	0.824 33	0.636 9	0.685 32	0.504 77
D_9	0.701 5	0.494 86	0.965 27	0.613 12	0.719 07	0.463 99
D_{10}	0.673 92	0.427 57	1	0.618 54	0.570 83	0.333 33

第四步,计算各评价对象的关联度,结果如表 8-30 所示。

表 8-30　最优参考序列情形下的关联度

评价对象	关　联　度	排　　名
D_1	0.788 4	2
D_2	0.724 41	4
D_3	0.718 64	5
D_4	0.773 07	3
D_5	0.859 6	1
D_6	0.617 02	9
D_7	0.656 81	8
D_8	0.664 09	6
D_9	0.659 64	7
D_{10}	0.604 03	10

2. 单参考序列

对于确定的单参考序列的情形,在数据同向化和无量纲化处理后按以下步骤进行计算。

第一步,计算相减绝对值:

$$X'_{ij} = | X_{ij} - X_{i0} |$$

其中,X'_{ij} 为第 i 个评价对象中第 j 个指标进行相减绝对值后的数值;X_{ij} 为第 i 个评价对象中第 j 个指标的数值;X_{i0} 为第 i 个评价对象对应参考序列相应的数值。

第二步,计算关联系数:

$$\zeta_{ij} = \frac{\Delta(\min) + \rho \Delta(\max)}{X'_{ij} + \rho \Delta(\max)}$$

其中,ζ_{ij} 表示关联系数,$\Delta(\min)$ 表示相减绝对值中的最小值,$\Delta(\max)$ 表示相减绝对值中的最大值,$\rho \in (0,1)$,通常 ρ 取值为 0.5。

第三步，计算各评价对象的关联度：

$$S_i = \frac{1}{m}\sum_{j=1}^{m}\zeta_i$$

其中，S_i 为第 i 个评价对象的关联度，m 表示指标的数量。

【例 8-11】 根据表 8-31 中的数据，以 y_1 为参考序列运用灰色关联法评价 x_1、x_2、x_3 分别对 y_1 的影响程度。

表 8-31 单参考序列情形下的数据

年　份	参考序列	评价对象		
		比较序列 1	比较序列 2	比较序列 3
	y_1	x_1	x_2	x_3
2013	0.760 42	0.641 15	0.765 81	0.794 32
2014	0.871 34	0.822 22	0.901 66	0.860 24
2015	0.987 58	1.053 5	0.969 54	0.982 26
2016	1.107 39	1.185 51	1.091 49	1.096 22
2017	1.273 27	1.297 62	1.271 5	1.266 95

注：数据已同向化（正向化）和无量纲化处理。

解：

第一步，计算相减绝对值，结果如表 8-32 所示。

表 8-32 单参考序列情形下的相减绝对值

年　份	参考序列	评价对象		
		比较序列 1	比较序列 2	比较序列 3
	y_1	x_1	x_2	x_3
2013		0.119 27	0.005 39	0.033 9
2014		0.049 12	0.030 32	0.011 1
2015		0.065 92	0.018 04	0.005 32
2016		0.078 12	0.015 9	0.011 17
2017		0.024 35	0.001 77	0.006 32

第二步，计算关联系数，结果如表 8-33 所示。

表 8-33 单参考序列情形下的关联系数

年　份	参考序列	评价对象		
		比较序列 1	比较序列 2	比较序列 3
	y_1	x_1	x_2	x_3
2013		0.343 23	0.944 33	0.656 49
2014		0.564 62	0.682 62	0.868 1
2015		0.489 07	0.790 54	0.945 35
2016		0.445 76	0.812 93	0.867 24
2017		0.731 14	1	0.931 01

第三步，计算各评价对象的关联度，结果如表 8-34 所示。

表 8-34 单参考序列情形下的关联度

评价对象	关联度	排名
x_1	0.514 764	3
x_2	0.846 084	2
x_3	0.853 638	1

从表 8-34 可知，对 y_1 的影响程度大小依次为 x_3、x_2、x_1。

3．多参考序列

对于确定的多参考序列情形，在数据同向化和无量纲化处理后，将每一参考序列与比较序列分别进行相关计算，即按单参考序列的步骤进行计算。

【例 8-12】 根据表 8-35 中数据，运用灰色关联法评价 3 种投资对 3 种收入的影响程度。

表 8-35 收入与投资的数据

年份	参考序列 1	参考序列 2	参考序列 3	评价对象		
				比较序列 1	比较序列 2	比较序列 3
	收入 1	收入 2	收入 3	投资 1	投资 2	投资 3
2012	0.843 75	0.891 11	0.669 04	0.617 92	0.688 3	0.371 41
2013	1.256 25	0.967 01	0.804 23	0.796 86	0.831 62	0.54 087
2014	1.531 25	1.009 93	0.969 27	0.975 4	0.996 97	0.835 12
2015	0.843 75	1.021 46	1.061 01	1.182 87	1.171 14	1.515 17
2016	0.525	1.110 49	1.496 45	1.426 94	1.311 98	1.737 43

注：数据已同向化（正向化）和无量纲化处理。

解：

将 3 个参考序列分别与 3 个比较序列按单参考序列情形进行计算，得到的关联度结果如表 8-36 所示。

表 8-36 多参考序列情形的关联度

参考序列	比较序列		
	投资 1	投资 2	投资 3
收入 1	0.719 27	0.753 85	0.576 46
收入 2	0.675 00	0.739 64	0.450 64
收入 3	0.857 53	0.807 35	0.481 23

从表 8-36 可知：(1)就各种投资对收入 1 的影响程度而言，投资 2＞投资 1＞投资 3；(2)就各种投资对收入 2 的影响程度而言，投资 2＞投资 1＞投资 3；(3)就各种投资对收入 3 的影响程度而言，投资 1＞投资 2＞投资 3。此外，收入 2 与各种投资的关联度最小，说明各种投资对收入 2 的影响最小。

8.4.2 TOPSIS 法

TOPSIS 法是根据有限个评价对象与理想化目标的接近程度进行排序的方法,是在现有的对象中进行相对优劣的评价。在数据同向化和无量纲化处理后按以下步骤进行计算。

第一步,确定各指标的最优值与最劣值。

第二步,计算评价对象所有指标与最优值及最劣值的距离:

$$D_i^+ = \sqrt{\sum_{j=1}^m (a_{ij}^+ - a_{ij})^2}$$

$$D_i^- = \sqrt{\sum_{j=1}^m (a_{ij}^- - a_{ij})^2}$$

其中,D_i^+ 和 D_i^- 分别表示第 i 个评价对象与最优值及最劣值的距离,a_{ij} 表示第 i 个评价对象在第 j 个指标上的数值,a_{ij}^+ 和 a_{ij}^- 分别表示第 i 个评价对象在第 j 个指标上的最优值和最劣值。

第三步,计算评价对象与最优值的接近度:

$$C_i = \frac{D_i^-}{D_i^+ + D_i^-}$$

其中,C_i 表示接近度,取值范围在 0 与 1 之间,越接近 1,表示评价对象越接近最优水平;越接近 0,表示评价对象越接近最劣水平。

【例 8-13】 根据表 8-37 中数据(指标 x_1、x_2、x_3 为正向指标,x_4、x_5 为负向指标,x_6 为适度指标),运用 TOPSIS 法进行评价。

表 8-37 数 据

评价对象	指 标					
	x_1	x_2	x_3	x_4	x_5	x_6
E_1	21 584	76.75	0.93	0.99	78.31	0.56
E_2	24 372	86.36	0.37	1.25	91.12	0.52
E_3	22 041	81.82	0.46	1.61	91.13	0.31
E_4	21 115	84.51	0.49	1.67	90.26	0.34
E_5	24 633	90.39	0.28	2.32	95.58	0.28
E_6	22 402	92.75	0.94	1.79	80.31	0.76
E_7	25 016	97.36	0.74	2.05	100.12	0.97
E_8	22 898	96.82	0.97	1.81	93.13	0.46
E_9	21 923	101.51	0.85	2.27	100.26	0.84
E_{10}	25 387	101.39	0.34	2.56	104.58	0.33

解:

第一步,对数据进行同向化和无量纲化的处理如下:

正向指标:

$$y_i = x_i$$

负向指标:

$$y_i = \frac{1}{x_i}$$

适度指标：

$$y_i = \frac{c}{c+|c-x_i|}$$

归一化处理：

$$a_i = \frac{y_i}{\sqrt{\sum_{i=1}^{n}(y_i)^2}}$$

其中，a_i 表示归一化后的数值。

归一化后的结果如表 8-38 所示。

表 8-38 归一化后的数据

评价对象	指 标					
	x_1	x_2	x_3	x_4	x_5	x_6
E_1	0.294 39	0.265 77	0.427 07	0.535 61	0.369 12	0.396 6
E_2	0.332 42	0.299 05	0.169 91	0.424 21	0.317 09	0.400 89
E_3	0.300 63	0.283 33	0.211 24	0.329 35	0.317 09	0.290 7
E_4	0.288	0.292 64	0.225 01	0.317 52	0.320 27	0.302 58
E_5	0.335 98	0.313	0.128 58	0.132 56	0.302 35	0.279 72
E_6	0.305 55	0.321 18	0.431 66	0.296 23	0.359 87	0.292 23
E_7	0.341 2	0.337 14	0.339 82	0.258 66	0.288 76	0.228 97
E_8	0.312 32	0.335 27	0.445 44	0.292 96	0.310 44	0.361 72
E_9	0.299 02	0.351 51	0.390 33	0.233 59	0.288 18	0.264 4
E_{10}	0.346 26	0.351 09	0.156 13	0.106 05	0.276 33	0.298 51

注：指标 x_6 的阈值为平均值 ($c=0.537$)。

第二步，计算评价对象所有指标与最优值及最劣值的距离，且计算评价对象与最优值的接近度，结果如表 8-39 所示。

表 8-39 接近度与排名

评价对象	指 标			
	D_i^+	D_i^-	C_i	排名
E_1	0.101 97	0.557 11	0.845 28	1
E_2	0.306 56	0.370 45	0.547 19	4
E_3	0.344 92	0.250 27	0.420 49	8
E_4	0.339 21	0.249 18	0.423 49	7
E_5	0.532 52	0.092 13	0.147 49	10
E_6	0.268 26	0.377 34	0.584 48	3
E_7	0.352 28	0.275 66	0.438 99	6
E_8	0.255 48	0.399 43	0.609 9	2
E_9	0.348 81	0.306 02	0.467 33	5
E_{10}	0.536 02	0.127 55	0.192 22	9

8.4.3 集对分析法

集对分析是从整体和全局上研究确定性和不确定性的一种不确定性理论,其核心思想是用"同一"和"对立"来描述系统的确定性,用"差异"来描述系统的不确定性。针对要研究的问题,建立具有一定联系的两个集合 A 和 B 的集对 $H=(A,B)$,并通过联系度 μ 对集对中两集合的特性从同、异、反 3 方面进行定量刻画,其中联系度 μ 的表达式如下:

$$\mu = a + bi + cj$$

其中,μ 表示集对的联系度;a 表示两个集合的同一度;b 表示两个集合的差异度;c 表示两个集合的对立度;i 表示差异不确定性系数($i \in [-1,1]$),当 $i=-1,1$ 时属确定性,分别为对立性和同一性,当 $i \in (-1,1)$ 时属不确定性;j 表示对立系数,取值为 -1。a,b,c 满足归一化条件:

$$a + b + c = 1$$

集对分析法的步骤如下。

第一步,构造评价矩阵。建立评价矩阵 $D=\{d_{rk}\}_{m \times n}$,即

$$D = \begin{bmatrix} d_{11} & d_{12} & \cdots & d_{1n} \\ d_{21} & d_{22} & \cdots & d_{2n} \\ \vdots & \vdots & \cdots & d_{3n} \\ d_{m1} & d_{m2} & \cdots & d_{mn} \end{bmatrix}$$

其中,D 表示针对 n 个评价对象的 m 个评价指标作系统可持续性的评价,评价矩阵中 d_{rk} 表示第 k 个评价对象的第 r 个评价指标值。

第二步,最优和最劣方案的确定。根据系统可持续性评价的目标和评级指标的特点,从评价指标体系的内部、外部确定评价指标的最优方案和最劣方案 U 和 V:

$$U = \{u_1, u_2, \cdots, u_m\}^T$$
$$V = \{v_1, v_2, \cdots, v_m\}^T$$

其中,u_r 表示第 r 个评价指标的最优值,v_r 表示第 r 个评价指标的最劣值,根据最优方案和最劣方案构造评价矩阵 D^*:

$$D^* = \begin{bmatrix} d_{11} & d_{12} & \cdots & d_{1n} & u_1 & v_1 \\ d_{21} & d_{22} & \cdots & d_{2n} & u_2 & v_2 \\ \vdots & \vdots & & \vdots & \vdots & \vdots \\ d_{m1} & d_{m2} & \cdots & d_{mn} & d_m & v_m \end{bmatrix}$$

第三步,确定联系度。任一评价对象 k 的评价指标 r 的值 d_{rk} 对于最优方案的联系度为

$$\mu_{rk} = a_{rk} + b_{rk}i + c_{rk}j$$

其中,a_{rk} 表示同一度,b_{rk} 表示差异度,c_{rk} 表示对立度。

(1) 当评价指标为效益型时,有

$$a_{rk} = \frac{d_{rk}}{u_r + v_r}$$

$$b_{rk} = 1 - (a_{rk} + b_{rk}) = \frac{(u_r - d_{rk})(d_{rk} - v_r)}{(u_r + v_r)d_{rk}}$$

$$c_{rk} = \frac{u_r v_r}{(u_r + v_r)d_{rk}}$$

其中,$\frac{d_{rk}}{u_r + v_r} \in [0,1]$,表示 d_{rk} 与 u_r 的接近程度,其值越大,接近程度越大。

(2) 当评价指标为成本型时,有

$$a_{rk} = \frac{u_r v_r}{(u_r + v_r)d_{rk}}$$

$$b_{rk} = 1 - (a_{rk} + b_{rk}) = \frac{(u_r - d_{rk})(d_{rk} - v_r)}{(u_r + v_r)d_{rk}}$$

$$c_{rk} = \frac{d_{rk}}{u_r + v_r}$$

任一评价对象 k 对于最优方案的综合联系度为

$$\mu_k = a_k + b_k i + c_k j$$

$$a_k = \sum_{r=1}^{m} \omega_r a_{rk}$$

$$b_k = \sum_{r=1}^{m} \omega_r b_{rk}$$

$$c_k = \sum_{r=1}^{m} \omega_r c_{rk}$$

其中,ω_r 表示评价指标 r 的权重。

最后,可根据不同待选对象的不同综合评估值 R 的大小排出其优劣次序,R 的值越大表明结果越优。

【例 8-14】 根据表 8-40 的数据,运用集对分析法进行评价(目标层为 M)。

表 8-40 原始数据表

指标			评价对象			
一级指标	二级指标	三级指标	F_1	F_2	F_3	F_4
M(0.4)	N_1(0.5)	x_1(0.40)	5.90%	2.70%	3.40%	3.90%
		x_2(0.30)	23.40%	17.23%	54.70%	71.15%
		x_3(0.30)	1 114	1 193	1 389	1 018
	N_2(0.5)	x_4(0.30)	33.6	2.38	21.6	4.9
		x_5(0.40)	92 305	22 000	38 600	73 130
		x_6(0.30)	34.60%	30.20%	75%	22.30%

续表

指标			评价对象			
一级指标	二级指标	三级指标	F_1	F_2	F_3	F_4
$M_2(0.3)$	$N_3(0.25)$	$x_7(0.22)$	233 482.7	62 776	22 073	20 805.4
		$x_8(0.30)$	17 700	17 900	29 300	8 415
		$x_9(0.28)$	103 928	91 242	85 373	123 247
		$x_{10}(0.20)$	37 224.2	27 749	31 138	38 007
	$N_4(0.23)$	$x_{11}(0.48)$	225.92	225.05	239.58	296
		$x_{12}(0.52)$	0.30%	1.40%	3.80%	2.60%
	$N_5(0.24)$	$x_{13}(0.34)$	14.60%	17.67%	15.50%	13.10%
		$x_{14}(0.42)$	54.30%	75.51%	65.51%	55.51%
		$x_{15}(0.24)$	9.12	10.62	9.2	9.23
	$N_6(0.13)$	$x_{16}(1)$	5.95%	16.82%	16.20%	4.20%
	$N_7(0.15)$	$x_{17}(0.35)$	0.11	0.11	0.04	0.08
		$x_{18}(0.30)$	5.86%	4.54%	7.85%	2.57%
		$x_{19}(0.35)$	2 711	1 799	3 589	2 898
$M_3(0.3)$	$N_8(0.52)$	$x_{20}(0.34)$	84	60	23	77
		$x_{21}(0.33)$	0.028	0.048	0.023	0.01
		$x_{22}(0.33)$	0.052	0.042	0.046	0.04
	$N_9(0.48)$	$x_{23}(0.34)$	34 366	192 650	170 379	624 265
		$x_{24}(0.22)$	83.00%	87.50%	91.00%	96.00%
		$x_{25}(0.22)$	2 468	3 126	4 319	12 789
		$x_{26}(0.22)$	38.60%	34.90%	38%	45%

注：三级指标均为正向指标；括号内的数值为各级指标的权重。

解：

(1) 一级综合评价。由表 8-40 可知，M_1 在 N_1 上的评判矩阵 $\boldsymbol{D}_{N1\omega}$ 为

$$\boldsymbol{D}_{N1\omega} = \begin{bmatrix} 0.059 & 0.027 & 0.034 & 0.039 \\ 0.234 & 0.172\ 3 & 0.547 & 0.711\ 5 \\ 1\ 114 & 1\ 193 & 1\ 389 & 1\ 018 \end{bmatrix}$$

理想方案为 $\boldsymbol{U}_0 = [0.059, 0.715, 1389]^T$

由 $\boldsymbol{D}_{N1\omega}$ 可得 μ_{N1}：

$$\boldsymbol{\mu}_{N1} = \begin{bmatrix} 1 & 0.457\ 63 & 0.576\ 27 & 0.661\ 02 \\ 0.328\ 88 & 0.242\ 16 & 0.768\ 80 & 1 \\ 0.802\ 02 & 0.858\ 89 & 1 & 0.732\ 90 \end{bmatrix}$$

其中，$0.457\ 63 = 0.027/0.059$，$0.242\ 16 = 17.23/0.711\ 5$，$0.858\ 89 = 1\ 193/1\ 389$，以此类推得到其他数值。

M_1 在 N_1 上的综合评价结果 $\boldsymbol{R}_{N1}$ 为

$$\boldsymbol{R}_{N1} = \boldsymbol{\omega}_{N1} \cdot \boldsymbol{\mu}_{N1} = (0.739\ 27, 0.513\ 37, 0.761\ 15, 0.784\ 28)$$

其中，$0.739\ 27 = 0.4 \times 1 + 0.3 \times 0.328\ 88 + 0.3 \times 0.802\ 02$，以此类推得到其他数值。

同理，可得 M_1 在 N_2 上的综合评价结果 $\boldsymbol{R}_{N2}$ 为

$$\boldsymbol{R}_{x2} = \boldsymbol{\omega}_{x_2} \cdot \boldsymbol{\mu}_{x_2} = (0.838\ 40, 0.237\ 39, 0.660\ 13, 0.449\ 86)$$

M_2 在 N_3、N_4、N_5、N_6、N_7 上的综合评价结果分别为

$$\boldsymbol{R}_{N3}=(0.83288,0.59543,0.67833,0.58536)$$
$$\boldsymbol{R}_{N4}=(0.40741,0.55652,0.90851,0.83597)$$
$$\boldsymbol{R}_{N5}=(0.78906,1,0.87053,0.76941)$$
$$\boldsymbol{R}_{N6}=(0.35375,1,0.96314,0.24970)$$
$$\boldsymbol{R}_{N7}=(0.83833,0.69894,0.77727,0.63538)$$

M_3 在 N_8、N_9 上的综合评价结果为

$$\boldsymbol{R}_{N8}=(0.86250,0.83940,0.54314,0.63426)$$
$$\boldsymbol{R}_{N9}=(0.44009,0.52984,0.56141,1)$$

一级综合评价结果如表 8-41 所示。

表 8-41 一级综合评价结果

一级评价结果	F_1	F_2	F_3	F_4
N_1	0.739 27	0.513 37	0.761 15	0.784 28
N_2	0.838 40	0.237 39	0.660 13	0.449 86
N_3	0.832 88	0.595 43	0.678 33	0.585 36
N_4	0.407 41	0.556 52	0.908 51	0.835 79
N_5	0.789 06	1	0.870 53	0.769 41
N_6	0.353 75	1	0.963 14	0.249 70
N_7	0.838 33	0.698 94	0.777 27	0.635 38
N_8	0.862 50	0.839 40	0.543 14	0.634 26
N_9	0.440 09	0.529 84	0.561 41	1

(2) 二级综合评价。由表 8-41 可得 M 在 M_1 上的评判矩阵 $\boldsymbol{D}_{M1}$ 为

$$\boldsymbol{D}_{M1}=\begin{bmatrix}0.73927 & 0.51337 & 0.76115 & 0.78428\\ 0.83840 & 0.23739 & 0.66013 & 0.44986\end{bmatrix}$$

理想方案为 $\boldsymbol{U}_0=[0.78428,0.83840]^\mathrm{T}$

由 $\boldsymbol{D}_{M1}$ 可得 $\boldsymbol{\mu}_{M1}$：

$$\boldsymbol{\mu}_{M1}=\begin{bmatrix}0.94261 & 0.65457 & 0.97051 & 1\\ 1 & 0.28315 & 0.78737 & 0.53657\end{bmatrix}$$

其中，$0.94261=0.73927/0.78428$，$0.28315=0.28315/0.83840$，以此类推得到其他数值。

于是，可得 M 在 M_1 上的综合评价结果 $\boldsymbol{R}_{M1}$ 为

$$\boldsymbol{R}_{M1}=\boldsymbol{\omega}_{M1}\cdot\boldsymbol{\mu}_{M1}=(0.97131,0.46886,0.87894,0.76829)$$

其中：$0.97131=0.5\times0.94261+0.5\times1$，以此类推得到其他数值。

同理，可得 M 在 M_2、M_3 上的综合评价结果 $\boldsymbol{R}_{M2}$、$\boldsymbol{R}_{M3}$ 分别为

$$\boldsymbol{R}_{M2}=(0.73850,0.81467,0.90682,0.71810)$$
$$\boldsymbol{R}_{M3}=(0.73124,0.76040,0.59694,0.86239)$$

将二级综合评价结果统计成表，如表 8-42 所示。

表 8-42　二级综合评价结果表

二级评价结果	F_1	F_2	F_3	F_4
M_1	0.971 31	0.468 86	0.878 94	0.768 29
M_2	0.738 50	0.814 67	0.906 82	0.718 10
M_3	0.731 24	0.760 40	0.596 94	0.862 39

（3）三级综合评价。由表 8-42 可得 M 的评价矩阵 D 为

$$D = \begin{bmatrix} 0.971\,31 & 0.468\,86 & 0.878\,94 & 0.768\,29 \\ 0.738\,50 & 0.814\,67 & 0.906\,82 & 0.718\,10 \\ 0.731\,24 & 0.760\,40 & 0.596\,94 & 0.862\,39 \end{bmatrix}$$

理想方案为 $U_0 = [0.971\,31, 0.906\,82, 862\,39]^T$

由 D 可得 μ：

$$\mu = \begin{bmatrix} 1 & 0.482\,71 & 0.904\,90 & 0.790\,98 \\ 0.814\,38 & 0.898\,38 & 1 & 0.791\,89 \\ 0.847\,92 & 0.881\,74 & 0.692\,19 & 1 \end{bmatrix}$$

其中，$0.482\,71 = 0.468\,86/0.971\,31$，$0.898\,38 = 0.814\,67/0.906\,82$，$0.692\,19 = 0.596\,94/0.862\,39$，以此类推得到其他数值。

M 的总评价结果 R 为

$$R = \omega \cdot \mu = (0.898\,69, 0.727\,12, 0.869\,62, 0.853\,96)$$

其中，$0.898\,69 = 0.4 \times 1 + 0.3 \times 0.814\,38 + 0.3 \times 0.847\,92$，以此类推得到其他数值。

由此可知，评价排名依此为：F_1、F_3、F_4 和 F_2。

8.4.4　主成分分析法

主成分分析是利用降维的思想，在损失很少信息的前提下把多个指标转化为几个综合指标的方法。通常把转化生成的综合指标称为主成分，其中，每个主成分都是原始变量的线性组合，并且各个主成分之间互不相关，使得主成分比原始变量具有某些更优越的性能。因而在分析问题时就可以只考虑少数几个主成分而不至于损失太多信息，从而更容易抓住主要矛盾，揭示事物内部变量之间的规律性，同时使问题得到简化，提高分析效率。

在对某一事物进行分析时，为了更全面、准确地反映事物的特征及其发展规律，往往要考虑与其相关的多个指标（变量），从而就产生了两方面问题：一方面为了避免遗漏重要的信息而会考虑尽可能多的指标；另一方面考虑指标的增多会增加问题的复杂性，同时由于各指标都是对同一事物的反映，不可避免地会造成信息的大量重叠，而信息的重叠有时甚至会抹杀事物的真正特征与内在规律。若分析某一问题涉及的众多变量之间有一定的相关性，就必然存在着起支配作用的共同因素，就可以利用原始变量的线性组合形成少数几个综合指标（主成分），在保留原始变量主要信息的前提下产生降维与简化问题的作用，进而在分析复杂问题时更容易抓住主要矛盾。

通常，利用主成分分析得到的主成分与原始变量之间的基本关系如下：

（1）每一个主成分都是各原始变量的线性组合；

（2）主成分的数目大大少于原始变量的数目；

(3) 主成分保留了原始变量的绝大多数信息;
(4) 各主成分之间互不相关。

通过主成分分析,可以从事物之间错综复杂的关系中找出一些主要成分,从而能有效利用大量统计数据进行定量分析,解释变量之间的内在关系,得到对事物特征及其发展规律的一些深层次的启发。

1. 主成分分析的基本理论

主成分分析是从变量间的相关关系出发,将多个变量综合成少数几个变量的方法。设研究对象包含 n 个样本,p 个变量($n>p$),分别用 $X_1,X_2,\cdots,X_p$ 表示,这 p 个变量构成向量 $\boldsymbol{X}=(X_1,X_2,\cdots,X_p)$。将原始数据整理为矩阵形式如下:

$$\boldsymbol{X}=\begin{bmatrix} x_{11} & x_{12} & \cdots & x_{1p} \\ x_{21} & x_{22} & \cdots & x_{2p} \\ \vdots & \vdots & \vdots & \vdots \\ x_{p1} & x_{p2} & \cdots & x_{pp} \end{bmatrix}$$

对 $\boldsymbol{X}$ 进行线性转换,可以形成新的综合变量,用 Y 表示,即:

$$\begin{cases} Y_1 = u_{11}X_1 + u_{12}X_2 + \cdots + u_{1p}X_p \\ Y_2 = u_{21}X_1 + u_{22}X_2 + \cdots + u_{2p}X_p \\ \quad\vdots \\ Y_p = u_{p1}X_1 + u_{p2}X_2 + \cdots + u_{pp}X_p \end{cases}$$

其中,$u_{k1}^2 + u_{k2}^2 + \cdots + u_{kp}^2 = 1, k=1,2,\cdots,p$。

由于可对原始变量任意地进行线性转换,因此得到的综合变量 Y 的统计特性也各不相同。为了取得最好的效果,对系数 u_{ij} 进行如下约定:

(1) Y_i 与 Y_j 不相关($i \neq j; i,j=1,2,\cdots,p$)。

(2) Y_1 是 $X_1,X_2,\cdots,X_p$ 的一切满足 $u_{k1}^2 + u_{k2}^2 + \cdots + u_{kp}^2 = 1$ 的线性组合中方差最大者;Y_2 是与 Y_1 不相关的 $X_1,X_2,\cdots,X_p$ 的一切满足 $u_{k1}^2 + u_{k2}^2 + \cdots + u_{kp}^2 = 1$ 的线性组合中方差最大者;以此类推,Y_p 是与 $Y_1,Y_2,\cdots,Y_{p-1}$ 不相关的 $X_1,X_2,\cdots,X_p$ 的一切满足 $u_{k1}^2 - u_{k2}^2 + \cdots + u_{kp}^2 = 1$ 的线性组合中方差最大者。

由以上约定决定的综合变量 $Y_1,Y_2,\cdots,Y_p$ 分别称为原始变量的第一个主成分、第二个主成分、$\cdots$、第 p 个主成分。

主成分分析法的基本步骤如下:

第一步,计算相关系数矩阵:

$$\boldsymbol{R}=\begin{bmatrix} r_{11} & r_{12} & \cdots & r_{1p} \\ r_{21} & r_{22} & \cdots & r_{2p} \\ \vdots & \vdots & \vdots & \vdots \\ r_{p1} & r_{p2} & \cdots & r_{pp} \end{bmatrix}$$

其中,$r_{ij}(i,j=1,2,\cdots,p)$ 为原变量的 x_i 与 x_j 之间的相关系。

第二步,计算特征值与特征向量。首先,解特征方程 $|\lambda I - R| = 0$,求出特征值 λ_i,并使

所有的特征值按大小顺序排列,即 $\lambda_1 \geqslant \lambda_2 \geqslant \cdots \geqslant \lambda_p \geqslant 0$,然后分别求出对应于特征值 λ_i 的特征向量 $e_i(i=1,2,\cdots,p)$。

第三步,计算主成分贡献率及累计贡献率。

主成分的贡献率为

$$z_i = \frac{\lambda_i}{\sum_{k=1}^{p} \lambda_k}$$

累计贡献率为:

$$\frac{\sum_{k=1}^{i} \lambda_k}{\sum_{k=1}^{p} \lambda_k}$$

其中,z_i 表示第 i 个主成分。

通常选取主成分有两种主法:一是选取累计贡献率大于或等于 85% 的特征值所对应的主成分;二是选取特征值大于 1 所对应的主成分。

第四步,计算主成分载荷。主成分载荷的计算公式如下:

$$l_{ij} = p(z_i, x_j) = \sqrt{\lambda_i} e_{ij}$$

其中,l_{ij} 表示第 i 个向量的第 j 个分量的主成分载荷,e_{ij} 表示特征向量 e_i 的第 j 个分量。

得到各主成分载荷后,可以进一步计算出各主成分的得分。

2. 主成分分析的应用条件

主成分分析的应用条件如下:

(1) 相关系数矩阵。通常,如果在相关系数矩阵中的大部分相关系数小于 0.3,则不适合进行主成分分析,如果在相关系数矩阵中的大部分相关系数大于 0.3,则适合进行主成分分析。

(2) 反映像相关矩阵。如果数据中确实存在公共因子,则变量之间的偏相关系数应很小,因为它与其他变量重叠的解释影响被剔除了。如果该矩阵中很多元素的值比较大,则不适合主成分分析。反映像相关矩阵是将各变量的 MSA 值放在偏相关系数矩阵的主对角线上,并将非主对角线元素取负的矩阵。MSA 值的计算公式如下:

$$\text{MSA}_i = \frac{\sum_{j \neq i} r_{ij}^2}{\sum_{j \neq i} r_{ij}^2 + \sum_{j \neq i} p_{ij}^2}$$

其中,MSA_i 表示第 i 个变量的 MSA 值,r_{ij} 是变量 x_i 和其他变量 $x_j(j \neq i)$ 间的简单相关系数;p_{ij} 是变量 x_j 在控制了其余变量下的偏相关系数。MSA 值变化范围为 [0,1],越接近 1,则该变量与其他变量间的相关性越强,反之亦然。

(3) Bartlett 球形检验。Bartlett 球形检验统计量是基于检验整个相关矩阵角度的,其原假设是相关矩阵且为单位阵,如果不能拒绝该假设,则应考虑主成分分析的适用性。

(4) KMO 测度。KMO 测度是基于比较测量变量之间的简单相关系数和偏相关系数的相对大小角度,其值变化范围为[0,1]。如果所有变量之间偏相关关系数的平方和远远小于简单相关系数的平方知,则 KMO 值接近 1;如果 KMO 值较小,则不适合主成分分析。

通常 MSA 值和 KMO 值按表 8-43 的标准进行解释。

表 8-43 MSA 值和 KMO 值的主成分分析适合性

MSA 值和 KMO 值	适 合 性	MSA 值和 KMO 值	适 合 性
[0.90,1]	非常适合	[0.60,0.70)	较适合
[0.80,0.90)	很适合	[0.50,0.60)	不太适合
[0.70,0.80)	适合	[0,0.50)	不适合

【例 8-15】 根据表 8-44 中的数据,运用主成分分析法对 18 个对象进行评价。其中,评价对象包括 J_1-J_{18},指标包括 x_1、x_2、x_3、x_4、x_5、x_6、x_7、x_8、x_9、x_{10}、x_{11}、x_{12} 和 x_{13} 13 个正向指标。

表 8-44 指 标 数 据

评价对象	指标												
	x_1	x_2	x_3	x_4	x_5	x_6	x_7	x_8	x_9	x_{10}	x_{11}	x_{12}	x_{13}
J_1	10.327	0.691	3.029	1858.740	2.298	0.661	64.527	2.731	18.945	0.223	0.527	3.332	0.603
J_2	3.689	0.150	0.981	340.060	2.390	0.655	22.796	2.682	4.039	0.192	0.308	1.178	0.458
J_3	3.314	0.169	0.909	615.480	2.276	0.319	27.932	1.251	6.415	0.099	0.246	1.084	0.384
J_4	3.317	0.144	1.137	459.660	2.467	1.106	42.202	3.640	6.096	0.290	0.356	1.046	0.599
J_5	3.309	0.309	1.063	410.610	2.214	0.574	47.721	2.209	8.103	0.168	0.309	1.088	0.404
J_6	2.773	0.182	0.847	422.200	2.189	0.661	32.536	2.079	5.709	0.164	0.109	0.833	0.437
J_7	2.685	0.075	0.811	466.590	2.292	0.553	27.678	1.525	4.664	0.155	0.322	0.794	0.406
J_8	3.180	0.190	1.153	333.560	2.352	0.735	23.163	2.306	4.388	0.168	0.249	0.990	0.410
J_9	2.324	0.152	0.759	374.540	2.405	0.797	19.482	2.173	3.401	0.188	0.239	0.723	0.377
J_{10}	3.813	0.275	0.794	238.860	2.276	0.992	37.238	1.671	8.138	0.226	0.263	1.148	0.588
J_{11}	1.745	0.072	0.525	373.510	2.382	0.645	17.148	1.745	3.057	0.148	0.192	0.494	0.349
J_{12}	1.939	0.157	0.579	406.710	2.200	0.264	18.868	0.692	3.924	0.086	0.213	0.581	0.229
J_{13}	3.097	0.151	0.394	466.89	2.172	0.244	31.613	1.11	6.742	0.13	0.269	0.892	0.340
J_{14}	1.958	0.008	0.512	428.600	2.126	0.393	20.822	1.389	3.470	0.134	0.233	0.559	0.286
J_{15}	1.528	0.103	0.402	268.490	2.298	0.339	22.176	1.548	3.052	0.138	0.253	0.419	0.257
J_{16}	1.350	0.086	0.424	353.890	2.182	0.352	14.514	1.387	1.965	0.127	0.164	0.376	0.313
J_{17}	1.179	0.071	0.430	217.960	2.088	0.39	18.009	1.546	2.585	0.098	0.192	0.341	0.191
J_{18}	0.892	0.022	0.272	237.520	2.276	0.214	12.070	0.938	1.883	0.064	0.139	0.243	0.117

解:

IBM SPSS Statistics 并没有直接给出求解主成分的菜单,只给出因子分析的菜单。因子分析的"主成分法"得到的因子载荷和相应的主成分的系数相差的仅仅是一个常数,这个常数就是相应主成分的特征值的平方根。因此,可以利用因子分析的"主成分法"得到因子载荷矩阵,然后除以相应的特征值的平方根就可以得到主成分的相应系数。

利用 IBM SPSS Statistics 进行主成分分析的操作步骤如下:

(1) 打开数据进入主成分分析的对话框进行相关设置:

① 单击【分析】→【降维】→【因子】，打开主成分分析的对话框。将变量 X_1-X_{13} 放入变量的列表框内，设置步骤的次序如图 8-3 所示。

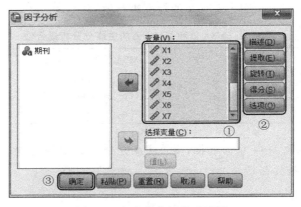

图 8-3　主成分分析的对话框

② 单击【描述】，设置步骤的次序如图 8-4 所示，单击【继续】回到上一级对话框。

图 8-4　描述对话框中的设置

③ 单击【提取】，设置步骤的次序如图 8-5 所示，单击【继续】回到上一级对话框。

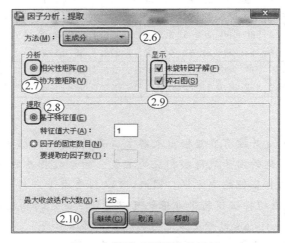

图 8-5　提取对话框中的设置

④ 单击【旋转】，使用默认设置（由于主成分分析得到的主成分不一定要给出有实际意义的解释，因此不需要进行因子旋转），如图 8-6 所示，单击【继续】回到上一级对话框。

图 8-6　旋转对话框中的设置

⑤ 单击【得分】，设置步骤的次序如图 8-7 所示，单击【继续】回到上一级对话框。

图 8-7　得分对话框中的设置

(5) 主成分分析的结果与分析如下：

① 描述性统计分析。从表 8-45 可知，13 个变量的平均值、标准偏差和分析个案数。

表 8-45　描述统计

变量	平均值	标准偏差	分析个案数
X_1	2.912 17	2.058 86	18
X_2	0.167 06	0.151 896	18
X_3	0.834 50	0.613 129	18
X_4	459.659 44	362.873 027	18
X_5	2.271 28	0.102 509	18
X_6	0.549 67	0.256 753	18
X_7	27.805 28	13.258 35	18
X_8	1.812 33	0.726 751	18
X_9	5.365 33	3.896 246	18
X_{10}	0.155 44	0.055 508	18
X_{11}	0.254 61	0.093 391	18
X_{12}	0.895 61	0.678 742	18
X_{13}	0.374 89	0.135 19	18

② 相关性矩阵。从表 8-46 可知，大多数变量之间的相关系数大于 0.3，并且在 0.05 显著性水平下呈现显著相关。

表 8-46 相关性矩阵

		X_1	X_2	X_3	X_4	X_5	X_6	X_7	X_8	X_9	X_{10}	X_{11}	X_{12}	X_{13}
相关性	X_1	1	0.940	0.962	0.915	0.216	0.351	0.861	0.499	0.964	0.544	0.845	0.999	0.718
	X_2	0.94	1	0.917	0.845	0.128	0.322	0.869	0.427	0.954	0.477	0.745	0.942	0.645
	X_3	0.962	0.917	1	0.905	0.288	0.409	0.828	0.598	0.907	0.56	0.824	0.968	0.692
	X_4	0.915	0.845	0.905	1	0.084	0.091	0.734	0.319	0.892	0.309	0.757	0.915	0.478
	X_5	0.216	0.128	0.288	0.084	1	0.641	0.133	0.631	0.08	0.604	0.356	0.225	0.495
	X_6	0.351	0.322	0.409	0.091	0.641	1	0.448	0.809	0.296	0.914	0.369	0.351	0.818
	X_7	0.861	0.869	0.828	0.734	0.133	0.448	1	0.566	0.929	0.646	0.794	0.862	0.765
	X_8	0.499	0.427	0.598	0.319	0.631	0.809	0.566	1	0.401	0.881	0.561	0.510	0.750
	X_9	0.964	0.954	0.907	0.892	0.08	0.296	0.929	0.401	1	0.49	0.801	0.962	0.678
	X_{10}	0.544	0.477	0.56	0.309	0.604	0.914	0.646	0.881	0.49	1	0.614	0.541	0.906
	X_{11}	0.845	0.745	0.824	0.757	0.356	0.369	0.794	0.561	0.801	0.614	1	0.847	0.660
	X_{12}	0.999	0.942	0.968	0.915	0.225	0.351	0.862	0.510	0.962	0.541	0.847	1	0.715
	X_{13}	0.718	0.645	0.692	0.478	0.495	0.818	0.765	0.750	0.678	0.906	0.660	0.715	1
显著性	X_1		0.000	0.000	0.000	0.195	0.077	0.000	0.018	0.000	0.010	0.000	0.000	0.000
	X_2	0.000		0.000	0.000	0.306	0.096	0.000	0.039	0.000	0.023	0.000	0.000	0.002
	X_3	0.000	0.000		0.000	0.123	0.046	0.000	0.004	0.000	0.008	0.000	0.000	0.001
	X_4	0.000	0.000	0.000		0.371	0.36	0.000	0.099	0.000	0.106	0.000	0.000	0.022
	X_5	0.195	0.306	0.123	0.371		0.002	0.299	0.000	0.376	0.004	0.074	0.185	0.018
	X_6	0.077	0.096	0.046	0.36	0.002		0.031	0.000	0.116	0.000	0.066	0.076	0.000
	X_7	0.000	0.000	0.000	0.000	0.299	0.031		0.007	0.000	0.002	0.000	0.000	0.000
	X_8	0.018	0.039	0.004	0.099	0.003	0.000	0.007		0.049	0.000	0.008	0.015	0.000
	X_9	0.000	0.000	0.000	0.000	0.376	0.116	0.000	0.049		0.019	0.000	0.000	0.001
	X_{10}	0.010	0.023	0.008	0.106	0.004	0.000	0.002	0.000	0.019		0.003	0.010	0.000
	X_{11}	0.000	0.000	0.000	0.000	0.074	0.066	0.000	0.008	0.000	0.003		0.000	0.001
	X_{12}	0.000	0.000	0.000	0.000	0.185	0.076	0.000	0.015	0.000	0.010	0.000		0.000
	X_{13}	0.000	0.002	0.001	0.022	0.018	0.000	0.000	0.000	0.001	0.000	0.001	0.000	

注：显著性为单尾检验。

③ KMO 和巴特利特检验。从表 8-47 可知，KMO 值是 0.657，处于 0.60~0.70，并且巴特利特球形度检验的近似卡方统计量为 409.117（自由度为 78），显著性为 0.000，说明数据较适合进行主成分分析。

表 8-47 KMO 和巴特利特检验结果

KMO 取样适切性量数		0.657
巴特利特球形度检验	近似卡方	409.117
	自由度	78
	显著性	0.000

④ 反映像相关矩阵。从表 8-48 可知，变量 X_6 的 MSA 值最小，为 0.444，且小于 0.5，因此，删除变量 X_6，再进行主成分分析，结果见表 8-49 所示。从表 8-49 可知，所有变量的 MSA 值均大于 0.5，可进一步分析。并且从表 8-50 可知，KMO 值是 0.745，处于 0.70~0.80 之间，并且巴特利特球形度检验的近似卡方统计量为 409.117（自由度为 78），显著性为 0.000，说明数据适合进行主成分分析。

表 8-48 反映像矩阵

	X_1	X_2	X_3	X_4	X_5	X_6	X_7	X_8	X_9	X_{10}	X_{11}	X_{12}	X_{13}
X_1	0.723[a]	0.545	−0.399	0.42	0.087	0.52	0.506	0.196	−0.508	−0.709	0.291	−0.856	0.027
X_2	0.545	0.675[a]	−0.689	0.72	−0.178	0.61	0.506	0.136	−0.611	−0.674	0.437	−0.357	0.1
X_3	−0.399	−0.689	0.639[a]	−0.896	0.196	−0.879	−0.734	0.047	0.782	0.699	−0.211	−0.013	0.295
X_4	0.42	0.72	−0.896	0.572[a]	−0.196	0.869	0.78	−0.163	−0.83	−0.667	0.188	−0.05	−0.229
X_5	0.087	−0.178	0.196	−0.196	0.825[a]	−0.216	0.042	−0.159	0.07	0.151	−0.361	−0.121	−0.121
X_6	0.52	0.61	−0.879	0.869	−0.216	0.444[a]	0.814	−0.172	−0.836	−0.767	0.239	−0.109	−0.371
X_7	0.506	0.506	−0.734	0.78	0.042	0.814	0.612[a]	−0.528	−0.977	−0.492	−0.158	−0.023	−0.553
X_8	0.196	0.136	0.047	−0.163	−0.159	−0.172	−0.528	0.698[a]	0.49	−0.388	0.593	−0.505	0.678
X_9	−0.508	−0.611	0.782	−0.83	0.07	−0.836	−0.977	0.49	0.611[a]	0.523	0.074	0.022	0.491
X_{10}	−0.709	−0.674	0.699	−0.667	0.151	−0.767	−0.492	−0.388	0.523	0.568[a]	−0.589	0.532	−0.212
X_{11}	0.291	0.437	−0.211	0.188	−0.361	0.239	−0.158	0.593	0.074	−0.589	0.771[a]	−0.439	0.538
X_{12}	−0.856	−0.357	−0.013	−0.05	−0.121	−0.109	−0.023	−0.505	0.022	0.532	−0.439	0.804[a]	−0.398
X_{13}	0.027	0.1	0.295	−0.229	−0.121	−0.371	−0.553	0.678	0.491	−0.212	0.538	−0.398	0.767[a]

注：标识"a"的数值为 MSA 值。

表 8-49 删除变量 X_6 后的反映像矩阵

	X_1	X_2	X_3	X_4	X_5	X_7	X_8	X_9	X_{10}	X_{11}	X_{12}	X_{13}
X_1	0.809[a]	0.336	0.143	−0.074	0.239	0.167	0.34	−0.156	−0.566	0.201	−0.942	0.278
X_2	0.336	0.831[a]	−0.403	0.483	−0.06	0.02	0.309	−0.232	−0.404	0.379	−0.368	0.444
X_3	0.143	−0.403	0.915[a]	−0.558	0.013	−0.067	−0.222	0.182	0.078	−0.002	−0.23	−0.072
X_4	−0.074	0.483	−0.558	0.872[a]	−0.017	0.253	−0.027	−0.383	0.001	−0.041	0.092	0.204
X_5	0.239	−0.06	0.013	−0.017	0.744[a]	0.383	−0.204	−0.206	−0.024	−0.326	−0.149	−0.221
X_7	0.167	0.02	−0.067	0.253	0.383	0.731[a]	−0.676	−0.931	0.355	−0.624	0.114	−0.464
X_8	0.34	0.309	−0.222	−0.027	−0.204	−0.676	0.549[a]	0.639	−0.824	0.663	−0.535	0.671
X_9	−0.156	−0.232	0.182	−0.383	−0.206	−0.931	0.639	0.763[a]	−0.336	0.514	−0.128	0.354
X_{10}	−0.566	−0.404	0.078	0.001	−0.024	0.355	−0.824	−0.336	0.583[a]	−0.652	0.703	−0.836
X_{11}	0.201	0.379	−0.002	−0.041	−0.326	−0.624	0.663	0.514	−0.652	0.699[a]	−0.428	0.696
X_{12}	−0.942	−0.368	−0.23	0.092	−0.149	0.114	−0.535	−0.128	0.703	−0.428	0.755[a]	−0.476
X_{13}	0.278	0.444	−0.072	0.204	−0.221	−0.464	0.671	0.354	−0.836	0.696	−0.476	0.672[a]

注：标识"a"的数值为 MSA 值。

表 8-50　删除变量 X_6 的 KMO 和巴特利特检验结果

KMO 取样适切性量数		0.745
巴特利特球形度检验	近似卡方	367.139
	自由度	66
	显著性	0.000

⑤ 公因子方差。从表 8-51 可知，12 个变量被两个主成分提取的信息率分别为：0.978、0.916、0.933、0.882、0.699、0.848、0.856、0.974、0.912、0.779、0.979 和 0.847，而变量 X_5 信息损失较大。第二列"初始"反映了 13 个变量被 13 个主成分提取的信息率为 1(100%)。13 个变量被 13 个主成分提取，信息是不会损失的，但就达不到通过降维分析问题的目的。

表 8-51　公因子方差

变量	初始	提取
X_1	1	0.978
X_2	1	0.916
X_3	1	0.933
X_4	1	0.882
X_5	1	0.699
X_7	1	0.848
X_8	1	0.856
X_9	1	0.974
X_{10}	1	0.912
X_{11}	1	0.779
X_{12}	1	0.979
X_{13}	1	0.847

注：提取方法为主成分分析法。

⑥ 主成分抽取与检验。从表 8-52 可知，抽取了 12 个主成分，其中特征值大于 1 的有 2 个，累积可以解释 88.356% 的变异，即该 2 个主成分可反映了 88.356% 的信息量。并且从图 8-8 可知，从第 3 个点开始曲线变平缓，因此，可以选择 2 个主成分作为抽取的结果。

表 8-52　总方差解释

成分	初始特征值			提取载荷平方和			旋转载荷平方和		
	总计	方差百分比	累积百分比	总计	方差百分比	累积百分比	总计	方差百分比	累积百分比
1	8.604	71.704	71.704	8.604	71.704	71.704	7.177	59.81	59.81
2	1.998	16.652	88.356	1.998	16.652	88.356	3.426	28.546	88.356
3	0.576	4.797	93.153						
4	0.258	2.15	95.303						
5	0.25	2.081	97.384						
6	0.142	1.181	98.565						
7	0.083	0.696	99.26						

续表

成分	初始特征值			提取载荷平方和			旋转载荷平方和		
	总计	方差百分比	累积百分比	总计	方差百分比	累积百分比	总计	方差百分比	累积百分比
8	0.049	0.409	99.67						
9	0.025	0.21	99.88						
10	0.012	0.1	99.98						
11	0.002	0.018	99.997						
12	0	0.003	100						

注：提取方法为主成分分析法。

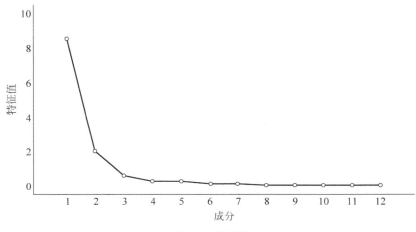

图 8-8 碎石图

⑦ 成分矩阵。表 8-53 为提取 2 个主成分的成分矩阵，也称为因子载荷矩阵。成分矩阵并不是主成分的系数，主成分的系数需要进一步计算而得。

表 8-53 成分矩阵

变量	成分 1	成分 2
X_1	0.967	−0.206
X_2	0.916	−0.277
X_3	0.958	−0.127
X_4	0.848	−0.404
X_5	0.350	0.759
X_7	0.916	−0.092
X_8	0.667	0.642
X_9	0.937	−0.309
X_{10}	0.714	0.635
X_{11}	0.883	0.005
X_{12}	0.969	−0.201
X_{13}	0.826	0.405

⑧ 主成分系数矩阵的计算。利用成分矩阵和特征值之间的关系,可以计算两个主成分系数。

对应于特征值(8.604)的第一个主成分系数的特征向量为

$$\left[\frac{0.967}{\sqrt{8.604}},\frac{0.916}{\sqrt{8.604}},\frac{0.958}{\sqrt{8.604}},\frac{0.848}{\sqrt{8.604}},\frac{0.350}{\sqrt{8.604}},\frac{0.916}{\sqrt{8.604}},\frac{0.667}{\sqrt{8.604}},\frac{0.937}{\sqrt{8.604}},\frac{0.714}{\sqrt{8.604}},\right.$$
$$\left.\frac{0.883}{\sqrt{8.604}},\frac{0.969}{\sqrt{8.604}},\frac{0.826}{\sqrt{8.604}}\right]$$
$$=[0.329\,67, 0.312\,28, 0.326\,60, 0.289\,10, 0.119\,32, 0.312\,28, 0.227\,39, 0.319\,44,$$
$$0.243\,42, 0.301\,03, 0.330\,35, 0.281\,60]$$

对应于特征值(1.998)的第二个主成分系数的特征向量为

$$\left[\frac{-0.206}{\sqrt{1.998}},\frac{-0.277}{\sqrt{1.998}},\frac{-0.127}{\sqrt{1.998}},\frac{-0.404}{\sqrt{1.998}},\frac{0.759}{\sqrt{1.998}},\frac{-0.092}{\sqrt{1.998}},\frac{0.642}{\sqrt{1.998}},\frac{-0.309}{\sqrt{1.998}},\frac{0.635}{\sqrt{1.998}},\right.$$
$$\left.\frac{0.005}{\sqrt{1.998}},\frac{-0.201}{\sqrt{1.998}},\frac{0.407}{\sqrt{1.998}}\right]$$
$$=[-0.145\,74, -0.195\,97, -0.089\,85, -0.285\,81, 0.536\,96, -0.065\,09, 0.454\,19,$$
$$-0.218\,61, 0.449\,24, 0.003\,54, -0.142\,20, 0.286\,52]$$

因此,这两个主成分(Y_1 和 Y_2)的表达式为

$$Y_1 = 0.329\,67X_1 + 0.312\,28X_2 + 0.326\,60X_3 + 0.289\,10X_4 + 0.119\,32X_5 + 0.312\,28X_7 +$$
$$0.227\,39X_8 + 0.319\,44X_9 + 0.243\,42X_{10} + 0.301\,03X_{11} + 0.330\,35X_{12} + 0.281\,60X_{13}$$

$$Y_2 = -0.145\,74X_1 - 0.195\,97X_2 - 0.089\,85X_3 - 0.285\,81X_4 + 0.536\,96X_5 - 0.065\,09X_7 +$$
$$0.454\,19X_8 - 0.218\,61X_9 + 0.449\,24X_{10} + 0.003\,54X_{11} - 0.142\,20X_{12} + 0.286\,52X_{13}$$

(4) 主成分的解释。第一个主成分 P 的线性组合中,各变量的系数都小于 0.5,并无突出反映某个变量的作用,而第二个主成分 P 的线性组合中,变量 X_5 的系数大于 0.5,突出反映了该指标在评价中的影响作用。

(5) 主成分得分。利用 IBM SPSS Statistics 计算出主成分分析评价指数的步骤如下:

单击【转换】→【计算变量】,打开"计算变量"的对话框,如图 8-9 所示。"目标变量"文本框内输入 Y1,"数字表达式"文本框内输入 Y1 的表达式,然后,单击【确定】,即可计算出第一个主成分的评价指数。类似地计算出第二个主成分的评价指数 Y2。

(6) 综合评价指数。综合评价指数可根据各个主成分的贡献率进行加权求和。两个主成分 Y_1 和 Y_2,对应的特征值分别为 8.604 和 1.998,因此综合评价指数为

$$Y = \frac{8.604}{8.604 + 1.998}Y_1 + \frac{1.998}{8.604 + 1.998}Y_2$$

综合评价指数的计算可以在 IBM SPSS Statistics 中选择【转换】→【计算变量】,然后输入相应表达式即可。计算出综合评价指数后,就可对 18 个评价对象进行排名(评价指数越高,排名越靠前),如表 8-54 所示。

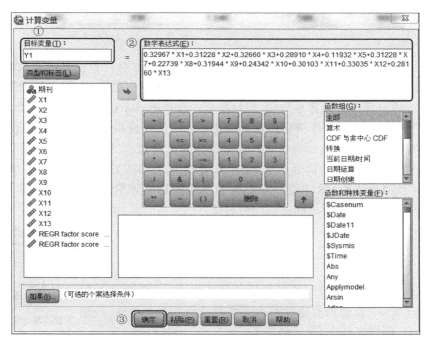

图 8-9　计算主成分分析的评价指数

表 8-54　评价指数与排名

评价对象	评价指数与排名					
	Y_1	排名(Y_1)	Y_2	排名(Y_2)	Y	排名(Y)
J_1	570.552 23	1	−539.225 4	18	363.454 07	1
J_2	109.856 30	12	−97.661 95	6	71.142 20	12
J_3	191.269 68	2	−177.937 05	17	122.376 38	2
J_4	151.337 73	3	−132.936 44	14	98.307 26	3
J_5	139.106 21	6	−120.642 58	11	90.653 84	6
J_6	136.494 59	7	−122.350 22	12	88.203 22	7
J_7	147.329 32	5	−134.658 58	15	94.715 35	5
J_8	107.914 85	14	−96.042 67	5	69.864 83	13
J_9	117.755 08	10	−107.126 68	9	75.797 04	10
J_{10}	86.215 49	16	−71.063 63	3	56.884 47	15
J_{11}	116.118 78	11	−106.684 43	8	74.546 60	11
J_{12}	126.364 13	9	−117.175 11	10	80.920 86	9
J_{13}	149.215 1	4	−135.789 38	16	96.039 4	4
J_{14}	133.271 7	8	−123.109 05	13	85.433 14	8
J_{15}	87.134 44	15	−77.112 79	4	56.493 54	16
J_{16}	108.948 5	13	−100.875 83	7	69.796 55	14
J_{17}	70.861 9	18	−62.382 55	1	46.005 3	18
J_{18}	74.083 04	17	−67.565 26	2	47.654 24	17

本章小结

本章介绍了综合评价概述、综合评价指标体系构建、综合评价指标权重和综合评价方法。其中,综合评价概述包括综合评价的概念、综合评价问题的描述、综合评价的步骤、综合评价的特点;综合评价指标体系构建,包括综合评价指标体系确定的原则、综合评价指标体系的确定方法、建立综合评价指标体系的注意点;综合评价指标权重包括确定指标权重的重要性、定性指标的数量化、逆向指标与适度指标的正向化、定量指标的无量纲化、确定指标权重的方法(专家评判法、层次分析法、变异系数方法、均方差法、相关系数法、熵值法、离差最大化法、拉开档次法和 CRITIC 法)、指标权重确定后的评价;综合评价方法包括灰色关联法、TOPSIS 法、集对分析法和主成分分析法。

习题

1. 根据表 8-55 相关数据,运用专家评判法对 10 个指标进行赋权,其中,从 1 到 10 分别表示指标的重要性程度从非常不重要(1)到非常重要(10),即数字越大,指标越重要。

表 8-55 专家评分

专家	指标									
	x_1	x_2	x_3	x_4	x_5	x_6	x_7	x_8	x_9	x_{10}
z_1	1	8	9	3	7	2	5	4	10	6
z_2	2	6	8	7	4	1	10	3	9	5
z_3	1	5	9	3	8	2	7	4	10	6
z_4	3	9	10	8	7	1	6	2	5	4
z_5	3	7	8	6	5	1	9	2	10	4

2. 根据表 8-56 相关数据,运用专家评判法对 10 个指标进行赋权,其中,从 1 到 10 分别表示指标的重要性从非常不重要(1)到非常重要(10),即数值越大,表示指标越重要。

表 8-56 专家评分

专家	指标									
	x_1	x_2	x_3	x_4	x_5	x_6	x_7	x_8	x_9	x_{10}
z_1	3	1	4	7	5	8	6	9	2	10
z_2	2	3	5	6	7	9	4	10	1	8

3. 根据表 8-57 中的数据,运用层次分析法确定指标权重。

表 8-57 判断矩阵

指标	x_1	x_2	x_3
x_1	1	3	5
x_2	1/3	1	7
x_3	1/5	1/7	1

4. 根据表 8-58 中的数据(指标 x_1、x_2、x_3、x_4 为正向指标，x_5 为负向指标，x_6 为适度指标)，运用变异系数法、均方差法、熵值法和离差最大法分别确定指标权重。

表 8-58 原 始 数 据

评价对象	指标					
	x_1	x_2	x_3	x_4	x_5	x_6
A_1	133	55.04	2 430	137.26	3.66	4.37
A_2	127.71	60.6	304	59.29	1.47	1.28
A_3	124.91	50.66	1 578	50.17	1.93	1.53
A_4	117.12	60.39	2 910	89.2	3.17	3.12
A_5	125.51	59.35	1 373	48.69	1.01	0.91
A_6	130.25	59.84	1 081	51.89	1.23	1.26
A_7	120.14	63.13	9 102	116.56	5.11	4.7
A_8	121.64	55.91	4 930	75.75	2.84	2.8
A_9	121	58.04	4 590	98.34	2.93	2.84
A_{10}	131.81	54.06	2 441	69.39	1.85	1.75

5. 根据表 8-59 中的数据(指标 x_1、x_2、x_3、x_4、x_5、x_6 都为正向指标)，运用拉开档次法确定指标权重。

表 8-59 原 始 数 据

评价对象	指标					
	x_1	x_2	x_3	x_4	x_5	x_6
B_1	83.1	94.1	78.7	84.8	90.7	97.7
B_2	98.8	103.8	102.7	102.2	99.5	93
B_3	71.1	75.7	75.8	74.5	77.9	104.5
B_4	93.3	95.2	92.3	96.1	95.6	100.2
B_5	90.8	86.4	93.7	81.8	87.3	91.8

6. 根据表 8-60 中的数据(指标 x_1、x_2、x_3、x_4、x_5、x_6 都为正向指标)，运用 CRITIC 法确定指标权重。

表 8-60 原 始 数 据

评价对象	指标					
	x_1	x_2	x_3	x_4	x_5	x_6
B_1	91.5	96.5	88.4	88.2	91.1	91.1
B_2	105	107.8	106.7	108	105.9	106.7
B_3	78.2	80.4	82.4	74.7	79.7	79.1
B_4	102.1	105	98.5	101.6	101.6	101.8
B_5	95.6	94.5	94.6	86.3	95	93.2
B_6	105.9	106.7	104.4	106.3	106.1	105.9
B_7	96.8	94.8	96.1	96.7	95.3	95.9
B_8	101.8	103.9	98.9	102.6	101.1	101.7
B_9	97.4	95.1	95	93.8	96.2	95.5
B_{10}	91.8	96.6	88.7	88.4	91.6	91.4

7. 根据表 8-61 中的数据，在无确定参考序列情形下运用灰色关联法进行评价，其中，所有指标均为正向指标。

表 8-61 数　　据

评价对象	指　标					
	x_1	x_2	x_3	x_4	x_5	x_6
D_1	82	96	83	74	54	63
D_2	76	88	79	52	70	71
D_3	93	75	95	63	62	88
D_4	68	83	69	84	48	72
D_5	81	91	74	90	87	68
D_6	85	66	55	77	64	76

8. 根据表 8-62 中的数据，运用灰色关联法评价 x_1、x_2、x_3、x_4 分别对 y_1 的影响程度，其中，所有指标均为正向指标。

表 8-62 单参考序列情形下的数据

年份	参考序列	评价对象			
		比较序列 1	比较序列 2	比较序列 3	比较序列 4
	y_1	x_1	x_2	x_3	X_4
2015	50.3	32.2	12.6	5.4	0.1
2016	60.8	38.3	13.6	6.1	2.8
2017	88.8	56.5	18.7	8.2	5.4
2018	102.6	60.8	22.4	12.7	6.7
2019	120.7	70.9	25.6	15.8	8.4

9. 根据表 8-63 中数据，运用灰色关联法评价 2 种投资对 3 种收入的影响程度，其中，所有指标均为正向指标。

表 8-63 收入与投资的数据

年份	参考序列 1	参考序列 2	评价对象		
			比较序列 1	比较序列 2	比较序列 3
	收入 1	收入 2	投资 1	投资 2	投资 3
2016	1.35	422.69	5 717.82	1 614.45	115.62
2017	2.01	458.69	7 373.65	1 950.072	168.34
2018	2.45	479.05	9 025.75	2 337.81	259.95
2019	1.35	484.52	10 945.54	2 746.22	471.68
2020	0.84	526.75	13 204.32	3 076.53	540.86

10. 根据表 8-64 中数据（指标 x_1、x_2、x_3 为正向指标，x_4、x_5 为负向指标，x_6 为适度指标），运用 TOPSIS 法进行评价。

表 8-64 数 据

评价对象	指标					
	x_1	x_2	x_3	x_4	x_5	x_6
E_1	36 356	88.66	1.03	1.69	107.5	0.59
E_2	42 588	100.73	1.07	2.05	127.37	0.56
E_3	40 492	102.47	1.16	1.71	122.13	0.37
E_4	40 879	94.55	1.19	2.17	113.3	0.52
E_5	42 500	110.53	0.78	3.22	120.18	0.38
E_6	36 176	105.87	1.24	2.79	108.48	0.97
E_7	44 508	111.11	1.54	2.95	137.06	0.22
E_8	41 502	116.36	1.17	2.11	115.35	0.58
E_9	38 453	112.63	1.25	2.77	121.98	0.43
E_{10}	41 593	117.89	0.44	2.76	133.99	0.34

11. 根据表 8-65 的数据,运用集对分析法进行评价(目标层为 M)。

表 8-65 原 始 数 据

指标			评价对象			
一级指标	二级指标	三级指标	G_1	G_2	G_3	G_4
M_1	N_1	x_1	15.70%	12.80%	13.60%	14.90%
		x_2	25.60%	22.42%	59.60%	76.56%
	N_2	x_3	1 284	1 334	1 579	1 154
		x_4	164.6	141.38	127.6	197.9
		x_5	92 462	22 103	38 781	73 271
	N_3	x_6	46.70%	42.20%	78%	44.50%
		x_7	53 624.7	62 949	22 242	20 977.4
		x_8	17 803	18 030	29 448	8 607
		x_9	104 089	91 390	85 570	123 405
M_2	N_4	x_{10}	37 360.2	27 927	31 245	38 169
		x_{11}	421.92	373.05	340.58	491
		x_{12}	0.75%	1.82%	4.83%	2.65%
	N_5	x_{13}	24.61%	27.68%	25.40%	17.51%
		x_{14}	56.32%	65.88%	75.53%	50.22%
		x_{15}	19.1	20.52	19.12	22.23
M_3	N_6	x_{16}	6.55%	12.82%	15.20%	8.22%
	N_7	x_{17}	0.16	0.17	0.07	0.25
		x_{18}	7.25%	6.42%	8.58%	3.56%
		x_{19}	2 889	1 946	3 714	3 050
		x_{20}	225	203	196	230
	N_8	x_{21}	0.428	0.138	0.283	0.57
		x_{22}	0.982	0.232	0.496	0.85
		x_{23}	34 548	192 816	170 507	624 399

注:三级指标均为正向指标。

12. 根据表 8-66 中的数据，运用主成分分析法对 31 个对象进行评价。其中，评价对象包括 R_1—R_{31}，指标包括 x_1、x_2、x_3、x_4、x_5、x_6、x_7 和 x_8 8 个正向指标。

表 8-66 指 标 数 据

评价对象	指 标							
	x_1	x_2	x_3	x_4	x_5	x_6	x_7	x_8
R_1	8 091.1	2 651.3	11 252	2 272.7	4 860.4	4 027.6	2 369.5	1 117.4
R_2	8 447.7	2 144.4	5 667.2	1 593	3 403	2 282.6	1 888.1	803.4
R_3	4 581.1	1 544.2	4 111.6	1 178.7	2 386.4	1 870.8	1 500.6	413.1
R_4	3 981	1 705.1	3 019.5	947.9	2 148.1	2 207.9	1 394.1	414.9
R_5	6 210.3	2 474	3 710.3	1 430.2	3 231.3	2 504.7	1 575.7	739.9
R_6	6 092.5	2 065.6	4 416.1	1 359.5	2 768.9	2 418.7	1 761.9	673.6
R_7	4 640.6	1 812.9	3 532.3	1 026.7	2 322.5	2 161.8	1 924.2	551.7
R_8	4 749.7	1 773.5	3 416.4	908.1	2 058.9	1 846.7	1 924.3	474.5
R_9	9 690.7	1 711.6	12 137	1 573.1	4 457.2	4 046	2 361.7	968.9
R_{10}	7 003.8	1 781.4	5 644.7	1 516.6	3 619.8	3 058.4	1 594.3	747.2
R_{11}	8 092	2 041.3	7 230.5	1 360.5	4 753.2	2 962.8	1 539	682
R_{12}	5 802.1	1 403.3	3 460	926.4	2 265.7	1 913.3	1 073.3	389.5
R_{13}	7 759.1	1 489.8	5 811.4	1 336.9	3 021.5	2 314	1 165.3	622.1
R_{14}	5 407.8	1 478.3	3 619.9	1 007.5	2 083.7	1 874.4	841.4	418.8
R_{15}	5 527.4	1 943	4 058.4	1 476.5	2 747.7	2 141.1	1 416.1	543.5
R_{16}	4 818.7	1 797.6	3 391.1	1 382.2	1 874.1	1 991.9	1 365.5	533.1
R_{17}	5 828.6	1 523.1	3 742.7	1 099.3	2 155.4	1 972.2	1 482	389
R_{18}	6 075.5	1 638.1	3 519.6	1 202.6	2 430.2	2 934.1	1 174.6	526.6
R_{19}	8 533.4	1 453.7	5 715.3	1 526.3	3 905	2 671.5	1 096.4	771.4
R_{20}	5 610.2	845.8	3 629.3	952	2 249.5	1 845	866.2	323.1
R_{21}	7 051.8	828.6	3 679.8	964.3	2 643.4	1 617.8	1 307.1	355.6
R_{22}	6 627.6	1 931.7	3 679.6	1 370.6	2 383.2	1 951.3	1 394.1	404.2
R_{23}	6 783.1	1 703.8	3 335.5	1 251.4	2 414.4	1 863	1 369.3	556.4
R_{24}	5 282.7	1 346.7	3 468.4	1 078.4	2 248.4	2 312.7	872.2	304.5
R_{25}	5 346.4	1 138.2	3 612.6	1 061.4	2 664	2 079	1 351.9	421.6
R_{26}	7 237.5	1 611.6	3 588.9	7 39.5	2 037.5	757.9	534.4	514.6
R_{27}	5 146.4	1 500.5	3 823.4	1 297.9	2 308.4	2 201.1	1 783.6	402.6
R_{28}	5 345.9	1 758.5	3 539.9	1 124.9	1 850.5	2 044.9	1 390.8	395.5

续表

评价对象	指标							
	x_1	x_2	x_3	x_4	x_5	x_6	x_7	x_8
R_{29}	5 502.6	1 902.5	3 340.1	1 179.9	3 354.8	2 022.5	1 459.3	439
R_{30}	4 883.4	1 787	3 608.3	1 185.4	2 509.6	2 389.8	2 016	604.5
R_{31}	5 954.9	2 013.1	3 166.9	1 286.3	2 869.4	2 105.4	1 517.1	501.6

扫描此码

观看 R 语言中的拉开档次法操作视频

【在线测试题】扫描书背面的二维码,获取答题权限。

扫描此码　在线自测

第9章

博弈论

内容提要

博弈论主要研究公式化了的激励结构间的相互作用,是研究具有斗争或竞争性质现象的数学理论和方法。本章介绍了博弈论的基本概念、完全信息静态博弈和完全信息动态博弈。

学习要点

- 掌握博弈论的基本要素;
- 了解博弈的分类;
- 掌握纳什均衡的概念;
- 掌握完全信息静态博弈的基本方法;
- 掌握动态博弈的扩展式表述;
- 理解动态博弈的纳什均衡;
- 理解重复博弈。

博弈论是研究决策主体的行为发生直接相互作用时的决策以及这种决策均衡问题,即当一个主体,如一个人或一个企业的选择受到其他人、其他企业选择的影响,而且反过来会影响其他人及其他企业的选择时的决策问题和均衡问题。

9.1 博弈论的基本概念

1. 博弈论的基本要素

通常,构建一个博弈需要以下基本要素:

(1) 参与人。博弈中选择行动以最大化自己效用的决策主体(可能是个人,也可能是团体,如国家、企业等)。

(2) 行动。行动是参与人的决策变量,即参与人的行动策略。

(3) 策略。策略是参与人选择行动的规则,它告诉参与人在什么时候选择什么行动(如"人不犯我,我不犯人;人若犯我,我必犯人"是一种策略,这里的"犯"与"不犯"是两种不同的行动,策略规定了什么时候选择"犯",什么时候选择"不犯")。

一个人的最优策略可能并不依赖于其他参与人的策略选择,即不论其他参与人选择什么策略,自己的最优策略是唯一的,这样的最优策略称为"占优策略"。

纯策略是指参与人在博弈时能够完整地选择某一个行动,即只选择其一种的策略。混合策略是指参与人在博弈时不是完整地选择某一特定的策略,而是选择所有策略的一个概率分布,即参与人以一定的概率随机地选取的策略。例如,若参与人有三个策略可选择(策略1,策略2,策略3),则纯策略表示博弈中参与人选定某个策略(如参与人选策略2),而混合策略是参与人可能以概率1/5选择策略1,以概率2/5选择策略2,以概率2/5概率选择策略3,即其混合策略是(1/5,2/5,2/5)。

(4) 信息。信息指的是参与人在博弈中的知识,特别是有关其他参与人(对手)的特征和行动的知识。

(5) 支付函数。支付函数(也称收益函数、得益函数、获益函数)是指参与人从博弈中获得的效用水平,它是与所有人策略或行动的函数,是每个参与人真正关心的东西。

(6) 支付矩阵(也称赢得矩阵、报酬矩阵、收益矩阵、得益矩阵)是指从支付表中抽象出来由损益值形成的矩阵,用来描述两个人或多个参与人的策略和支付的矩阵。

(7) 结果。结果是指博弈分析者感兴趣的要素的集合。

(8) 均衡。均衡是指所有参与人的最优策略或行动的组合。

2. 博弈的分类

(1) 按照参与人行动的先后顺序,博弈可划分为静态博弈和动态博弈。静态博弈指的是参与人同时进行选择行动,或虽非同时但后行动者并不知道前行动者采取了什么具体行动;动态博弈指的是参与人的行动有先后顺序,且后行动者能够观察到先行动者所选择的行动。

(2) 根据参与者对其他参与人(对手)的特征、策略空间及支付函数的知识,博弈可划分为完全信息博弈和不完全信息博弈。完全信息博弈指的是每一个参与人对所有参与人(对手)的特征、策略空间及支付函数有准确的知识;否则,就是不完全信息博弈。

将上述划分结合起来,就得到了四种不同类型的博弈,即完全信息静态博弈、完全信息动态博弈、不完全信息静态博弈和不完全信息动态博弈。与这四种类型的博弈相对应的有四种均衡,即纳什均衡、子博弈精炼纳什均衡、贝叶斯纳什均衡、精炼贝叶斯纳什均衡,如表9-1所示。

表 9-1 博弈的分类及对应的均衡

行动顺序 信息	静　态	动　态
完全信息	完全信息静态博弈 纳什均衡	完全信息动态博弈 子博弈精炼纳什均衡
不完全信息	不完全信息静态博弈 贝叶斯纳什均衡	不完全信息动态博弈 精炼贝叶斯纳什均衡

3. 纳什均衡的定义

假设有 $n(n \geq 2)$ 人参与博弈，在给定其他人策略的条件下，每个人选择自己的最优策略（一个人的最优策略可能依赖于也可能不依赖于其他人的策略），所有参与人选择的策略一起构成一个策略组合。

纳什均衡指的是一种策略组合，这种策略组合由所有参与人的最优策略组成，即在给定别人策略的情况下，没有任何单个参与人积极地选择其他策略，从而没有任何人有积极性去打破这种均衡。

纳什均衡的意义在于：纳什均衡是所有局中人选择各自最优策略的组合，它是各局中人为自身利益最大化而自觉选择的结果，谁单方面改变自己的策略就会遭到更大的损失。

9.2 完全信息静态博弈

完全信息是指每个参与人对于对方的策略集是完全知晓的，但不知晓在每一具体的博弈中对方所出的策略，即博弈中每个人的支付函数在所有人之间是共同知识，而静态指的是所有参与人同时行动，或行动虽有先后，但没有人在自己行动之前观测到别人的行动。

完全静态博弈是一种最简单的博弈，在这种博弈中，由于每个人是在不知其他人行动的情况下选择自己的行动，策略和行动实际上是一回事。

博弈分析的目的是预测博弈的均衡结果，即给定每个参与人都是理性的。纳什均衡是完全信息静态博弈解的一般概念，也是其他类型博弈解的基本要求。

【例 9-1】 囚徒困境——警察抓住了两个罪犯，但是，警察局缺乏足够的证据指证其所犯的罪行。如果罪犯中至少有一人供认罪行，就能确认罪名成立。为了得到所需要的口供，警察将这两名罪犯分别关押以防止两个罪犯串供或结成攻守联盟，并分别跟两个罪犯讲清楚他们的处境和面临的选择：如果两人都不坦白，则会被以较轻的妨碍公务罪各判处 1 年徒刑；如果两个人中有一人坦白，则坦白者立即释放而另一个人将重判 10 年徒刑；如果两个人都坦白认罪，则将被各判 8 年监禁。设 -1、-8、-10 分别表示犯罪被判 1 年、8 年、10 年，则可以用表 9-2 的支付矩阵表示。

表 9-2 囚徒困境的支付矩阵

策略		囚徒 B	
		坦白	不坦白
囚徒 A	坦白	$-8, -8$	$0, -10$
	不坦白	$-10, 0$	$-1, -1$

解：

纳什均衡是策略组合（坦白，坦白）。给定 B 坦白的情况下，A 的最优策略是坦白；同样，给定 A 坦白的情况下，B 的最优策略也是坦白。（坦白，坦白）不仅是纳什均衡，而且是一个占优策略均衡，即不论对方如何选择，个人的最优选择是坦白。例如，如果 B 不坦白，A 坦白则会被放出来，不坦白的则判 1 年，所以还是比不坦白好；如果 B 坦白，A 坦白则判 8

年,不坦白的判 10 年,所以,A 坦白比不坦白好。这样,坦白就是 A 的占优策略。同样,坦白也是 B 的占优策略。结果是每个人选择坦白,各判刑 8 年。

囚徒困境反映了个人理性与集体理性的矛盾,并反映了个人最佳选择并非团体最佳选择。如果两个都抵抗,各判刑 1 年,显然比都坦白各判 8 年少。但是,它不满足个人理性的前提假设,即每个人都寻求最大自身利益,而不关心另一参与者的利益。如果两个囚徒在被抓住之前建立了一个攻守同盟(不坦白,不坦白),那么这个攻守联盟是不可信守的,因为在个人理性前提假设下,没有人会积极遵守协定,所以(不坦白,不坦白)不构成纳什均衡。

【例 9-2】 产量决策的古诺寡头模型(1838 年)——已知在某个市场有 $n(n \geqslant 2)$ 家厂商销售完全相同的商品。因为这个市场的容量有限,所以在一定的价格水平该市场只能销出有限数量的该种商品。如果向该市场投放超出饱和数量的该种商品,则必须要降价才能将它们全部销售出去,即能够将商品全部销出的"市场出清价格"是投放到该市场上的该种商品总量的函数,商品总量越大,市场出清价格就越低,而商品的总量就是这 n 家厂商各自产量的总和。如果再假设这 n 家厂商的产量决策是各自独立的,厂商可各自自由选择自己喜欢的有能力生产的产量,厂商之间既没有互相协商,也不接受任何限制,并且厂商是同一时间决定各自的产量。那么这 n 家厂商应该如何做这 n 个产量的决策呢?

解:

博弈方是 n 家厂商,因而博弈方是有限的,而每一个博弈方的选择策略是自己要生产的产量是无限。将古诺模型简化如下:

假设有 3 家厂商在同一市场上生产销售完全相同的产品,它们各自的产量分别用 q_1、q_2 和 q_3 表示,并假设 q_1、q_2 和 q_3 只能取 1,2,3 这样的正整数。市场出清价格是市场总产量 $Q = q_1 + q_2 + q_3$ 的函数,该函数为

$$P = P(Q) = 20 - Q = \begin{cases} 20 - (q_1 + q_2 + q_3) & Q < 20 \\ 0 & Q \geqslant 20 \end{cases}$$

其中,P 表示价格,20 表示该商品饱和的数量。

假设各家厂商的生产成本为零,并且各家厂商同时独立决定各自产量,则问题转换为:整个市场均衡时的产量和价格水平是多少?

采用比较和试探的方法来确定本对策的均衡产量,假设 3 家厂商开始时分别生产 4 单位、8 单位和 6 单位产量,这时 3 家厂商是否满意各自的产量,要从利润方面进行分析。

产量不能超过 20,设第 i 家厂商的利润函数为

$$u_i = pq_i = [20 - (q_1 + q_2 + q_3)]q_i$$

其中,u_i 表示第 i 家厂商的利润。

根据上述公式,当产量组合为 $(4,6,8)$ 时,市场价格为 2,三厂商的利润分别为 8、12 和 16,其他部分产量组合的结果如表 9-3 所示。

表 9-3 三厂商的产量组合及利润表

产量			价格	利润		
q_1	q_2	q_3	p	u_1	u_2	u_3
4	6	8	2	8	12	16
4	6	7	3	12	18	21

续表

产量			价格	利润		
q_1	q_2	q_3	p	u_1	u_2	u_3
5	5	6	4	20	20	24
5	5	5	5	25	25	25
3	3	3	11	33	33	33
7	3	3	7	49	21	21

从表 9-3 可知，(5,5,5) 这组产量组合是比较稳定的。因为在这个产量组合下，任何一家厂商单独提高或降低产量，都只会减少自己的利润而不会增加，因此，(5,5,5) 产量是一个纳什均衡。

然而，(5,5,5) 产量组合给各家厂商带来的利润并不是最大的，因为如果三家厂商各生产 3 个单位产量，那么市场价格将是 11，三家厂商利润都可达到 33，比各生产 5 个单位时的利润高。但 (3,3,3) 产量组合并不稳定，从表 9-3 可知，若其他两家厂商都生产 3 个单位产量时，一家厂商单独提高产量，会提高利润，而另外两家厂商的利润会降低。因此，当没有有力措施相互监督博弈方之间的生产时，(3,3,3) 产量组合是不稳定的，即在个人理性的前提假设下，(3,3,3) 产量组合不是纳什均衡。

此外，也可用以下方法求解：

第一家厂商的收益为：$u_1 = pq_1 = [20-(q_1+q_2+q_3)]q_1$

由于希望自己的收益最大化，则：

$$\frac{\partial u_1}{\partial q_1} = 0$$

$$\frac{\partial u_1}{\partial q_1} = \frac{\partial([20-(q_1+q_2+q_3)]q_1)}{\partial q_1} = \frac{\partial 20q_1}{\partial q_1} - \frac{\partial q_1^2}{\partial q_1} - \frac{\partial q_2 q_1}{\partial q_1} - \frac{\partial q_3 q_1}{\partial q_1} = 0$$

$$20 - 2q_1 - q_2 - q_3 = 0$$

$$q_1 = 10 - \frac{q_2}{2} - \frac{q_3}{2}$$

每家厂商都从自身利益最大化的角度考虑，可得方程组如下：

$$\begin{cases} q_1 = 10 - \frac{q_2}{2} - \frac{q_3}{2} \\ q_2 = 10 - \frac{q_1}{2} - \frac{q_3}{2} \\ q_3 = 10 - \frac{q_2}{2} - \frac{q_1}{2} \end{cases}$$

解上述方程组可得：(5,5,5)，即 (5,5,5) 产量组合是一个纳什均衡。

【例 9-3】 公共资源利用问题——在人们的经济活动和日常生活中常常会涉及对公共资源的利用。在经济学中，公共资源的特征为：①个人、企业或其他组织无法拥有；②个人、企业或其他组织都可自由使用。满足这两个特征的自然资源或人类生产的供大众免费使用的设施，如公共道路、楼道照明等。由于公共资源有上述两个特征，因而利用这些资源时一般是不需要付出代价的,除非政府将这些资源收归国有,对使用者征收资源税,但一旦政府采取这类措施以后,相应的资源也就不再是严格意义上的公共资源,而更应称为国有资源。这里所讨论的公共资源是可以自由免费利用的,即严格意义上的公共资源。

设某个村庄有 x 个农户,该村有一片大家都可以自由放牧羊群的公共草地。由于这片草地的面积有限,因此,草的数量只能让某一数量的羊吃饱,如果在此草地上放牧的羊的实际数量超过这个限度,则每只羊都无法吃饱,从而羊的产出(毛、皮、肉的总价值)就会减少,甚至只能勉强存活或饿死。假设各农户养羊数的决策是同时进行的,且所有农户都清楚这片草地最多能养羊的数量和草地上羊的总数及每只羊的产出,这就构成了 y 个农户之间关于养羊数的博弈,并且是一个静态博弈。

解:

博弈方是 n 个农户,农户各自的策略空间就是可能选择的养羊的数目 $q_i(i=1,2,\cdots,n)$ 的集合;当各户养羊数为 $q_1,q_2,\cdots,q_n$ 时,放在公共草地上的羊的总数为 $Q=q_1+q_2+\cdots+q_n$,每只羊的产出是羊的总数 Q 的减函数 $V=V(Q)=V(q_1+q_2+\cdots+q_n)$。假设购买和照料每只羊的成本对每个农户都是相同不变的常数 c,则农户 i 养 q_i 只羊的收益为

$$u_i = q_i V(Q) - q_i c = q_i V(q_1+q_2+\cdots+q_n) - q_i c$$

将问题简化如下:

假设 $n=3$,即只有三个农户,每只羊的产出函数为 $V=100-Q=200-(q_1+q_2+\cdots+q_n)$,而成本 $c=8$。并且假设羊的数量是连续可分的,则三户农户的得益函数分别为

$$u_1 = q_1[200-(q_1+q_2+q_3)]-8q_1$$
$$u_2 = q_2[200-(q_1+q_2+q_3)]-8q_2$$
$$u_3 = q_3[200-(q_1+q_2+q_3)]-8q_3$$

三个农户都希望自己的收益最大化,则:

$$\frac{\partial u_1}{\partial q_1}=0$$

$$\frac{\partial u_2}{\partial q_2}=0$$

$$\frac{\partial u_3}{\partial q_3}=0$$

即每个农户都从自身利益最大化的角度考虑,可得方程组如下:

$$\begin{cases} q_1 = 96 - \dfrac{q_2}{2} - \dfrac{q_3}{2} \\ q_2 = 96 - \dfrac{q_1}{2} - \dfrac{q_3}{2} \\ q_3 = 96 - \dfrac{q_2}{2} - \dfrac{q_1}{2} \end{cases}$$

解上述方程组可得:$(48,48,48)$,即 $(48,48,48)$ 是一个纳什均衡,即每个农户的收益为 $48\times[200-(48+48+48)]=2688$。

此外,若从总体收益的角度考虑公共草地上羊的最佳数量。设在该草地上羊的总数为

Q,则总收益为

$$u = Q(200-Q) - 8Q = 192Q - Q^2$$

使总收益最大的养羊数量必是使得总收益函数的导数为 0,即:

$$\frac{\partial u}{\partial Q} = 192 - 2Q = 0$$

即:

$$Q = 96$$

总收益为 $96\times(200-96)=9\,984$,比三个农户各自独立决定自己养羊数量时三个农户收益的总和 $8\,064(3\times2\,688)$ 大。而养羊数为 96,比三个农户独立决策时草地上的羊的总数 $144(48+48+48)$ 少。因此,三个农户独立决策时使草地处于过度放牧的情况,浪费了资源,农户也没有得到最佳的收益。如果各农户能将养羊数限制在 $96/3=32$ 只时,则都能得到更多的利益。

公共资源利用问题反映了纳什均衡有可能是低效率的,如果利用公共资源的人数进一步增加,则纳什均衡策略的效率会更低。假如允许外来者任意加入利用这个公共资源的行列,则所有利用这个资源的人的利益很快就会消失,即在公共草地问题中,羊的数量会随着放牧农户数量的增加而增加到刚好不至于亏损的水平,各农户完全不能从在草地上放羊得到任何好处,即公共资源完全被浪费了。在公共资源利用方面之所以会出现这样的现象,原因在于每个可以利用公共资源的人都相当于面临一种囚徒的困境:在总体上有加大利用资源的可能(至少加大利用自己还能增加收益)时,自己加大利用而其他人不加大利用则自己得利,自己加大利用但其他人也加大利用则自己不至于吃亏,最终是所有人都有加大利用资源直至不能再加大(再加大肯定要受损)纳什均衡的水平,而这个水平肯定是高于实现资源最佳利用的总体效率,从而也是个人的最佳效率水平。

【例 9-4】 智猪博弈——猪圈里有两头猪,一头大猪,一头小猪。猪圈的一头有一个猪食槽,另一头安装一个按钮,控制着猪食的供应。按一下按钮就会有 10 个单位的猪食进槽,但是要付 2 个单位的成本,并且后吃猪食,而等待者可先吃猪食。若大猪等待,大猪吃 9 个单位,小猪吃 1 个单位;若同时按,大猪吃 7 个单位,小猪吃 3 个单位;若小猪等待,大猪吃 6 个单位,小猪吃 4 个单位,则智猪博弈的支付矩阵如表 9-4 所示。

表 9-4 智猪博弈的支付矩阵

策略		小猪	
		按	等待
大猪	按	5,1	4,4
	等待	9,-1	0,0

解:

不论大猪选择"按"还是"等待",小猪的最优选择均是"等待"。小猪策略情形如下:

① 假如大猪按,并且小猪也按时,大猪吃 7 个单位,小猪吃 3 个单位,大猪与小猪各消费 2 个单位成本,即 $(7-2=5, 3-2=1)$;

② 假如大猪按,并且小猪等待,小猪可吃 4 个单位,而大猪可吃 6 个单位但消费 2 个单位成本,即 $(6-2=4, 4)$;

③ 假如大猪等待,并且小猪按,大猪可吃9个单位,而小猪可吃1个单位但消费2个单位成本,即(9,1-2=-1);

④ 假如大猪等待,并且小猪也等待,则大猪与小猪无猪食可吃,即(0,0)。

因此,"等待"是小猪的占优策略。给定小猪总是选择"等待",大猪的最优选择只能是"按",所以这个问题的纳什均衡是(按,等待)。

纳什均衡是所有参与人选择各自最优策略的组合,它是各参与人为自身利益最大化而自觉选择的结果,谁单方面改变自己的策略就会遭受到更大的损失。因此,如果博弈中存在由两个参与人的占优策略组成的纳什均衡,则纳什均衡可以用"最大,最大"原则来求,即每一个参与人都是独立思考,基于自己的利益最大化来选择自己的策略。

"最大,最大"原则的求解步骤如下:

假设参与人Ⅰ的支付矩阵为 A,参与人Ⅱ的支付矩阵为 B,如果在智猪博弈中大猪赢得 $A = \begin{bmatrix} 5 & 4 \\ 9 & 0 \end{bmatrix}$,小猪赢得 $B = \begin{bmatrix} 1 & 4 \\ -1 & 0 \end{bmatrix}$,则求非合作博弈的纳什均衡解的步骤如下(划线法)。

(1) 在双矩阵(A,B)表中,对于矩阵 A 的每列,分别找出赢得最大的数字,并在其下划一横线。

(2) 在双矩阵(A,B)表中,对于矩阵 B 的每行,分别找出赢得最大的数字,并在其下划一横线。

(3) 如果表中某格的数字下面都被划上横线,则此格对应于两个参与人相应策略的组合就是一个纯策略下的纳什均衡;否则,该博弈不存在纯策略下的纳什均衡。囚徒困境和智猪博弈的划线法求解结果分别如表9-5和表9-6所示。

表9-5 囚徒困境的支付矩阵

策略		囚徒 B	
		坦白	抵抗
囚徒 A	坦白	-8,-8	0,-10
	抵抗	-10,0	-1,-1

表9-6 智猪博弈的支付矩阵

策略		小猪	
		按	等待
大猪	按	5,1	4,4
	等待	9,-1	0,0

【例9-5】 市场进入博弈——设有一个垄断企业已在市场上(称为"在位者"),另一个企业虎视眈眈想进入(称为"进入者")。在位者想保持自己的垄断地位,所以就会阻挠进入者进入。在这个博弈中,进入者有两种策略可以选择:进入还是不进入;在位者也有两种策略可以选择,即默许(抬价)还是斗争(降价)。假设进入者进入之前在位者的垄断利润为300,进入之后两寡头利润合为100(各得50),进入成本为10,则各种策略组合下的支付矩阵表如表9-7所示。

表 9-7　市场进入阻挠的支付矩阵

策略		在位者	
		默许（抬价）	斗争（降价）
进入者	进入	40,50	−10,0
	不进入	0,300	0,300

解：

用划线法求得两个纳什均衡，即（进入，默许（抬价））、（不进入，斗争（降价）），如表 9-8 所示。因为给定进入者进入，在位者选择默许（抬价）时得 50 单位利润，选择斗争（降价）时得不到利润，因此，最优策略是默许（抬价）。类似地，给定在位者选择默许（抬价），进入者的最优策略就是进入。尽管进入者选择不进入时，默许（抬价）和斗争（降价）对于在位者的收益是一样的，但只有当在位者选择斗争（降价）时，不进入才是进入者的最优选择，所以，[不进入，斗争（降价）]也是一个纳什均衡。

表 9-8　市场进入阻挠的支付矩阵

策略		在位者	
		默许	斗争
进入者	进入	<u>40</u>,<u>50</u>	−10,0
	不进入	0,<u>300</u>	<u>0</u>,<u>300</u>

【例 9-6】 社会福利博弈——参与博弈的是政府和一个流浪汉，流浪汉有两个策略，即寻找工作或游荡；政府也有两个策略，即救济或不救济。政府帮助流浪汉的前提是后者必须试图寻找工作；否则，前者不予帮助。然而，流浪汉只是在得不到救济时才会寻找工作，其支付矩阵如表 9-9 所示。

表 9-9　社会福利的支付矩阵

各方状态		流浪汉	
		寻找工作	游荡
政府	救济	3,2	−1,3
	不救济	−1,1	0,0

解：

从表 9-10 中的下划线可知，没有一个单元格里的两个数字同时被划上线，因此，该问题不存在纯策略下的纳什均衡，即不存在一种确定的策略。

表 9-10　社会福利的支付矩阵

各方状态		流浪汉	
		寻找工作	游荡
政府	救济	<u>3</u>,2	−1,<u>3</u>
	不救济	−1,<u>1</u>	<u>0</u>,<u>0</u>

若给定政府救济,流浪汉的最优策略是游荡;若给定流浪汉游荡,政府的最优策略是不救济;若给定政府不救济,流浪汉的最优策略是寻找工作;若给定流浪汉寻找工作,政府的最优策略是救济;如此,等等,没有一个策略组合构成纳什均衡。

根据纳什均衡的本质含义:当达到纳什均衡时,任何一方面都不想单独偏离它,否则损失会更为惨重。在混合策略中,博弈方选择策略的原则是:第一,不能让对方知道或猜到自己的选择,因而必须在决策时利用随机性;第二,选择每一种策略的概率一定要恰好使对方无机可乘,即让对方无法通过有针对性地倾向某一策略而在博弈中占上风。

因此,一方选择最佳混合策略的原则是让另一方选择任何一种策略的期望收益都相同。

设政府以 x 的概率选择救济,以 $1-x$ 的概率选择不救济时,使流浪汉选择寻找工作和游荡的期望收益相同,即:

$$E_B(X,Y) = 2x + 1 \times (1-x) = 3x + 0 \times (1-x)$$

其中,$E_B(X,Y)$ 为流浪汉的期望利益。

解方程可得:$x^* = \dfrac{1}{2}$,即政府的最佳混合策略 $X = \left(\dfrac{1}{2}, \dfrac{1}{2}\right)$,政府各以 0.5 的概率选择救济和不救济。其中,$X=(x,1-x)$ 表示政府的混合策略。

再设流浪汉以 y 的概率选择寻找工作,以 $1-y$ 的概率选择游荡,使政府的选择救济和选择不救济的期望收益相同,即:

$$E_A(X,Y) = 3y - 1 \times (1-y) = -y + 0 \times (1-y)$$

其中,$E_A(X,Y)$ 为政府的期望利益。

解方程可得:$y^* = \dfrac{1}{5}$,即流浪汉的最佳混合策略 $Y = \left(\dfrac{1}{5}, \dfrac{4}{5}\right)$,流浪汉以 0.2 的概率选择寻找工作,以 0.8 的概率选择游荡。其中,$Y=(y,1-y)$ 表示流浪汉的混合策略。

【例 9-7】 夫妻争执问题——有一对夫妻得到两张时装表演票和两张足球赛的票,妻子更想去看时装表演而丈夫更想去看球赛,但又不愿意分头行动,争执不下以后就决定投票一次决定,若同时投时装表演则去看时装表演,同时投足球则去看球赛,如投票不一致则把票撕毁,哪儿也去不了。若丈夫同意陪妻子去看时装表演妻子得益为 2,丈夫得益为 1;若妻子同意陪丈夫去看足球比赛则丈夫得益为 3,妻子得益为 1;否则双方得益为 0,其支付矩阵如表 9-11 所示。

表 9-11 夫妻争执的支付矩阵

策略		丈夫	
		时装表演	足球赛
妻子	时装表演	2,1	0,0
	足球赛	0,0	1,3

解:

该博弈问题用划线法求得有两个纯策略下的纳什均衡:(时装表演,时装表演)和(足球,足球),如表 9-12 所示。

由于纯策略纳什均衡多于一个,所以无法肯定在一次博弈中两博弈方的选择。

表 9-12 夫妻争执的支付矩阵

策略		丈夫	
		时装表演	足球赛
妻子	时装表演	2,1	0,0
	足球赛	0,0	1,3

假设作为博弈方的夫妻两个都只考虑实现自身的最大效益,不考虑夫妻情分(实际上,如果不允许商量,即使考虑夫妻情分也可能得到最差的结果。如果丈夫为让妻子满意投时装表演,而与此同时妻子为了让丈夫高兴投足球则结果也得最差的(0,0))。

设妻子以 x 的概率选择时装表演,以 $1-x$ 的概率选择足球,从而使丈夫选择任何策略的期望得益相同,即:

$$E_B(X,Y) = 1 \times x + 0 \times (1-x) = 0 \times x + 3 \times (1-x)$$

其中,$E_B(X,Y)$ 为丈夫的期望利益。

解方程可得:$x^* = \dfrac{3}{4}$,即妻子的最佳混合策略 $X = \left(\dfrac{3}{4}, \dfrac{1}{4}\right)$,妻子以 0.75 的概率选择时装表演,以 0.25 的概率选择足球赛。

设丈夫以 y 的概率选择时装表演,以 $1-y$ 的概率选择足球赛,从而使妻子选择任何策略的期望收益相同,即:

$$E_A(X,Y) = 2 \times y - 0 \times (1-y) = 0 \times y + 1 \times (1-y)$$

其中,$E_A(X,Y)$ 为妻子的期望利益。

解方程可得:$y^* = \dfrac{1}{3}$,即丈夫的最佳混合策略 $Y = \left(\dfrac{1}{3}, \dfrac{2}{3}\right)$,丈夫以 1/3 的概率选择时装表演,以 2/3 的概率选择足球赛。

9.3 完全信息动态博弈

9.3.1 动态博弈的扩展式表述

参与人集合:$i = 1, 2, \cdots, n$,此外,将用 N 代表虚拟参与人。

参与人的行动顺序:谁在什么时候行动。

参与人的行动空间:在每次行动时,参与人有些什么选择。

参与人的信息集:每次行动时,参与人知道些什么。

参与人的支付函数:在行动结束之后,每个参与人得到些什么(支付是所有行动的函数)。

外生事件(即自然的选择)的概率分布。

【例 9-8】 房地产开发博弈——开发商 A 正在考虑是否在某一地段开发一栋新的写字楼。面临的选择是开发或者不开发。如果决定开发,必须投入 1 亿元资金;如果决定不开发,资金投入为 0,开发商 B 也面临同样的解决问题。

假定,如果市场上有两栋楼出售,需求大时,每栋售价达1.4亿元;需求小时,售价为7 000万元。

如果市场上只有一栋楼出售,需求大时售价为1.8亿元,需求小时为1.1亿元,这样有以下8种可能的结果:

(1) 需求大,开发商A开发,开发商B不开发;开发商A的利润为8 000万元,开发商B的利润为0。

(2) 需求大,开发商A不开发,开发商B开发;开发商A的利润为0,开发商B的利润为8 000万元。

(3) 需求大,开发商A开发,开发商B也开发;开发商A和开发商B的利润各为4 000万元。

(4) 需求大,开发商A不开放,开发商B不开发;开发商A和开发商B的利润为0。

(5) 需求小,开发商A开发,开发商B不开发;开发商A的利润为1 000万元,开发商B的利润为0。

(6) 需求小,开发商A不开放,开发商B开发;开发商A的利润为0,开发商B的利润为1 000万元。

(7) 需求小,开发商A开发,开发商B也开发;开发商A和开发商B的利润各为—3 000万元。

(8) 需求小,开发商A不开放,开发商B也不开发;开发商A和开发商B的利润都为0。

解:

n人有限战略博弈的扩展式表述可以用博弈树来表示。像在静态博弈中一样,规定得益中第一个数字表示第一个人的得益,即表示开发商A的得益;第二个数字表示第二个人的得益,即表示开发商B的得益。

图9-1所示的房地产开发博弈树,博弈从空心圆圈开始,空心圆圈旁边写着A表示开发商A在此点决策。A有两个行动可以选择:开发或者不开发,分别用标有"开发"和"不开发"的两个枝表示。A选择开发(或不开发)后博弈进入N节点(实心圆),表示虚拟参与人开始行动——以1/2的概率选择"大"和以1/2的概率选择"小",分别用标有"大"和"小"的枝表示。在虚拟参与人行动之后,博弈进入标有B的节点(实心圆),表示开发商B开始行动。B的行动分别用标有"开发"和"不开发"的枝表示。在B选择之后,博弈结束。

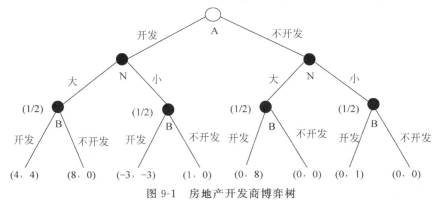

图9-1 房地产开发商博弈树

博弈树的组成要素如下。

(1) 节。节包括决策节和终点节两类。决策节是参与人采取行动的时点,终点节是博弈行动路径的终点。例如,在例 9-8 中,决策点包括空心圆和所有 6 个实心圆,终点节包括对应 8 个支付向量的点。

(2) 枝。枝是一个决策解到它的直接后续节的连线(有时用箭头表述),每一枝代表参与人的一个行动选择。

(3) 信息集。博弈树上的所有决策节分割成不同的信息集。每一个信息集是决策集合的一个子集,该子集包括所有满足下列条件的决策节。

① 每一个决策节都是同一参与人的决策节。

② 该参与人知道博弈进入该集合的某个决策节,但不知道自己究竟处在哪一个决策节。

完全信息指的是每一个博弈方对所有博弈方(对手)的特征、策略空间及得益函数有准确的了解;否则就是不完全信息。

完美信息指的是一个博弈方对其他博弈方(包括自然)的行动选择有准确了解的情况。

完美信息博弈是指没有任何两个博弈方"同时"出策略(行动),并且所有后出策略者能够确切地知道前出策略者选择的行动(策略),所有博弈方都观测到了"自然"的行动。

不完全信息也是不完美信息(但逆向不可以,即不完美不是不完全)。例如,在房地产开发的博弈中,如果至少一个博弈方不知道市场需求(自然)的大小,信息则是完全的,也是不完美的;如果两个博弈方都知道市场需求(需求)是大还是小,则信息是完全的,但是如果 A 不知道 B 选择了什么行动,则 A 的信息是不完全的。又如,买卖双方对商品(卖方的)的性能了解不对称就是不完全信息。

【例 9-9】 项目投资博弈——甲准确了解到投资 2 万元开发某个项目能获得 4 万元利润,但只有 1 万元,想向乙借 1 万元,并许诺获得利润后对半分。此博弈是完全且完美信息动态博弈。

解:

此博弈的假设前提:乙先出策略"贷款"后,甲的行动如何?若甲的许诺实现(分利),双方各获 2 万元利润,实现如图 9-2 所示的动态博弈;若甲失信,则乙提起诉讼,甲可得 1 万元的成本,甲利润为 0,实现如图 9-2 和图 9-3 所示的动态博弈。

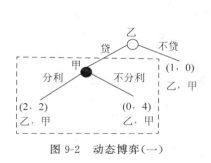

图 9-2 动态博弈(一)

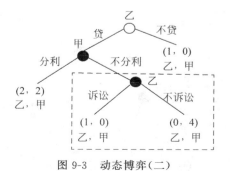

图 9-3 动态博弈(二)

一般而言,可以定义子博弈如下。

子博弈即能够自成一个博弈的某个动态博弈从某个阶段开始的后续阶段,必须有一个初始信息集,且具备进行博弈所需要的各种信息。

图 9-2 和图 9-3 所示虚框表示的都是一个子博弈,这两个子博弈的初始信息都是乙贷款。

在动态博弈中,先行为的博弈方在选择自己的行为时总是要考虑后行为的博弈方在后面的阶段中的选择将是怎样的,因此,后面阶段或子博弈是动态博弈首先需要关注的。如将这个思路推而广之,就得到此博弈的求解方法——递推归纳法。递推归纳法就是从动态博弈的最后一个阶段或最后一个子博弈开始,逐步向前倒推以求解动态博弈的方法。

用递推归纳法来解图 9-3 所示的动态博弈。从最后一个子博弈开始,乙选择诉讼可以得回 1 万元,选择不诉讼则得 0,因此,乙的最佳选择是诉讼。继续往回倒推,现在由甲进行决策,甲选择分利的得益为 2,选择不分利的得益为 0,所以甲的最佳选择是分利。往回倒推,现在由乙进行选择,乙选择不贷的得益为 1,选择贷的得益为 2,所以乙的最佳选择是贷。

与决策树做法一样,删除的策略用双线划掉,留下选择的策略,如图 9-4 所示。从图 9-4 可知,最后的决策是乙选择贷款 1 万元,甲选择分利,这样各自得到 2 万元。

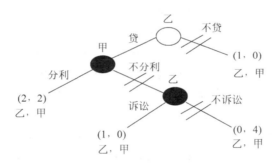

图 9-4 动态博弈的递推归纳

【例 9-10】 五海盗的宝石分配方案——有五个海盗抢到了 100 颗宝石,经过一番激烈的争论后,就如何分配这 100 颗宝石达成以下协议:

① 抽签决定每个人得到宝石的顺序;

② 先由抽到 1 号签的人提出分配方案,然后,五人进行表决(包括提出方案的 1 号),当且仅当半数或超过半数的人同意时,才按照提出的方案进行分配,否则该人将被扔到大海里;

③ 当 1 号的方案未被通过时,按顺序再由 2 号提出方案,当 2 号的方案未被通过时,再由 3 号提出方案,以此类推。每个方案出台后的处理方案与 1 号相同。

假定每个海盗都是绝顶聪明的,都是能够进行充分计算而进行决策选择的理性人,问题是抽到 1 号签的海盗应该提出一个什么样的方案,才能使自己既不遭受被扔进大海的厄运,同时又得到宝石最多呢?

解:

这是一个包括四阶段的动态博弈。

在第一阶段,由1号海盗提出方案。1号提出的方案无疑必须使其余的四个人中至少有两个人同意才能通过。而这两个人同意1号所提方案的前提条件是,1号给其他人的宝石要多于当1号被扔进大海后由2号进行分配时他们所能得到的宝石,即这两个人如果同意1号的分配方案,得到的宝石将会更少。也就是说,1号所提出的方案与2号可能的方案有密切关系。

那么当1号被扔进大海后,在第二阶段2号又会提出一个什么样的方案呢?很显然,2号所提出的方案只要另一个人同意就可以通过,相同的道理,要使得这个人同意2号所提出的方案,这个人必须是当2号被扔进大海后处于劣势的人。因此,2号所提出的方案又与3号可能的方案密切相关。以此类推,3号所提出的方案又与4号可能的方案密切相关。因此,对于这一问题的分析,必须使用逆推归纳法。

根据分配的规则,假定前三个人均被扔下海,只留下4号和5号两个人,在第四阶段4号提出的方案一定是100∶0,即由4号独吞全部的宝石,因为表决时4号同意,5号同意与否均可以通过,所以当只剩下4号和5号时的分配方案就是(0,0,0,100,0)。这一分配方案是任何一个理性人都能预测到的。

在第三阶段,当只剩下3、4、5号海盗时,3号提出的方案一定是99∶0∶1表决时,3号和5号是一定会同意的。因为对于5号来说,如果不同意这一方案,则3号将被扔进大海再由4号提出方案,那么5号将一无所有。很显然,能够得到一颗宝石总比一无所有要好。因此,5号一定会同意3号的方案,这时全部的分配方案就是(0,0,99,0,1)。

在第二阶段,当1号被扔进大海以后,由于2号预测到了当他本人被扔进大海后的分配方案一定是(0,0,99,0,1),因此,2号所能提出最好的方案一定就是99∶0∶1∶0。因为对于2号来说,他十分清楚自己的方案只要再有一人同意就可以通过。而对于4号来说,一旦2号被扔进大海自己将一无所有,能得到一颗宝石无疑会比一无所获要好得多,所以4号一定会同意这个方案,故这一步的全部分配方案就是(0,99,0,1,0)。

在第一阶段,由于1号海盗预测到当自己被淘汰后的分配方案一定是(0,99,0,1,0),所以只需要拿出两颗宝石给3号和5号每人一颗,就可以换取这两个人对这一方案的支持,因此,提出的分配方案为98∶0∶1∶0∶1。对于3号和5号来说,一旦1号被扔进大海,自己将一无所有。同样的道理,能得到一颗宝石比一无所获要好得多。因此,3号和5号自然会同意1号的提出的方案。这样,最后方案按照(98∶0∶1∶0∶1)的结果通过。整个分析过程可以用如图9-5所示的博弈树表示。

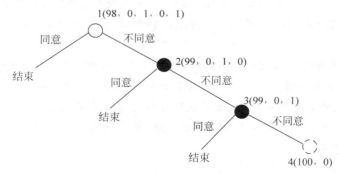

图9-5 海盗分宝石博弈求解过程

9.3.2 动态博弈的纳什均衡

假设在例 9-8 中,在博弈开始之前自然人就选择了"低需求",并且开发商 A 先决策,开发商 B 在观测到 A 的选择后再决策,则博弈的扩展式如图 9-6 所示。

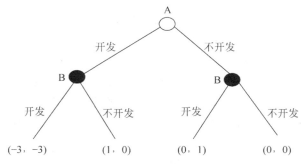

图 9-6 房地产开发博弈树

这是一个完美信息博弈(每个人的信息集都是单节的)。为了构造出这个博弈的策略式表述,首先注意到,A 只有一个信息集,即两个可选择的行动,因而 A 的行动空间也即成为策略空间:S_A=(开发,不开发)。但 B 有两个信息集,每个信息集上有两个可选择的行动,因而 B 有四个纯策略分别为:

① 不论 A 开发还是不开发,B 开发;
② A 开发 B 开发,A 不开发 B 不开发;
③ A 开发 B 不开发,A 不开发 B 开发;
④ 不论 A 开发还是不开发,B 不开发。

其支付矩阵如表 9-13 所示。

表 9-13 房地产开发商的支付矩阵

策略		开发商 B			
		①	②	③	④
开发商 A	开发	−3,−3	−3,−3	1,0	1,0
	不开发	0,1	0,0	0,1	0,0

从表 9-13 可以看出,这个博弈有 3 个纳什均衡的纯策略,分别为{开发,③}、{开发,④}和{不开发,①}。而{开发,③}和{开发,④}的纳什均衡结果是(开发,不开发),即 A 开发,B 不开发;{不开发,①}的纳什均衡结果是(不开发,开发)。

3 个纳什均衡的合理性分析如下:

首先,考虑策略组合{不开发,①}。这个策略组合之所以构成一个纳什均衡,是因为 B 威胁不论 A 选择开发还是不开发,自己将选择不开发;A 相信了 B 的这个威胁,不开发是 A 的最优选择。类似地,B 假定 A 将选择不开发,则开发是 B 的最优策略。但是,A 为什么要相信 B 的威胁呢?毕竟,如果 A 真的选择开发,B 选择开发得到 −3,选择不开发得到 0,显然,B 的最优选择是不开发。如果 A 知道 B 是理性的,A 将选择开发,迫使 B 选择不开发,自己得到 1,而不是选择不开发,让 B 开发,自己得到 0。就博弈论而言,纳什均衡的纯策略{不开发,①}是不可置信的,因为它依赖于B的一个不可置信的威胁策略,即B选择开发是不可置信的,因为给定A选择开发,若B选择开发策略,则违反了追求最大利益个人理性的前提。

其次,对于纳什均衡的纯策略{开发,④},纳什均衡结果为(开发,不开发)。尽管(开发,不开发)似乎是合理的,但策略④本身就是不合理的——如果A选择开发,B的最优选择是不开发,但如果A选择不开发,则B最优选择是开发而不是不开发。因此,策略④不是B的合理策略,即不是一个可置信的策略。

最后,对于纳什均衡的纯策略{开发,③}是一个合理的策略,因为这个纳什均衡的每个参与人的策略都是合理的。就策略③而言,如果A选择开发,B的最优选择是不开发;如果A选择不开发,B的最优选择是开发,即策略③是B的合理策略。A推测到自己的选择影响B的选择,开发是A的最优选择。均衡结果是,A选择开发,B选择不开发,A的支付为1,B的支付为0。

事实上,策略{开发,③}是这个博弈的唯一的子博弈完美纳什均衡。动态博弈的均衡概念必须满足两个条件:一是纳什均衡,从而具有策略稳定性;二是不能包含任何不会守信的许诺或威胁,这样的动态博弈的策略组合称为子博弈完美纳什均衡,即如果动态博弈中弈方的策略在动态博弈本身和所有子博弈中都构成一个纳什均衡,则称该策略组合为子博弈完美纳什均衡。

【例9-11】 寡头的斯塔克博弈模型——斯塔克博弈模型是一种动态的寡头市场博弈模型。该模型首先假设寡头市场上的两个厂商中,一方较强一方较弱。较强的一方领先行动,而较弱的一方则跟在较强的一方后行动。这样的模型是与许多现实中的问题相吻合的。当然,在许多现实问题中常常是有一个领头厂商而有不止一个追随的厂商。有一个追随厂商还是几个追随厂商对策过程的影响并不是很大,因此,可以研究只有一个追随厂商的模型,然后再将其加以推广,假设该模型中的厂商同古诺模型中的厂商一样,选择的是产量。

解:

由于该模型中两个厂商的选择是有先有后的,且后一厂商(跟随者)在决策时是看着前一厂商选择的,因此,这是一个动态博弈。但是,因为这是一个双方都有无限多种选择的无限策略博弈,所以无法用扩展式表示出来,只能用描述得益函数得方法表示该博弈。斯塔克博弈模型与古诺模型相比,唯一不同的是前者有一个选择的次序问题,其他如博弈方、策略空间和得益函数等完全都是相同的。为了方便起见,以下面的简单例子进行分析。

设两寡头为厂商1和产商2,其策略空间(q_1,q_2)的集合都是$[0,Q_{max}]$中的所有实数,其中Q_{max}可以看作不至于使价格降到亏本的最大限度产量与厂商生产能力之间的最大值;厂商1是领头产商,因此,其先选择,厂商2追随其后。设价格函数:$P=P(Q)=8-Q$,其中,$Q=q_1+q_2$,边际生产成本$C_1=C_2=2$,且没有固定成本,则两厂商的得益函数分别为

$$u_1=u_1(q_1,q_2)=q_1P(Q)-q_1C_1=q_1[8-(q_1+q_2)]-2q_1=6q_1-q_1^2-q_1q_2$$

$$u_2=u_2(q_1,q_2)=q_2P(Q)-q_2C_2=q_2[8-(q_1+q_2)]-2q_2=6q_2-q_2^2-q_1q_2$$

由于本模型是一个动态博弈,所以考虑用逆推归纳法来分析。根据逆推归纳法的思路,首先要分析第二阶段厂商2的决策,为此先假设厂商1的选择是q_1已经确定的。这实际就是在q_1确定的情况下求使u_2实现最大值的q_2,这样q_2满足:

$$\frac{\partial u_2}{\partial q_2}=0$$

$$6-2q_2-q_1=0$$

即：

$$q_2^*=3-\frac{q_1}{2}$$

实际上这就是厂商 2 对厂商 1 的策略的一个反应函数。厂商 1 知道厂商 2 的这种决策思路,因此,厂商 1 在选择 q_1 时就知道 q_2^* 将是根据上式代入自己的得益函数,然后再求其最大值,即：

$$u_1=u_1(q_1,q_2^*)=6q_1-q_1^2-q_1q_2^*=6q_1-q_1^2-q_1\left(3-\frac{q_1}{2}\right)=3q_1-\frac{q_1^2}{2}$$

有：

$$\frac{\partial u_1}{\partial q_1}=0$$

$$3-q_1=0$$

即：

$$q_1^*=3$$

$$q_2^*=3-\frac{q_1}{2}=3-1.5=1.5$$

$$u_1(q_1^*,q_2^*)=6\times 3-3^2-3\times 1.5=4.5$$

$$u_2(q_1^*,q_2^*)=6\times 1.5-1.5^2-3\times 1.5=2.25$$

若以古诺模型求解,则：

两厂商都希望自己的收益最大化,则：

$$\frac{\partial u_1}{\partial q_1}=0$$

$$\frac{\partial u_2}{\partial q_2}=0$$

两厂商都从自身利益最大化的角度考虑,可得方程组如下：

$$\begin{cases}6-2q_1-q_2=0\\6-2q_2-q_1=0\end{cases}$$

解上述方程组可得：(2,2)。从而,每个厂商的收益为 $6\times 2-2^2-2\times 2=4$。

与两寡头同时选择的古诺模型结果相比,斯塔克博弈模型的结果有很大的不同。斯塔克博弈模型的总产量(4.5)大于古诺模型(4),价格(8-3-1.5=3.5)低于古诺模型的(8-2-2=4),总利润(6.75)小于古诺模型的(8)。但是,厂商 1 的得益(4.5)却大于古诺模型中厂商 1 的得益(4),更大于厂商 2 的得益(2.25)。这是因为该模型中两厂商所处地位不同,厂商 1 具有先行动的主动,而且又把握住了厂商 2 总归会根据自己的选择而合理(q_1)抉择的心理,选择较大的产量得到了好处。

本博弈揭示了一个事实,即在信息不对称的博弈中,信息较多的博弈方(如本博弈中的厂商 2，在博弈之前可先知道厂商 1 的实际选择，因此拥有较多的信息）不一定能得到较多的得益。出现这种现象的根源在于先行动者或者知识信息较少者吃准了后行动者或者知识信息较多者作为理性的博弈方，不可能为了公平或赌气而采取两败俱伤的行为，从而先发制人，选择比同时决策更大的产量而获得更多的利益和好处。这一点正是多人博弈与担任博弈的不同之处。在现实生活中这样的情况实际上是很多的，如在某些机会面前，一拥而上大家都吃亏，往往是因不知利害、盲目跟风，而懂得利害关系的理智的人都会退缩，结果盲目行动的人反而得利，理智的人却丧失机会。

【例 9-12】 讨价还价博弈（三阶段的讨价还价博弈）——假设有两人就如何分割 1 万元进行谈判，并且已经定下了这样的规则：首先由甲提出一个分割比例，对此，乙可以接受也可以不接受；如果乙拒绝甲的方案，则自己应提出另一个方案，让甲考虑接受与否。如此循环。在上述循环过程中，只要有任何一方接受对方的方案，博弈就告结束，而如果方案被拒绝，则被拒绝的方案就与以后的讨价还价过程不再有关系了。每次一方提出一个方案和另一方选择是否接受为一个阶段。再假设讨价还价每多进行一个阶段，由于谈判费用和利息损失等，双方的得益都要打一次折扣，折扣费（或消耗系数）为 $\delta(0<\delta<1)$。如果限制讨价还价，最多只能进行三个阶段的讨价还价博弈，则可描述如下。

第一阶段，甲的方案是自己得 S_1，乙得 $10\,000-S_1$，乙可以选择接受或不接受，接受则双方得益分别为 S_1 和 $10\,000-S_1$，谈判结束；如果乙不接受，则开始下一阶段。

第二阶段，乙的方案是甲得 S_2，自己得 $10\,000-S_2$，由甲选择是否接受，接受则双方得益为 δS_2 和 $\delta(10\,000-S_2)$，谈判结束，如果甲不接受，则开始进入下一阶段。

第三阶段，甲的方案是自己得 S，乙得 $10\,000-S$，这时乙必须接受，双实际得益为 $\delta^2 S$ 和 $\delta^2(10\,000-S)$。

上述三阶段中的 S_1、S_2 和 S 都是 $0\sim10\,000$ 之间的实数。这个三阶段讨价还价博弈可用扩展式表示，如图 9-7 所示。

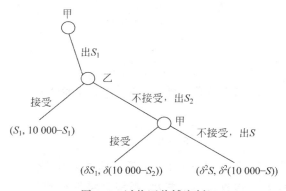

图 9-7 讨价还价博弈树

本博弈有两个关键点：一是第三阶段甲的方案是有强制力的，即进行到这一阶段，甲提出的分割 S 和 $10\,000-S$ 是双方必须接受的，并且对这一点两博弈方都非常清楚；二是多进行一个阶段得益就会减少一个比例，因此对双方来说让谈判拖得太长都是不利的，必须让对方得到的数额不如早点让其得到，免得自己的得益每况愈下，即求甲在第一阶段提出的最优方案。

解：

（用逆推归纳法求解）博弈的第三阶段比较简单，甲出 S，乙必须接受，双方实际得益为 $\delta^2 S_2$ 和 $\delta^2(10\,000-S_2)$，而甲能得到 $\delta^2 S$。为了使自己的得益最大化，如果乙已经在第一阶段拒绝了甲的方案，此时，应该怎样出价呢？首先，如果乙出价 S_2 使得甲接受后的得益小于第三阶段可以取得的得益，肯定要被拒绝，从而必然要进入到第三阶段，乙得到第三阶段必须接受的得益。因此，如果自己出价 S_2 使得甲接受，而自己的得益又比第三阶段的得益大，并且尽可能的大，就是最理想的选择。

假设任一博弈方出价时，只要得益不小于下一阶段自己出价的得益肯定愿意被接受，那么乙在第二阶段让甲接受的最小出价一定满足 $\delta S_2 = \delta^2 S$。此时，乙自己的得益为 $\delta(10\,000-S_2) = 10\,000\delta - \delta S_2 = 10\,000\delta - \delta^2 S$，因为 $0 < \delta < 1$，因此，与进行到第三阶段乙的得益 $\delta^2(10\,000-S_2) = 10\,000\delta^2 - \delta^2 S_2$ 相比大一些，这是乙可能得到的最大得益。

再考虑第一阶段甲的出价。甲一开始就知道第三阶段自己的得益为 $\delta^2 S$，也知道乙会在第二阶段出价 $S_2 = \delta S$，因此，第二阶段自己的得益也是 $\delta^2 S$，而乙则满足于得益 $10\,000\delta - \delta^2 S$，而同时自己又能得到比 $\delta^2 S$ 更大的得益，那是最理想的。要实现这一想法，只要令 S_1 满足 $10\,000 - S_1 = 10\,000\delta - \delta^2 S$，即 $S_1 = 10\,000 - 10\,000\delta - \delta^2 S$。此时，乙的得益与第二阶段以后能实现的最大得益相同，还是 $10\,000\delta - \delta^2 S$，而甲的得益 $10\,000 - 10\,000\delta + \delta^2 S$ 却比到第三阶段的得益 $\delta^2 S$ 更大（因为 $0 < \delta < 1$），因此，甲在第一阶段出价 $S_1 = 10\,000 - 10\,000\delta - \delta^2 S$，乙方接受，双方得益为：$(10\,000 - 10\,000\delta - \delta^2 S,\ 10\,000\delta - \delta S)$，是该博弈的纳什均衡。

在博弈中，得出上述结论的前提是在第三阶段的出价 S 必须是双方都预先知道的。如果到了第三阶段，则甲的方案，乙必须接受，没有讨价还价的余地，设 $S = 10\,000$ 是合理的，这样甲在第一阶段出价 $10\,000 - 10\,000\delta - \delta^2 S = 10\,000(1-\delta-\delta^2)$，乙接受，双方得益为 $[10\,000(1-\delta-\delta^2),\ 10\,000(\delta-\delta^2)]$，得益的比例取决于 $\delta-\delta^2$ 的值：$\delta-\delta^2$ 的值越大，甲的比例越小，乙的比例越大。当 $\delta = 0.5$ 时，$\delta - \delta^2$ 有最大值 0.25，此时乙得益为最大（2 500）。因此，折扣费 δ 是乙议价的关键筹码，折扣费 $\delta = 0.5$，也就是多进行一个回合会折损一半价值的折损率，给乙带来的议价能力最大；当 $0.5 < \delta < 1$ 时，δ 越大，$\delta - \delta^2$ 的值越小，则甲得益越大，乙的得益越小；当 $0 < \delta < 0.5$ 时，δ 越大，$\delta - \delta^2$ 越大，甲的得益越小，乙的得益越大。这些事实反映了乙的所有依仗讨价还价的筹码就是可以跟对方拖延一定的时间，在一定的拖延时间范围内对甲造成 $\delta - \delta^2$ 损失，甲愿意分给乙以求早日结束讨价还价的比例就越大，然而，若甲完全不怕旷日持久地谈判，即 δ 越接近 1，则甲方居于有利地位，最终可获得全部利益（1 万元）。

由分析可知：

（1）从双方的得益来看，无疑讨价还价的结果对于先叫价者比较有利，显然，即使 $\delta = 0.5$，$\delta - \delta^2$ 取最大值 0.25。此时，先叫价者可获得全部交易利益的 $3/4$，而后叫价者只能得到全部交易利益的 $1/4$，如果 δ 取远离 0.5 的其他值，后叫价者的得到的就更少，先叫价者得到的就更多。这就是讨价还价中的先发优势。这在现实中也很常见，对于一些现实中没有相同或相近等价物的商品来说，如果卖方先叫价，则可以漫天叫价，给予对方一个信息，促使对方抬高自己的保留价，以增强自己的交易利益；如果买方先叫价，则可以猛力杀价，从而给对方一个信息，促使对方降低自己的保留价，以增加自己的交易利益。

（2）作为后叫价者的乙方，在讨价还价过程中可以作为筹码的是可以尽可能地跟对方拖延一定的时间，以增加讨价还价过程中的时间成本。当然，也不可以旷日持久地拖下去，那样对自己也不利。在上述分析中，假定是卖方先叫价，但在现实的讨价还价中，谁先叫价实际上并无定数。先叫价有先叫价的好处（先发优势），但也有先叫价的弊端，这就是暴露了信息，可能会促使作为买方的对手降低保留价或促使作为卖方的对手抬高保留价。因此，现实中谁先叫价实际上取决于谁更缺乏耐心。由于先叫价者只有在 δ 很小（时间成本很大）的时候才更有利，因此，在时间成本很大的时候，卖者往往可能选择先开价。这与现实生活中的情况非常接近。交易中，如果卖者急于出手手中的东西，则买者将处于一个相对有利的地位。

（3）作为卖方，通常在两种情况下选择叫价对自己比较有利。一是当时间成本很大（δ 很小）时，如对于一些鲜活商品。经常走街串巷叫卖的果蔬贩子，总是高喊着价格叫卖；在农贸市场上，通常也是菜摊上的卖主先报价。二是当时间成本很小（δ 很大）时，如对于一些高值耐用品。尤其是市场中有一些没有相同或相近等物的商品来说，如果急于出手，先叫价可以充分发挥先叫价的先发优势，以便促使作为买方的对手抬高保留价以增加自己的交易利益。

现实中的讨价还价并不一定只有三个阶段，大多数是无限阶段（回合）的。在上述三阶段讨价还价博弈分析的基础上，进一步讨论一个无限回合的讨价还价博弈。

无限回合的讨价还价博弈在第三回合并不会强制结束，只要双方互不接受对方的出价方案，则博弈就要不断进行下去，奇数回合由甲出价乙选择是否接受，偶数回合由乙出价甲选择是否接受。这可以理解为缺乏进行有效的最终判决而久拖不决的司法仲裁问题。无限回合的讨价还价博弈中同样有一个消耗系数 δ。

由于无限回合的讨价还价不像是有限回合的讨价还价那样，有一个可作为逆推归纳法起始点的最后回合，因此，按照常规思路，逆推归纳法无法应用。解决这个博弈问题的思路要点是对一个无限回合的博弈而言，不论是从第三回合开始（假如能达到第三回合的话），还是从第一回合开始，结果都应该是一样的。因为在无限回合的讨价还价博弈中，不管是从第一回合开始还是从第三回合开始，都是由甲方先出价，乙方选择是否接受，然后双方交替出价，直到一方接受为止。因此，对于无限回合的讨价还价的问题而言，可以假设整个博弈有一个逆推归纳的解（即认为这个解存在），甲和乙的得益分别为 S 和 $10\,000-S$。那么，从第三回合开始，这个无限回合博弈与从第一回合开始得到一样的结果，因此，上述逆推归纳的解也应该是从第三回合开始的博弈结果，即第三回合也是甲出 S，乙接受，双方得益为 S 和 $10\,000-S$，而且这个结果是最终结果。

可以将上述第三回合理解成从第一阶段开始的无限回合博弈的第三回合，那么由于甲在第三回合的出价是最终出价，因此，这个无限回合博弈就相当于前面讨论过的，甲在第三回合的出价具有强制力的三阶段讨价还价博弈。根据前面对三阶段讨价还价博弈的逆推归纳法结论可知，该博弈的解是甲在第一阶段出价 $S_1=10\,000-10\,000\delta-\delta^2 S$，乙方接受，双方得益($10\,000-10\,000\delta-\delta^2 S, 10\,000\delta-\delta S$)。由于三阶段讨价还价博弈中的甲在第一阶段出价等于从第一阶段开始无限回合讨价还价博弈最终的解。因此，$S_1=S=10\,000-10\,000\delta-\delta^2 S$。从方程中解得 $S^*=10\,000/(1+\delta)$，即在无限回合的讨价还价博弈中，纳什均衡的结果是:甲在第一回合出价 $S^* = 10\,000/(1+\delta)$,乙接受而得益 $10\,000 - S^* = 10\,000\delta/(1+\delta)$。

9.3.3 重复博弈

重复博弈是一类特殊而又非常重要的动态博弈。重复博弈就是某些博弈的多次重复进行构成的博弈过程。重复博弈有以下 3 个特征:

(1) 前一阶段博弈不改变后一阶段博弈的结构;
(2) 所有博弈方都观测到博弈的结构;
(3) 博弈方的总支付是所有阶段博弈支付的贴现值之和或加权平均值。

影响重复博弈均衡结果的主要因素是博弈重复的次数和信息的完备性。重复次数的重要性来自于博弈方在短期利益和长期利益之间的权衡。重复次数有限的称为有限重复博弈,重复次数无限的称为无限重复博弈。

虽然重复博弈中每次重复的条件、规则、内容等都是相同的,但由于有一个长期利益存在,因此,各博弈方在当前阶段的博弈中,要考虑到不能引起其他博弈方在后面阶段的对抗、报复或恶性竞争,即不能像在一次性静态博弈中那样毫不顾及其他博弈方的利益。那时候,一方做出一种合作的姿态,可能会使其他博弈方在今后阶段也采取合作的态度,从而实现共同的长期长远利益。这时,重复博弈中就有了在一次博弈中往往不可能存在的合作的可能性,因而也实现了比一次性静态博弈更有效率的均衡。这就是重复博弈与构成这些重复博弈的一次性博弈之间的重要区别。因此,重复博弈常常并不只是构成这些重复博弈的一次性博弈的简单重复。

【例 9-13】 囚徒困境的重复博弈——囚徒困境是两人的静态博弈,如果该博弈作为原博弈进行重复博弈,结果是否会与一次性博弈有所不同呢?还是仍然为一次性博弈的简单重复呢?如果重复的次数是两次,则该重复博弈的现实意义可以理解为警方给两个囚徒两次交代的机会,他们最后的得益是两个阶段博弈中各自得益之和(在第二阶段开始之前是让每个囚徒知道上一阶段另一囚徒的选择)。

解:

原博弈的得益与以前假设相同,如表 9-14 所示。在这个博弈构成的两次重复博弈中,两博弈方先进行第一次博弈,第一次博弈后,双方都看到第一次博弈的结果,然后再进行第二次博弈。

表 9-14 囚徒困境的支付矩阵

策略		囚徒 B	
		坦白	抵抗
囚徒 A	坦白	−8,−8	0,−10
	抵抗	−10,0	−1,−1

因为重复博弈的全过程是一种动态博弈过程,因此,用逆推归纳法来分析双方在各阶段的选择。先看第二阶段,即第二次博弈。第二阶段博弈本身仍然是两个囚徒之间的一个囚徒的困境博弈,此时前一阶段的结果已成为既定事实,而在此阶段之后又不再有任何后续阶

段,因此,实现自身在本阶段中最大利益是两个博弈方在该阶段决策的唯一原则,所以不管前一阶段博弈的结果如何,第二阶段博弈的唯一结果就是原博弈唯一的纳什均衡(坦白,坦白),双方的得益为(-8,-8)。

在第一阶段,两博弈方对后一阶段将会出现的结果是一清二楚的,都知道双方在第二阶段都将得到-8的得益,因此,此时双方都知道整个两次重复博弈的结果,双方的最终得益就是在本阶段的双方利益上各加上一个-8,如表9-15所示。

表 9-15 囚徒困境二次博弈的支付矩阵

策略		囚徒 B	
		坦白	抵抗
囚徒 A	坦白	-16,-16	-8,-18
	抵抗	-18,-8	-9,-9

表9-15得益矩阵中的得益是原博弈得益矩阵中得益都加上-8得出的,因此,不会改变原博弈的均衡,该博弈的唯一纳什均衡仍然是(坦白,坦白),双方得益为(-16,-16),即两次重复囚徒困境博弈的策略与原博弈的一次性博弈结果是一致的。

从结果看,两次重复囚徒困境相当于独立进行两次一次性囚徒困境博弈,即每次博弈具有独立性,然后,再把两次独立博弈的得益简单相加。这个结果表明:在有限次重复博弈中,如果原博弈存在唯一的纯策略纳什均衡,则有限次重复博弈中的唯一均衡解为各博弈方在每个阶段(每次重复)中都采用原博弈的纳什均衡策略。由于在这样的双方策略下,均衡路径中的每个阶段都不存在任何不可信的威胁或许诺(纳什均衡策略肯定是可信的),因此,这种均衡是子博弈完美纳什均衡。同理,可以进一步证明3次、4次或n次囚徒困境博弈的结果都一样,每次重复都采用原博弈唯一的纯策略纳什均衡,这构成该重复博弈唯一的子博弈完美纳什均衡。

上述结论的一般意义在于:如果原博弈有唯一的纯策略纳什均衡,则有限次重复博弈唯一的子博弈完美纳什均衡,即各博弈方每次重复时都采用原博弈的纳什均衡策略。虽然此类原博弈可能存在潜在的合作利益,但因为有限次重复博弈的合作有确定的结束期限,因此效率较高的合作结果还是不会出现。同时,这个结论可以归结为定理——设原博弈(G)有唯一的纯策略纳什均衡,则对任意正整数T重复博弈$G(T)$有唯一的子博弈完美的解,即各博弈方每个阶段都采用G的纳什均衡策略。各博弈方$G(T)$中的总得益为G中得益的T倍,平均每个阶段得益等于原博弈G中的得益。从该定理可知,当博弈存在唯一的纯策略纳什均衡,重复博弈本质上只不过是原博弈的简单重复,重复博弈每个阶段采取的策略就是原博弈中所采取的策略。这样重复博弈并不能给博弈方带来比一次性博弈更好的结果,每个阶段的平均得益与一次性博弈的得益相同。但是,如果构成重复博弈的原博弈有多于一个纯策略纳什均衡,情况就完全不同了,重复博弈就可能有多个子博弈完美纳什均衡路径,重复次数越多,这种路径也越多,并且会出现在原博弈中非均衡的策略组合在重复博弈中却构成其子博弈完美纳什均衡一部分的情况。

【例9-14】 两厂商的重复博弈——有厂商1和厂商2,同时面临两个市场机会A和B。假设每个厂商都只有能力选择一个市场发展,即它们可选择的策略都是A或B。在假设对应于两个厂商的选择,支付矩阵如表9-16所示。

表 9-16 两厂商的支付矩阵

策略		厂商 2	
		A	B
厂商 1	A	3,3	1,4
	B	4,1	0,0

对于这样的得益情况,可理解为 A 市场较大,但开发程度还很低,只有一个厂商不足以很好地开发这个市场,因此,单独一家厂商在 A 市场发展得益只有 1,而联合两家厂商的力量就能形成规模效益,很好地发掘出这个市场的潜力,故两家厂商都选 A 市场,双方都能得到 3,总得益为 6;与 A 市场相反,B 市场是一个较小但已不需要花大力气去开发的市场,因此,当只有一个厂商在 B 市场时,有相当可观的得益 4,如果两家都挤在这个市场,则大家都会无利可图,有最差的得益 0。

解:

(1) 一次性博弈。有两个纯策略纳什均衡(A,B)和(B,A),得益分别为(1,4)和(4,1)。此外,它还有一个混合策略纳什均衡,即厂商 1 和厂商 2 都以相同的概率(两厂商各以 0.5 的概率)在 A、B 之间随机选择,则各方期望得益为 0.25×(3+4+1+0)=2。如果两个厂商之间是严格不合作的,即不能互相协调商量以达成任何有约束力的协议,而且双方都既希望自己独占 B 市场的高利润,同时也不想冒两败俱伤在 B 市场一无所获的风险,还不甘心自己一家被独自留在 A 市场硬啃难啃的骨头,那么只有采取混合策略。当然,混合策略所实现的期望得益也并不理想,只是一种无可奈何而又不得不选择的办法。

(2) 二次重复博弈。①两厂商轮流去两个市场就是一条均衡路径,并且它是子博弈完美纳什均衡,即两厂商策略是:厂商 1 在第一阶段去 A,第二阶段去 B;厂商 2 在第一阶段去 B,第二阶段去 A,均衡路径是(A,B)→(B,A)。两次重复博弈的双方平均得益都是(4+1)/2=2.5,比采取混合策略的期望利益(2)高。若厂商 1 在第一阶段去 B,第二阶段去 A;厂商 2 在第一阶段去 A,第二阶段去 B,即均衡路径是(B,A)→(A,B),结果一样。由于这种策略是双方轮流去两个市场,所以称为"轮换策略"。②若连续两次都出现原博弈的同一纯策略纳什均衡也是子博弈完美纳什均衡,如第一次是(A,B),第二次还是(A,B),即均衡路径是(A,A)→(A,B);或第一次是(B,A),第二次还是(B,A),即均衡路径是(B,A)→(B,A)。这样,两次重复博弈的各方平均得益分别是(1,4)和(4,1)。在这种情况下双方利益差异都较大(一方得益为 2,另一方得益为 8)。③两厂商两次重复都采用混合策略(以 0.5 的概率在 A 和 B 之间进行随机选择),也是子博弈完美纳什均衡路径之一,双方平均期望得益都是 2。④若在两次重复博弈中,一次是纯策略均衡(A,B)或(B,A),而另一次是混合策略均衡,同样也是子博弈完美均衡路径,这时双方平均(期望)得益为(1.5,3)或(3,1.5)。

在上述子博弈完美纳什均衡中,子博弈完美路径中最好的是:(A,B)→(B,A)或(B,A)→(A,B)。此外,两厂商的每次选择都是无条件的,即并不是根据第一次博弈的情况来决定第二次博弈的选择。

(3) 三次重复博弈。若三次重复博弈,则可发现一些有条件策略构成子博弈完美均衡,并且在这些策略中可以包括不是纳什均衡的策略。例如,厂商 1 和厂商 2 的策略分别为:

厂商 1:第一阶段选 A;如果第一阶段结果是(A,A),则第二阶段选 A;如果第一阶段结果是(A,B),则第二阶段选B;第三阶段无条件选B。

厂商2:第一阶段选A,第二阶段无条件选B;如果第一阶段结果是(A,A),则第三阶段选A;如果第一阶段结果是(B,A),则第三阶段选B。

三次重复博弈的路径是(A,A)→(A,B)→(B,A)。这条路径双方每个阶段平均得益都是(3+4+1)/3=2.67。其中第二阶段和第三阶段都是纳什均衡,因此,不会有哪一方愿意单独偏离。第一阶段(A,A)不是纳什均衡,虽若某一方单独偏离,能得到较好的得益。但是,如果厂商1单独偏离会使厂商2在第三阶段选B不选A,那么三次重复博弈的路径为(B,A)→(A,B)→(A,B),厂商1的平均得益为(4+1+1)/3=2,而厂商2的平均得益为(1+4+4)/3=3,会导致厂商1蒙受损失。因此,厂商1最好是在第一阶段别做损人利己的事。同理,厂商2在第一阶段偏离A虽然也能得到一点好处,但会引起厂商1在第二阶段的报复,结果是得不偿失。各方都要考虑到后面阶段中的利益,避免对方的报复,第一阶段(A,A)就成了三次重复博弈均衡路径的一部分,即(A,A)→(A,B)→(B,A),它是一条子博弈完美纳什均衡,这条路径各方的平均得益大于其他路径各方的平均得益或平均期望得益。因此,这是三次重复博弈中子博弈完美路径中最好的一条。

在三次重复博弈中,博弈方之间可以先试探合作,一旦发觉对方不合作则也不合作并报复。这种利用后续阶段博弈制约作用而达成均衡的策略称为"触发策略"。触发策略是一个完整的计划,博弈方一旦设定了这样的策略,就会坚持到底。因此,报复威胁的策略是可以相信或信守的,构成的均衡是子博弈完美的。

可将三次重复博弈推广到任意有限次重复博弈,如101次。这时,厂商1的策略是前99次中都选A,但一旦发现(A,B),则改选并坚持B到底,最后两次与三次重复博弈的后两次一样;厂商2的策略也是前99次中都选A,但一旦发现哪一次结果出现(B,A)则以后每次都选B,最后两次与三次重复博弈的后两次一样。双方平均得益为(99×3+1+4)/101=2.99。

在两厂商两市场博弈的重复博弈问题中,一次性博弈无法给出关于博弈的结局的明确答案,最多只能给出各博弈方决策的原则和方式。多次重复博弈理论同样也无法确定哪一条均衡路径必然会出现,最多只能给出它们所有可能的均衡路径及相应的得益。由于假设各博弈方之间不可能通过谈判、协商的方式以达成协议的非合作博弈,各博弈方只能独立决策,对方的思路和策略事先相互都无法知道,因此结果具有不确定性。但是,各博弈方可以不管其他博弈方的决策,只考察自己可实现的得益或最佳策略下可实现的得益,以确定可实现得益的分布范围。

【例 9-15】 三种策略的重复博弈——设两博弈方均有三种可选策略,且有两个纯策略纳什均衡的博弈构成的重复博弈,支付矩阵如表 9-17 所示。

表 9-17 三种策略博弈的支付矩阵

策略		博弈方 2		
		L	M	R
博弈方 1	L	1,1	5,0	0,0
	M	0,5	4,4	0,0
	R	0,0	0,0	3,3

在该博弈中,两博弈方各有 3 种可选策略 L、M 和 R,从支付矩阵可以看出,该博弈中两博弈方之间在策略和得益方面也都是对称的。若博弈可以重复进行,试对该博弈进行分析。

解:

(1) 一次性博弈。该博弈有两个纯策略纳什均衡(L,L)和(R,R),对应的得益分别为(1,1)和(3,3)。虽然,(M,M)组合的得益(4,4)分别比(L,L)、(R,R)的得益大,但并不构成纳什均衡。因为对于博弈双方来说,存在着一个(5,0)或(0,5)的诱惑,即他们都存在着单独偏离(M,M)的冲动,即(M,M)不稳定。由于两个纳什均衡的得益都不是双方在博弈中可能的最大得益,因此一次性博弈没有确定的结果,而是一个混合策略问题。

(2) 二次重复博弈。如果进行两次重复博弈,则可选择的策略组合很多。重复进行着博弈增加了许多新的可能性,仅是纯策略路径就有 $9 \times 9 = 81$ 种,加上带混合策略的路径,总的路径数字更大。其中的子博弈完美纳什均衡路径既有两阶段都采用原博弈的纯策略均衡的,也有轮流采用不同纯策略的,还有两次都采用混合策略均衡的,或者混合策略均衡与纯策略均衡轮流采用。此外,两次重复博弈路径可在第一阶段采用非均衡策略。例如,两博弈方的二次重复博弈的策略如下:

博弈方 1:第一阶段选择 M,如第一阶段结果为(M,M),则第二阶段选择 R,如第一阶段结果为任何其他策略组合,则选 L。

博弈方 2:同博弈方 1。

在这样特定且有条件的策略下,路径为第一阶段(M,M),第二阶段(R,R),即(M,M)→(R,R)。这是子博弈完美纳什均衡路径,因为:首先,第二阶段是一个原博弈的纳什均衡,所以,不可能有哪一方会愿意单独偏离;其次,第一阶段的(M,M)虽然不是原博弈的纳什均衡,一方单独将策略改为 L 能增加 1 的得益,但这样做的后果是第二阶段至少损失 2 的得益,因为对方采用的是一种自动报复的触发策略,所以偏离(M,M)后,总的结果是得不偿失的,最合理的选择是坚持选 M。

当两博弈方都采用上述触发策略时,则第二阶段博弈都是有条件选择策略的。当第一阶段结果为(M,M)时,第二阶段必为(R,R),得益为(3,3),而当第一阶段结果为其他 8 种结果时,第二阶段必为(L,L),得益为(1,1),因此,如果把(3,3)加到第一阶段(M,M)的得益上,把(1,1)加到其他策略组合的得益上,就把原来两次重复博弈转换化成一个一次博弈,其支付矩阵如表 9-18 所示。从表 9-18 可知,(M,M)是一个纳什均衡,并且是两博弈方的最佳得益,因此,两博弈方采用它。

表 9-18 二次重复博弈转化成一次博弈的支付矩阵

策略		博弈方 2		
		L	M	R
博弈方 1	L	2,2	6,1	1,1
	M	1,6	7,7	1,1
	R	1,1	1,1	4,4

此外,该博弈中触发策略所带的威胁具有不可信性。因为子博弈完美纳什均衡路径(M,M)在导致子博弈完备纳什均衡路径(M,M)→(R,R)的双方策略中,第一阶段结果是

(M,M)时,第二阶段必然为(R,R)。但一旦第一阶段中有一方偏离了(M,M),则按照预先设定的策略,另一方在第二阶段会采用 L 加以报复,这样先偏离的一方(在个人理性前提下)也只能采用 L(否则采用 R 只能得 0),得到比(R,R)时小得多的得益 1。但是,应该注意到报复的一方在伤害对方的同时,实际上也给自己造成了损失,如果他能不计前嫌,仍然选 R,实现原博弈的两个均衡中得益较好的一个(R,R),则对他自己也是有利的。这就相当于策略改为不管第一阶段结果如何,第二阶段总是(R,R),得益(3,3)。在第一阶段所有得益上加(3,3),就可将两次重复转化为一次性博弈,其支付矩阵如表 9-19 所示。这实际上反映了原来双方所采用的触发策略中所带的威胁并不具有可信性。但这并不否定均衡的子博弈完备性,因为报复时所采用的策略组合仍然是原博弈的纳什均衡,只不过是两个纳什均衡中得益较差的一个。与例 9-14 相比,两厂商的触发策略中的报复并不意味着报复方自己必然会受损失,因此,两厂商重复博弈中触发策略所带的威胁具有可信性。

表 9-19 报复可信性的支付矩阵

策略		博弈方 2		
		L	M	R
博弈方 1	L	4,4	8,3	3,3
	M	3,8	7,7	3,3
	R	3,3	3,3	6,6

【例 9-16】 五种策略的重复博弈——假设博弈双方各有 5 种可选策略,其支付矩阵如表 9-20 所示,并且博弈可以重复。试对该博弈进行分析。

表 9-20 五种策略博弈的支付矩阵

策略		博弈方 2				
		L	M	R	P	Q
博弈方 1	L	1,1	5,0	0,0	0,0	0,0
	M	0,5	4,4	0,0	0,0	0,0
	R	0,0	0,0	3,3	0,0	0,0
	P	0,0	0,0	0,0	4,1/2	0,0
	Q	0,0	0,0	0,0	0,0	1/2,4

解:

该博弈有四个纯策略纳什均衡分别为(L,L)、(R,R)、(P,P)和(Q,Q),相应的得益分别为(1,1)、(3,3)、(4,1/2)、(1/2,4)。

博弈进行两次重复,且在第二次博弈之前,双方都能看到第一次博弈的结果,假设两博弈方的一个策略组合为:

如果第一阶段是(M,M),则第二阶段为(R,R);

如果第一阶段为(X,M),其中 X 为除了 M 之外的任何策略,则第二阶段为(Q,Q);

如果第一阶段为(M,Y),其中 Y 为除 M 以外的任何策略,则第二阶段为(P,P);

如果第一阶段为(Z,S),其中 Z,S 都是除 M 之外的任何策略,则第二阶段为(R,R)。

在这样的设定下,第一阶段为(M,M),第二阶段为(R,R),即(M,M)→(R,R)就是子博弈完美纳什均衡。因为:首先,在第二阶段子博弈中,(R,R)是一个纳什均衡;其次,在设定的决策思路下,该两次重复博弈同样可转化为一个一次性博弈,其支付矩阵如表9-21所示,即在一次博弈的得益上加上相应的策略组合作为第一阶段结果时第二阶段将会得到的得益,这时(M,M)不仅是纳什均衡,而且其得益(7,7)是所有策略组合中最好的。根据子博弈完备纳什均衡的定义,(M,M)→(R,R)在设定的双方策略下是一条子博弈完美的均衡路径。

此外,路径(M,M)→(R,R)具有可信性。因为对偏离M一方的惩罚对惩罚方是有利的(能得到4的较大得益),所以惩罚方不会被说服放弃惩罚。这样在第一阶段中的(M,M)不会被偏离就更有保障,路径(M,M)→(R,R)的子博弈完美性就更强。

表 9-21　二次重复博弈转化成一次博弈的支付矩阵

策　略		博弈方 2				
		L	M	R	P	Q
博弈方 1	L	4,4	5/2,4	3,3	3,3	3,3
	M	4,5/2	7,7	4,1/2	4,1/2	4,1/2
	R	3,3	1/2,4	6,6	3,3	3,3
	P	3,3	1/2,4	3,3	7,3/2	3,3
	Q	3,3	1/2,4	3,3	3,3	3/2,7

本章小结

本章介绍了博弈论的基本概念、完全信息博弈论和完全信息动态博弈论。其中,博弈论的基本概念包括博弈论的基本要素、博弈的分类、纳什均衡的定义;完全信息静态博弈包括囚徒困境、产量决策的古诺寡头模型(1838年)、公共资源利用问题、智猪博弈、市场进入博弈、社会福利博弈、夫妻争执问题;完全信息动态博弈包括房地产开发博弈,项目投资博弈、五海盗的宝石分配方案、寡头的斯塔克博弈模型、讨价还价博弈、囚徒困境的重复博弈、两厂商的重复博弈、三种策略的重复博弈。

习题

1. 有甲、乙两支游泳队举行包括3个项目的对抗赛。这两支游泳队各有一名健将级运动员(甲队为李、乙队为王),在3个项目中成绩都很突出,但规则准许他们每人只能参加两项比赛,每队的其他运动员可参加全部三项比赛。已知每个运动员平时成绩(秒)如表9-22所示。假定各运动员在比赛中都发挥正常水平,比赛第一名得5分,第二名得3分,第三名得1分,问教练员应决定让自己队的健将参加哪两项比赛,使本队得多少分?(各队参加比赛名单互相保密,定下来后不准变动)。

表 9-22 两支游泳队的运动员平时战绩(秒)

类型	甲队			乙队		
	A1	A2	李	B1	B2	王
100 米蝶泳	59.7	63.2	57.7	61.4	64.8	58.6
100 米仰泳	67.2	68.4	63.2	64.7	66.5	61.5
100 米蛙泳	74.1	75.5	70.3	73.4	76.9	72.6

2. 若你正在考虑是否用 100 万元本钱开一家饭店。假设：你决定开,则 0.35 的概率你将收益 300 万元(包括投资),而 0.65 的概率你将全部亏损掉;如果你不开,则你能保住本钱但也不会有利润。

(1) 用得益矩阵和扩展形式表示该博弈。
(2) 如果你是风险中性的人,你会怎样?
(3) 如果成功的概率为 0.3,你的策略是否会改变?
(4) 如果你是风险规避的人,且期望得益的折扣系数为 0.9,你的策略选择是什么?
(5) 如果你是风险偏好的人,期望得益折算系数为 1.2,你的选择又是什么?

3. 设一个地区选民的观点标准分布在 [0,1] 上,竞选一个公职的每个候选人同意时宣布他们的竞选立场,即选择 0~1 之间的一个点。选民将观察候选人们的立场,然后将选票投给立场与自己观点最接近的候选人。例如,有两个候选人,宣布立场分别为 $x_1=0.4$ 和 $x_2=0.8$,则观点在 $x=0.6$ 左边的所有选民都会投候选人 1 的票,而观点在 $x=0.6$ 右边的选民都会投候选人 2 的票,候选人 1 将以 60% 的选票获胜。设候选人唯一关心的只是当选(即不考虑自身对观点的真正偏好),如果有两个候选人,问纯策略纳什均衡是什么? 如果有三个候选人,请做出一个纯纳什均衡(设任何立场相同的候选人将均分该立场所获选票,得票领先的候选人票数相同时,则用抛硬币决定哪个候选人当选)。

4. 有一个四阶段两博弈方之间的动态博弈如下图 9-8 所示。试找出其中的子博弈,讨论其中的可信性问题,并分析该博弈的子博弈完美纳什均衡策略组合。

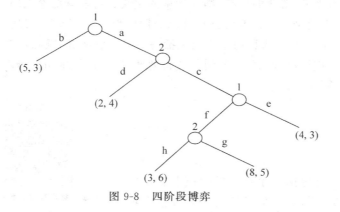

图 9-8 四阶段博弈

5. 设某市场有两个生产同质产品的厂商,它们对产品的定价都有高、中、低 3 种。设高价时市场总利润为 10,中价时市场总利润为 6,低价格时市场总利润为 2。再假设两个厂商同时决定价格,价格不等时价格低者独享利润,价格相等时均分利润。试问:一次性博弈时有哪些纳什均衡? 两次重复博弈时有哪些子博弈完美纳什均衡?

附录

查看附录

附录内容包括：标准正态分布表、t 分布表、卡方分布表、F 分布表、DW 临界值、离差最大化法运算的数据与 VBA 代码、拉开档次法运算的数据与 R 语言代码、Microsoft Excel 与 WPS et 常用函数。

【在线测试题】扫描书背面的二维码，获取答题权限。

参 考 文 献

[1] 吕燕,朱慧.管理定量分析[M].上海:上海人民出版社,2007.
[2] 李莉,陈忠.管理定量分析:决策中常用的定量分析方法[M].上海:上海交通大学出版社,2007.
[3] 陈永国.公共管理定量分析方法[M].上海:上海交通大学出版社,2006.
[4] 李洁明,祁新娥.统计学原理(第六版)[M].上海:复旦大学出版社,2014.
[5] 曾五平,朱平辉.统计学[M].北京:北京大学出版社,2006.
[6] 《数学辞海》总编辑委员会.《数学辞海》第1卷[M].太原:山西教育出版社,2002.
[7] 茆诗松,王静龙,濮晓龙.高等数理统计[M].北京:高等教育出版社,2006.
[8] 韩兆洲,杨林涛.极差、平均差和标准差之间测度关系研究[J].统计与信息论坛.2008,25(25):45-54.
[9] 方开泰,刘璋温.极差在方差分析中的应用[J].数学的实践与认识.1976,32(7):9-23.
[10] 刘兰剑,李玲.管理定量分析方法与技术(第二版)[M].北京:中国人民大学出版社,2018.
[11] 罗良清,魏和清.统计学[M].北京:中国财政经济出版社,2011.
[12] 张云华.统计学中四分位数的计算[J].中国高新技术企业杂志,2009,5(20):173-174.
[13] 刘家学,张帅.峰度及偏度特征值在超限裕度算法中的应用[J].科学技术与工程,2014,14(9):79-89.
[14] 胡泳.正态分布[J].商务周刊,2009(24):94.
[15] 王岩,隋思涟.数理统计与MATLAB数据分析(第二版)[M].北京:清华大学出版社,2014.
[16] 盛骤,谢式千,潘承毅.概率论与数理统计(第三版)[M].北京:高等教育出版社,2001.
[17] 李洪成,张茂军,马广斌.SPSS数据分析实用教程(第2版)[M].北京:人民邮电出版社,2019.
[18] 钟晓鸣.电子表格在统计分析中的应用[M].北京:北京科海出版社,2009.
[19] 刘志红.电子表格统计分许与应用(第3版)[M].北京:电子工业出版社,2016.
[20] 张集琼.统计学[M].北京:中国科学技术出版社,2008.
[21] 姜晓兵.数据、模型与决策[M].西安:西安电子科技大学出版社,2017.
[22] 杨维忠,陈胜可,刘荣.SPSS统计分析从入门到精通[M].北京:清华大学出版社,2019.
[23] 刘江涛,刘立佳.SPSS数据统计与分析应用教材[M].北京:清华大学出版社,2017.
[24] 武松.SPSS实践与统计思维[M].北京:清华大学出版社,2019.
[25] 杜智敏,樊文强.在社会调查中的应用[M].北京:电子工业出版社,2015.
[26] 薛薇.SPSS统计分析方法及应用[M].北京:电子工业出版社,2017.
[27] 薛薇.统计分析与SPSS的应用[M].北京:中国人民大学出版社,2011.
[28] 赵喜林,李德宜,龚谊承.应用数理统计与SPSS操作[M].武汉:武汉大学出版社,2014.
[29] 赵耐青,尹平.医学数据分析[M].上海:复旦大学出版社,2014.
[30] 李洪成,姜宏华.SPSS数据分析教程[M].北京:人民邮电出版社,2012.
[31] 汪长江,汪士寒.现代管理学[M].北京:清华大学出版社,2015.
[32] 徐国祥.统计预测和决策[M].上海:上海财经大学出版社,2012.
[33] 王东生,李本庆.管理运筹学[M].成都:西南交通大学出版社,2012.
[34] 沈雨婷,金洪飞.中国地方政府债务风险预警体系研究——基于层次分析法与熵值法分析[J].当代经济,2019(6):34-46.
[35] 储沙,陈来.基于变异系数法的安徽省节能减排评价研究[J].中国人口·资源与环境,2011,21(S1):512-516.
[36] 蒲筱哥,刘礼明.数据库绩效的变异系数与灰色关联度分析及实证研究[J].图书情报工作,2014,58

(14):71-78.
[37] 左莉,李云鹤,周建林.基于组合赋权法的孵化器运营能力评价[J].技术经济,2015,34(11):54-61.
[38] 刘松林,王晓娟,王赛.经济新常态下商业银行风险预警指标体系构建[J].统计与决策,2018,34(23):160-163.
[39] 朱砚秋,杨力.基于拉开档次法与支持向量机的煤矿应急管理能力评价模式[J].煤矿安全,2017,48(2):226-229+233.
[40] 李柏洲,尹士.基于一致性的制造企业伙伴选择多属性决策模型研究——合作创新视角[J].运筹与管理,2018,27(6):6-13.
[41] 房丽娜,仲苗旺,陈雪波.农业企业群体安全行为对安全生产绩效影响研究[J].农业技术经济,2019(6):137-144.
[42] 焦嶕,赵国浩.煤炭企业低碳发展战略选择研究——基于层次分析法[J].华东经济管理,2019,33(5):168-176.
[43] 张可明,邱斌,穆东.基于改进突变级数法的农产品物流产业评估模型研究[J].北京交通大学学报(社会科学版),2016,15(3):114-119.
[44] 刘满凤.数据、模型与决策:基于EXCEL的应用与求解[M].北京:清华大学出版社,2015.
[45] 朱顺泉.经济博弈论及其应用[M].北京:清华大学出版社,2013.
[46] 熊义杰.现代博弈论基础[M].北京:国防工业出版社,2010.
[47] 谢识予.经济博弈论[M].上海:复旦大学出版社,1997.
[48] 吴润,薛襄稷.统计学数据分析方法的SPSS应用[M].西安:西安交通大学出版社,2015.
[49] 易跃明,EXCEL在经济和财务管理中的应用,北京:北京理工大学出版社,2013.
[50] 张瑜.统计学原理与应用[M].南京:东南大学出版社,2014
[51] 缪柏其.管理统计学[M].合肥:中国科学技术大学出版社,2002.
[52] 陈丽燕.统计学[M].北京:中国统计出版社,2015.
[53] 单薇,统计学[M].北京:中国统计出版社,2012.
[54] 邵崇斌.概率论与数理统计[M].北京:中国农业出版社,2007.
[55] 李连友.商务与经济活动中的统计学[M].北京:中国财政经济出版社,2005.
[56] 徐国祥.统计学 第2版[M].上海:格致出版社,2014.
[57] 马国东,沈姝媛.体育统计与SPSS应用[M].长春:吉林大学出版社,2010.
[58] 刘馨,统计学[M].成都:四川大学出版社,2006.
[59] 张卫国.管理统计学[M].广州:华南理工大学出版社,2014.
[60] 王丽萍,高文才.统计学[M].北京:中国铁道出版社,2016.
[61] 李静萍.统计学[M].上海:上海交通大学出版社,2012.
[62] 吕文俊,应益荣,经济统计学[M].上海:上海大学出版社,2013
[63] 叶臣,等.概率统计教程[M].杭州:浙江大学出版社,2011.
[64] 贾俊平,等.统计学(第四版)[M].北京:中国人民大学出版社,2009.
[65] 汪朋.统计学:原理、方法及应用[M].西安:西安交通大学出版社,2016.
[66] 管于华.统计学[M].北京:高等教育出版社,2009.
[67] 曾秀芹,张楠.新闻传播统计学基础[M].厦门:厦门大学出版社,2015.
[68] 何晓群.应用多元统计分析[M].北京:中国统计出版社,2010.
[69] 沈南山.数学教育测量与统计分析[M].合肥:中国科学技术大学出版社,2017.
[70] 骆方,黄崑,刘红云.SPSS数据统计与分析[M].北京:清华大学出版社,2011.
[71] 马慧慧.Stata统计分析与应用(第3版)[M].北京:电子工业出版社,2016.
[72] 游天嘉.管理学[M].上海:上海交通大学出版社,2018.
[73] 张国平,岳炳红,巴磊.管理学(第2版)[M].北京:北京交通大学出版社,2018.
[74] 王爱文等.数学建模方法与软件实现[M].北京:中央民族大学出版社,2018.

[75] 王宏洲,数学实验教程[M].北京:北京理工大学出版社,2019.
[76] 周瑜,申大方,管理会计[M].北京:北京理工大学出版社,2018.
[77] 吴明隆 SPSS 与统计应用分析[M].大连:东北财经大学出版社,2012.
[78] 倪雪梅.精通 SPSS 统计分析[M].北京:清华大学出版社,2010.
[79] 张浩.管理科学研究模型与方法[M].北京:清华大学出版社,2016.
[80] 朱孔来.国民经济和社会发展综合评价研究[M].济南:山东人民出版社,2004.

教师服务

感谢您选用清华大学出版社的教材！为了更好地服务教学，我们为授课教师提供本书的教学辅助资源，以及本学科重点教材信息。请您扫码获取。

❯❯ 教辅获取

本书教辅资源，授课教师扫码获取

❯❯ 样书赠送

公共管理类重点教材，教师扫码获取样书

 清华大学出版社

E-mail: tupfuwu@163.com
电话：010-83470332 / 83470142
地址：北京市海淀区双清路学研大厦 B 座 509

网址：http://www.tup.com.cn/
传真：8610-83470107
邮编：100084